U0499458

▶ 世界就业和社会展望

2023年趋势

国际劳工组织　著

闫雪莲　译

中国财经出版传媒集团

经济科学出版社

Economic Science Press

图书在版编目（CIP）数据

世界就业和社会展望2023年趋势 / 国际劳工组织著；闫雪莲译. --北京：经济科学出版社，2023.11

书名原文：World Employment and Social Outlook：Trends 2023

ISBN 978-7-5218-5127-4

Ⅰ. ①世… Ⅱ. ①国… ②闫… Ⅲ. ①劳动就业–研究报告–世界–2023 Ⅳ. ①F249.1

中国国家版本馆CIP数据核字（2023）第174504号

责任编辑：吴　敏
责任校对：王京宁
责任印制：张佳裕

世界就业和社会展望2023年趋势
国际劳工组织　著
闫雪莲　译
经济科学出版社出版、发行　新华书店经销
社址：北京市海淀区阜成路甲28号　邮编：100142
总编部电话：010-88191217　发行部电话：010-88191522
网址：www.esp.com.cn
电子邮箱：esp@esp.com.cn
天猫网店：经济科学出版社旗舰店
网址：http：//jjkxcbs.tmall.com
北京季蜂印刷有限公司印装
880×1230　16开　11印张　290000字
2023年11月第1版　2023年11月第1次印刷
ISBN 978-7-5218-5127-4　定价：48.00元
（图书出现印装问题，本社负责调换。电话：010-88191545）
（版权所有　侵权必究　打击盗版　举报热线：010-88191661
QQ：2242791300　营销中心电话：010-88191537
电子邮箱：dbts@esp.com.cn）

前　言

　　今年的《世界就业和社会展望趋势》全面总结了当前存在的体面劳动不足问题，考察了近年来多重危机叠加如何加剧了这一问题。此外，还分析了全球模式、区域差异以及不同工人群体的情况，预测了2023年和2024年的劳动力市场发展状况，介绍了劳动生产率的增长趋势，并分析了导致劳动生产率增速下降的因素。

　　截至2022年底，全球尚未完全从新冠危机中复苏，而且各国复苏程度极不均衡，尤其是低收入和中等收入国家（地区）。而其他阻碍全球复苏的因素包括俄乌冲突、气候变化加速和前所未有的人道主义挑战。预计2023年经济和就业增长放缓，这意味着在可预见的未来，大多数国家将无法完全恢复到新冠疫情前的水平。更糟糕的是，劳动力市场进展可能太慢，无法缓解疫情之前就已存在，又因疫情而加剧的体面劳动严重不足问题。就业机会缺乏、工作质量差、薪酬不足和严重不平等破坏了社会正义，但这并非我们面临的全部挑战。从全球来看，生产力增长放缓可能会使这些问题变得更加棘手。

　　在危机时期，团结比以往任何时候都更重要，需要新的全球社会契约来缓解体面劳动不足，增强社会正义。为此，2023年国际劳工组织将牵头成立全球社会正义联盟（Global Coalition for Social Justice），旨在加强全球团结，提高政策一致性，通过行动和投入增加体面劳动机会，推动实现社会正义。

　　相比以往，多重危机叠加及其带来的不确定性极大地加剧了不平等，破坏了本已岌岌可危的社会契约。这些危机除了引发了个人悲剧，影响了劳动世界的发展，还更加凸显了世界各地经济和社会的相互联系与依存关系，表明当前迫切需要从各个层面采取协调一致的行动。我们既要认识到采取行动的必要性，也要找到新方法，将认识转化为坚定行动，而不是一再拖延。

国际劳工组织总干事

吉尔伯特·洪博（Gilbert Houngbo）

致 谢

《世界就业和社会展望2023年趋势》由国际劳工组织研究部宏观经济政策和就业处编撰，由埃克哈德·恩斯特（Ekkehard Ernst）牵头。本报告在斯蒂凡·库恩（Stefan Kühn）的总体协调和领导下，由丹尼尔·萨曼（Daniel Samaan）、埃克哈德·恩斯特（Ekkehard Ernst）、米格尔·桑切斯·马丁内斯（Miguel Sanchez Martinez）、理查德·霍恩（Richard Horne）和斯特凡·库恩共同撰写。罗杰·戈米斯（Roger Gomis）也为报告撰写做了大量贡献。埃克哈德·恩斯特监督了撰写过程，并做出了决定性贡献。报告在国际劳工组织研究部主任理查德·萨曼斯（Richard Samans）的总体指导下完成。在此，全体作者感谢劳工组织非洲、阿拉伯国家、亚洲和太平洋地区、欧洲和中亚地区以及拉丁美洲和加勒比地区办事处提供的支持和建议。

本报告中的国际劳工组织模拟估算值由史蒂文·卡普索斯（Steven Kapsos）领导的国际劳工组织统计部数据生成与分析处、国际劳工组织研究部宏观经济政策和就业处共同编制。特别感谢伊万杰莉亚·布姆波拉（Evangelia Bourmpoula）、帕洛玛·卡里洛（Paloma Carrillo）、罗杰·戈米斯、斯蒂凡·库恩和艾维查尔·马哈詹（Avichal Mahajan）所做的模型研究工作。用于生成估算值的国际劳动力市场指标基础数据库由国际劳工组织统计部数据生成与分析处编制。在此，感谢大卫·贝斯康德（David Bescond）、维帕萨娜·卡基（Vipasana Karkee）、昆汀·马蒂斯（Quentin Mathys）、伊夫·佩拉德尔（Yves Perardel）和马贝林·维拉雷亚尔·富恩特斯（Mabelin Villarreal-Fuentes）所做的工作。

国际劳工组织总干事高级顾问詹姆斯·霍华德（James Howard）提供了宝贵的意见和建议。国际劳工组织研究部谨对其他提出意见和建议的同事表示感谢，他们是：凯瑟琳·萨盖特（Catherine Saget）、克里斯蒂安·维格拉恩（Christian Viegelahn）、多萝西娅·施密特-克劳（Dorothea Schmidt-Klau）、多萝西娅·霍特克（Dorothea Hoehtker）、埃莉森达·埃斯特鲁赫-普埃尔塔斯（Elisenda Estruch-Puertas）、弗朗茨·埃伯特（Franz Ebert）、汉娜·利普曼（Hannah Liepman）、艾拉·波斯托拉奇（Ira Postolachi）、金基范（Kee Beom Kim）、基兰·沃尔什（Kieran Walsh）、玛丽-克莱尔·索德格伦（Marie-Claire Sodergren）、玛瓦·科利-库利巴利（Marva Corley-Coulibaly）、尼古拉斯·梅特（Nicolas Maitre）、佩林·塞克勒（Pelin Sekeler）、富惠（Phu Huynh）、丽贝卡·纳皮尔-摩尔（Rebecca Napier-Moore）、罗杰·戈米斯、罗克珊娜·毛里齐奥（Roxana Maurizio）、萨吉德·加尼（Sajid Ghani）、萨拉·埃尔德（Sara Elder）、谢恩·尼尔·奥希金斯（Shane Niall O'Higgins）、谢尔·韦里克（Sher Verick）、西蒙·博默（Simon Boehmer）、史蒂文·卡普索斯、赛义德·穆罕默德·阿夫萨尔（Syed Mohammad Afsar）、瓦莱里亚·埃斯基维尔（Valeria Esquivel）、威廉·博斯切蒂（William Boschetti）、镰仓安彦（Yashiko Kamakura）和伊夫·佩拉德尔。此外，感谢国际劳工组织雇主活动局（ACTEMP）和工人活动局（ACTRAV）的同事提出的宝贵意见和建议。

最后，感谢朱迪·拉弗蒂（Judy Rafferty）和出版物制作处的同事的协助工作，感谢传播和新闻部的同事在报告发行方面给予的支持和配合。

目　录

表

► 执行摘要

劳动力市场面临巨大挑战

2022 年期间，全球劳动力市场前景严重恶化。在地缘政治局势紧张、俄乌冲突、疫后复苏不均衡和供应链遭遇"瓶颈"等多重因素的影响下，2022 年出现了高通胀与低增长并存的滞胀现象，这是自 20 世纪 70 年代以来首次出现的现象。政策制定者需要在就业未完全恢复的情况下应对通货膨胀率上升，如何权衡成为他们必须面对的难题。大多数国家的就业和工时尚未恢复到 2019 年末新冠疫情暴发前的水平。与此同时，粮食和大宗商品等市场多次受到供应冲击，导致生产者价格上涨，居民消费价格飙升，主要国家的央行被迫采取限制性更强的政策立场。在劳动力收入没有相应增加的情况下，生活成本危机直接威胁到家庭生计，并极有可能压低总需求。为了应对疫情引发的严重后果，许多国家积累了大量债务。全球债务危机风险迫在眉睫，使很多处于脆弱复苏中的前沿市场雪上加霜。

在充满挑战的情况下，世界各地持续存在严重的体面劳动不足问题，破坏了社会正义。数以亿计的人无法实现有偿带薪就业，受雇者往往无法获得社会保护，也无法享受工作中的基本权利，大多数工人处于非正式状态，或者无法通过社会对话表达自己的诉求。收入分配高度不均，导致许多工人无法摆脱贫困。各国劳动力市场前景差异巨大，甚至一国内部的劳动力市场前景也极不相同。性别差距存在于劳动世界的所有领域，青年面临着特殊挑战。

新冠危机导致非正式就业和工作贫困问题更加严重。虽然全球经济于 2021 年开始复苏，但预计复苏速度将放缓，较好的工作机会持续短缺的问题可能进一步恶化，工人将被迫从事低质量的工作，其他人将无法获得足够的社会保护。如果物价涨幅超过名义收入涨幅，那么实际劳动收入就会下降。在这种情况下，高收入国家（地区）将面临需求下行压力，而这种压力又将通过全球供应链传导至低收入和中等收入国家（地区）。此外，供应链持续中断给就业前景和工作质量带来了威胁，前沿市场受到的影响尤为严重，劳动力市场快速复苏的前景将变得更加黯淡。

总而言之，全球将持续处于高度不确定的环境之中，这抑制了商业投资，特别是中小企业的投资。不确定性还导致实际工资缩水，迫使工人重返非正式就业。由于全球生产力增长放缓，过去十年所取得的减贫进展在很大程度上停滞不前，生活水平和工作质量的同步提高也戛然而止，体面劳动不足问题将变得更加难以克服。

严峻的劳动力市场状况破坏了社会正义

体面劳动是社会正义的基础。体面劳动所创造的劳动收入是生计的最重要来源，获得体面劳动可以为人们带来公平收入、安全的工作场所和社会保护。

2022年全球就业缺口为4.73亿，缺口率为12.3%。全球就业缺口是衡量世界就业需求未满足程度的新指标。在这4.73亿人中，2.05亿是失业者（即失业率为5.8%），2.68亿是就业需求未得到满足的人，他们因为不符合失业标准而未被列入劳动力队伍。从性别来看，女性就业缺口更大；而从国家（地区）来看，发展中国家（地区）的就业缺口更为严重。全球失业率的性别差别不大，但女性的就业缺口率为15%，男性仅为10.5%。受各种不利因素影响，很多人无法寻找工作或无法在短时间内开始工作，这些因素包括承担个人与家庭责任（包括无报酬照护工作），因缺乏体面的就业机会而感到沮丧，接受培训或再培训的可能性极低。低收入和中等偏下收入国家（地区）的就业缺口较大，为13%~20%，中等偏上收入国家（地区）的缺口约为11%，而高收入国家（地区）仅为8%。

2022年全球约有20亿工人处于非正式就业状态。2004~2019年，非正式就业发生率下降了5个百分点。新冠危机之后，非正式就业发生率略有增加，这是因为疫后就业恢复主要由非正式就业拉动。相比正式雇佣关系，非正式就业在很多方面都有所缺失，而这些方面对促进社会正义至关重要。例如，与正式岗位相比，

非正式就业者不太可能被纳入社会保障体系。总体而言，全世界只有47%的人能获得至少一项社会保护福利的有效保障，也就是说，仍有40多亿人得不到任何社会保护。

2022年，估计有2.14亿工人处于极端贫困（按购买力平价计算，每日不足1.90美元），约占就业人口的6.4%。据估计，在低收入国家（地区），极端工作贫困率与2019年持平，但工作贫困者的数量在增加。如果不能取得重大进展来打破这种停滞，就不可能实现可持续发展目标1（SDG1）：消除一切形式的贫困。由于名义劳动收入跟不上通货膨胀，生活成本危机可能会使更多人陷入绝对或相对贫困。相对贫困是指收入水平低于国家（地区）贫困线。如果收入分配高度不平等，那么处于分配底层的群体陷入绝对或相对贫困的风险就更高；全球处于收入分配下半层的工人的收入仅占总劳动收入的8%左右。

女性和青年在劳动力市场上的处境明显恶化，表明许多国家（地区）的劳动力市场仍存在高度不平等。2022年全球女性的劳动力参与率为47.4，男性则为72.3，男女间的差距高达24.9个百分点。这意味着，每有一名男性处于经济不活跃状态，就有两名女性处于同样的状态。青年（15~24岁）在获得体面工作方面困难重重，他们的失业率是成人（25岁以上）的三倍。超过五分之一（23.5%）的青年未就业、未受教育或培训（NEET）。

多重危机阻碍就业增长

新冠疫情、生活成本上升和地缘政治危机的持续影响严重拖累了劳动力市场前景。供需冲击引发物价上涨，导致通货膨胀率达到数十年来的最高水平；俄乌冲突等地缘政治问题加剧了供应短缺，增加了不确定性。这些因素引发的生活成本危机正在削弱家庭可支配收入的购买力，减少总需求。紧缩性货币政策使发达经济体融资环境收紧，受其溢出效应拖累，新兴经济体和发展中经济体的融资环境也变得更加严峻。缺乏适当的政策协调将带来重大风险，主要经济体将推行以应对国内挑战为重点的政策议程，甚少考虑这些政策的潜在关联影响。在报告有空缺职位的国家中，职位空缺数已开始大幅下降；然而，因为空缺数是从最高纪录水平开始下降的，所以从历史数据来看，2022年10月的职位空缺数仍保持在较高水平。

除了这些迫在眉睫的挑战外，人们越来越感受到全球劳动力市场的长期结构性变化。例如，受气候变化影响，自然灾害和极端天气事件更加频发，包括洪水、干旱、土地退化、土壤侵蚀、热浪和不可预测的降水等。适应这些新情况需要重大的调整性举措，如在受影响严重的地区开展大规模基础设施投资。此类调整性措施将创造就业岗位，尤其是在非洲等世界上最贫穷的一些地区。同时，几乎所有发达国家（地区）和许多新兴国家（地区）都出现了人口老龄化加速的现象，劳动力供应后继乏力，即使人口活力更强的地区仍向外移民，也不能解决这一问题。此外，之前人们认为技术变革，特别是与新型数字设备和工具（如人工智能）有关的技术变革，能够提高生产力增速，极大减轻工作的繁重程度，但现在技术变革的潜力与早前的乐观预测尚有差距。尽管如此，要解决人口结构变化所导致的劳动力短缺问题，就必须进行此类创新。

宏观经济因素、长期趋势和制度环境之间的相互作用因国家（地区）而异，因此会对不同收入组别国家（地区）的就业增长产生不同影响。首先，高收入国家（地区）的宏观经济前景悲观，其他许多国家（地区）在2021年和2022年出现了较高增长，之后可能步入增长正常化。其次，低收入和中等偏下收入国家（地区）的社会保护覆盖率低，这意味着经济活动放缓之后，很多工人虽然继续工作，但是会被迫转向非正式经济部门。相比之下，之前成功实施过就业保留计划的国家和地区（大多数为高收入国家和地区）将再次利用这些计划减少就业损失。最后，由于劳动力老龄化及劳动力规模缩小，高收入国家（地区）的企业可能会在之后面临劳动力短缺的问题，因此在这种情况下，企业会竭尽所能留住工人。

就业增长可能显著放缓

2022年全球就业增长率为2.3%，预计2023年全球就业增长率将大幅下降至1%。该增长率比之前的预测值低了0.5个百分点。2024年全球就业增长依然不会出现重大改善，预计仅微升至1.1%。高收入国家（地区）前景悲观，就业增长接近于零。相比之下，低收入和中等偏下收入国家（地区）的就业增长预计将超过新冠疫情前的增长水平。

就业增长放缓意味着，在全球范围内，新冠危机造成的就业缺口预计不会在未来两年内弥合。2022年就业增长强劲，全球就业人口比上升到56.4%，高于2020年的54.5%，但比2019年低了近0.5个百分点。剔除人口增长影响后，2022年每周工作总时长仍比2019年第四季度低1.4%，相当少了4100万个全职工作（每周工作48小时）。由于经济增长放缓，每位工人的周平均工时预计略有下降，2023年将保持在每周41小时以上。经济活动收缩不仅限制了工人的收入潜力，而且极有可能减少他们获得更高质量、更高收入工作的机会。

2021年关键经济部门重新开放，就业增长强劲，2022年劳动力市场状况持续改善。2022年欧洲和中亚地区的就业人口比超过了危机前的水平，在很大程度上弥补了其他地区的就业人口比下降。2020年女性受到就业损失的严重影响，但目前女性就业增长呈现出强有力的上升趋势。2022年女性就业人口比与危机前水平的差距在0.3个百分点以内，而男性与危机前的差距高达0.6个百分点。然而，女性就业人口比的强劲复苏主要源自非正式就业：2022年，五分之四的女性工作岗位为非正式，而男性工作岗位中，仅有三分之二为非正式。

2023年的劳动力市场前景因地区而异。非洲和阿拉伯国家的就业增长率预计达到3%或以上。从失业率来看，虽然这两个地区的劳动年龄人口在增加，但失业率可能只是略有下降（预计非洲从7.4%下降到7.3%，阿拉伯国家从8.5%下降到8.2%）。在亚洲和太平洋地区以及拉丁美洲和加勒比地区，年就业增长率预计约为1%。预计2023年北美地区就业率不会增加，且失业率会上升。欧洲和中亚地区经济受到俄乌冲突的严重影响，预计2023年就业率会下降，但由于劳动年龄人口增长有限，失业率只会略微上升。此外，2023年这两个地区的劳动力会减少。不管劳动力市场总体指标趋势如何，各地区都将继续面临体面劳动大量不足的问题，全球经济状况和气候变化等长期挑战可能会加剧这一问题。

全球劳动力供应增长可能持续放缓，这将导致发达经济体出现严重的劳动力短缺。在某种程度上，劳动力供应增长放缓是意料之中的情况，因为在过去十年里，发展中国家（地区）和新兴国家（地区）的收入水平上升，许多年轻人的受教育年限延长。但是，仍有很大一部分年轻人被排除在就业、受教育或受培训之外，这将对他们未来获得劳动力市场机会产生不利影响。从许多发展中国家（地区）的人口结构来看，青年人口大幅增加，然而要让全球经济从此中受益，就要降低这些国家（地区）未就业、未受教育或培训的青年的比例，这是一个亟须解决的重大挑战。哪怕只是扩大有偿带薪就业，部分缩小全球就业缺口，也能够缓解体面劳动不足，提振经济活动。发达经济体在这方面取得了很大进展，尤其是为老年工人提供了继续留在劳动力市场的机会。发达经济体也是过去十年中劳动力参与率不降反升的唯一一组国家（地区）。

预计2023年全球失业人口将小幅上升，新增失业人口达到300万人左右，总失业人口达到2.08亿人（相当于全球失业率为5.8%）。虽然全球经济前景黯淡，但预计全球失业率只是温和上升，因为在通胀加速的背景下，经济疲软带来的很大一部分冲击将被迅速下降的实际收入所吸收。2020年全球失业人口为2.35亿人，2022年大幅下降至2.05亿人，但仍比2019年多1300万人。2022年，美洲、欧洲和中亚的失业率低于新冠危机前的水平，其他地区仍高于危机前的水平。

工作质量也面临压力

除了就业缺口，**工作质量也是一个关键问题。**如果没有社会保护，许多人根本无法承受失业带来的后果，此时就会倾向于接受任何形式的工作，而这些工作通常报酬很低，工作时间不好或时长不足。也就是说，工人会因预期经济放缓而被迫接受质量更差的工作，但如果经济环境更好，他们则可能从事更好的工作。

此外，由于物价上涨速度快于名义工资上涨速度，即使工人能够保住目前的工作，但他们的可支配收入也会急速下降。

体面劳动不足是一个普遍存在的问题，虽然其形式和严重程度因地区而异。对比阿拉伯国家、北非和南亚的情况可以发现，这些地区与性别有关的劳动力市场指标存在很大差异，包括劳动力参与率。在拉丁美洲和加勒比地区以及撒哈拉以南非洲地区，非正式工作比例上升，阻碍了人们获得工作中的社会保护和基本权利。所有地区都受到某种形式的体面劳动不足的困扰。当前，全球经济状况恶化，可能会逆转过去所取得的进展，并从不同维度加剧体面劳动不足。

通货膨胀对实际收入分配有重大影响。 许多工人和企业的收入增长跟不上通货膨胀，因此承受着实际收入损失。但是，有些工人和企业的收入增长高于通货膨胀，实际收入不降反升，比如能源行业的工人和企业。实际收入下降对较贫穷家庭的伤害更大，这些家庭可能会陷入贫困和粮食不安全状态。在撒哈拉以南非洲和南亚，2021年分别有60.8%和34.7%的就业人口被认为是工作贫困，即人均每日生活费为3.10美元（按购买力平价计算）。

高收入国家（地区）需求疲软正通过全球供应链传导至低收入和中等收入国家（地区）。 在有数据可查的24个中等收入国家（地区）的样本中，估计平均11.3%的就业机会（不包括农业和非市场服务领域的就业机会）依赖于与高收入国家（地区）相联系的全球供应链（见附录D）。对于一些较小的经济体而言，这一比例更是大大超过20%。对于中等收入国家（地区）而言，在其深度融入全球供应链的部门，有偿带薪就业往往占比更高，非正式就业占比较小，低收入雇员比例较低，因此整体就业质量较高。高收入国家（地区）需求下滑，可能会使中等收入国家（地区）的就业增长转向与全球供应链无关的活动，从而导致就业平均质量下降。

生产力增长仍然至关重要

发达经济体生产力增长长期放缓的情况已蔓延至主要新兴经济体。 这个问题非常令人担忧，因为生产力增长是解决当今购买力、福祉和生态可持续性等方面多重危机的关键。要应对体面劳动和福祉方面的威胁，包括普遍存在的贫困、非正式性以及缺乏安全且受保护的工作场所，就需要投资、创新和传播技术进步成果。例如，人们普遍认为，对人的技能和能力的投资是提高劳动生产力的核心因素。此外，《巴黎协定》气候目标要求加快技术进步，促进经济增长，同时更有效地利用能源和其他自然资源，大幅减少温室气体排放。然而，在过去20年里，生产力增长逐渐放缓，这在发达经济体中表现得最为突出，但现在主要新兴经济体的这种趋势也越来越明显。

在生产力增长放缓的同时，对生产力增长成果的分享也变得更加不平等。 在新冠危机之前的15年里，全球劳动收入占比呈下降趋势。几十年来，（实际）最低工资不断下降，一度强大的劳动力市场制度受到侵蚀，社会对话未能在更大范围内恢复，这些都阻碍了工人更充分、更平等地分享经济增长带来的利益。某些部门的工业集中度越来越高，进一步加剧了不平等，减弱了经济活力，对中小型企业的发展尤为不利。不平等加剧拖累了生产力提高，而生产力增长放缓反过来又加深了不平等，二者共同作用，使收入更加集中，这种模式无法刺激投资。

数字经济领域的技术创新速度非常快，但其益处并未被广泛分享。 无形资产在数字经济商业模式中起着重要作用，所以产业集中在该领域非常普遍，这导致少数处于领先地位的企业与其他企业的生产力增长出现分化趋势。数字创新尚未在整个经济范围内产生溢出效应，其带来的生产力提高不仅未能提振就业与增长，还带来了一些负面影响，如生产力提高的集中化使高技能工作机会向少数科技行业倾斜，从而加剧了不平等，抑制了（整体）生产力增长。目前仍未出现能够产生全社会利益的技术突破，如有助于向可持续能源过渡的移动管理或电网管理。未来也可能出现其他机会，促进工作向远程模式和混合模式转变，满足人们对创新性解决方案的需要，支持在更加多样化的劳动力市场中开展协作。此外，需要进行监管和政策创新，通过标准制定、公共采购和社会伙伴合作提高生产力的方法，推动社会回报率较高行业的技术发展。

经济发展高度不确定在一定程度上导致了投资疲弱，进而制约了生产力提高。自全球金融危机以来，无处不在的经济不确定性阻碍了投资，虽然利率水平较低。在投资放缓的同时，投资领域往往会从商业转向住宅，这不太利于生产力的快速提高。其部分原因是，最近的危机引发了总体经济环境的波动，企业不愿扩大产能或创办新企业。努力创造更稳定的宏观经济环境，可能有助于缩小部分因疫情而扩大的投资缺口。采取更有力的行动，解决不平等问题，也有助于刺激投资活动，使可支配收入实现更为广泛的增长。

劳动力市场前景恶化和非正式就业增多进一步削弱了生产性投资动力。由于全球经济发展的不确定性大大增加，非正式工人的就业增长速度最快。无论短期利率走向如何，这种情况都会对本就持续下滑的投资利率产生连锁反应。导致非正式工作增多的因素还包括工资增长速度变慢，激励雇主投资于劳动力升级和技能提高的措施减少。在劳动力市场制度不够有效的情况下，很多国家缺乏限制或防止实际工资进一步下滑的机制，从而无法支撑总需求，也无法实现平衡且具有包容性的经济增长。

多重因素导致2023年面临重大下行风险

劳动力市场前景不佳，面临多重下行风险。在当前多重危机的作用下，2023年全球经济增长率预计低于2%，就业岗位创造将受到严重影响。即使经济增速不再下降，劳动力市场前景也可能继续恶化，其影响因素很多，包括企业因融资受限而无法留住工人，或者政府陷入债务危机，无法支持劳动力市场。在低收入和中等收入国家（地区），在物价上涨的情况下，分配不平等和实际收入下降可能会抑制人们对国内商品和服务的需求，从而进一步降低就业增长，特别是正式部门的就业增长。

虽然就业增长总体放缓，但某些国家和部门仍然存在合格劳动力短缺的风险。有必要大量增加教育和培训投资，以充分释放全球劳动力的潜力。目前，全球三分之二的青年劳动力尚未掌握一系列基本技能，这种状况限制了他们的劳动力市场机会，他们很可能被迫选择质量较差的就业形式。事实上，过去十年发达经济体劳动力参与率虽然有所扩大，但其代价是平均教育质量的逐步下降，这导致生产力增长放缓。当前，全球面临生产力和就业双重挑战，因此有必要出台一项基础广泛的、兼顾就业与技能的劳动力市场倡议，推动形成服务于所有人的劳动力市场。

全球政策空间支离破碎

新冠疫情给主要决策机构带来了巨大的挑战。各国央行需要在疫后复苏政策和应对通胀政策之间进行艰难权衡。许多国家的工时尚未恢复到疫情前的水平，但由于能源和粮食价格受到冲击，现在需要使政策正常化，减少疫情期间采取的紧急措施。政府为支持当地企业和家庭积累了大量债务，如果尚未取消疫情期间的支持性措施，那么政府面临的压力会越来越大，只能被迫逐步取消这些措施。

各国疫后复苏并不均衡，地缘政治紧张局势和供应中断导致的价格上涨风险也因国家和地区而异。在欧洲，能源成本突然大幅上涨，加剧了滞胀势头。在非洲，粮食价格从几年前就开始上涨，现在又进一步恶化；在许多撒哈拉以南非洲国家，粮食生产不能自给自足，粮食进口也不够多样化。从全球来看，确保以合理的价格获得基本商品和服务已成为当务之急，而为实现此目的，各国有时甚至无视其行动所带来的国际溢出效应。

应对多重经济和地缘政治危机之际，国际团结比以往任何时候都重要。履行对**联合国"全球就业和社会保护加速器"**等倡议的坚定承诺，社会伙伴密切参与国家和国际各层面各领域的决策，这些都可以提高政策一致性，加强伙伴关系，成为应对当前挑战、顺应未来长期劳动趋势的关键措施。

在体面劳动严重不足和社会正义受到严重破坏的情况下，我们需要新的全球社会契约来应对当前的多重危机，增强经济和社会复原力。国际劳工组织于2019年发布了《关于劳动世界的未来百年宣言》，于2021年发布了《全球行动呼吁：从新冠危机中实现包容性、可持续和有韧性的以人为本复苏》，两者共同界定了新战略在国家和国际两个层面的核心要素。**2023年国际劳工组织将牵头成立全球社会正义联盟，**旨在加强全球团结，提高政策一致性，通过行动和投入增加体面劳动机会，推动实现社会正义。

要加快缩小全球就业缺口、提升就业质量和保护实际收入，需要重新开展政策协调和社会对话。**加强全球社会契约还需要整合长期目标，**应对气候变化威胁，缓解发展和生活水平方面的不足，这在一定程度上是通过加快生产力增速来实现的。各国政府和社会伙伴应抓住时机，为实现此目标而深化合作。

第1章

劳动力市场复苏停滞破坏了社会正义

> ▶ **概述**

全球经济前景恶化，可能加剧体面劳动不足。当前，地缘政治紧张局势不断加剧，疫后复苏仍然不均衡，供应链"瓶颈"问题只是略有缓解，这些因素引发了滞涨现象，自20世纪70年代以来，这种高通胀与低增长并存的情况尚属首次。[①]新冠疫情期间，消费大幅波动，供应链中断，导致非对称需求和供应冲击，大量行业出现劳动力短缺和价格上涨问题。通货膨胀，尤其是高企的粮食和能源价格，正在侵蚀可支配收入，这不仅减少了总需求，还严重降低了世界上最贫穷人口维持适当生活水平的能力。

在通胀压力之下，主要国家的央行采取了限制性更强的货币政策立场，导致利率升高。利率上升加上俄乌冲突，使

---

① 到2022年9月，全球供应链压力指数已开始回落至新冠疫情之前的水平（Federal Reserve Bank of New York，2022）。相比之下，2022年第三季度，德国制造业企业中间投入品短缺指标仍然处于疫情期间的高水平，远远高于前几个商业周期的短缺程度（DESTATIS，2022）。

经济活动放缓，引起了人们对重债国家金融不稳定的担忧。^①不确定性大大增加，抑制了商业投资，而商业投资正是持续减少失业、缓解在职贫困的关键。简而言之，近几十年来许多国家在体面劳动和社会正义方面所取得的进展有可能在今后多年内被逐渐削弱。

在这种严峻的形势下，体面劳动不足仍然大量存在（见图1.1）。全世界约有4.73亿人被剥夺了通过就业获得收入的权利，其中2.05亿人是失业者，即符合"最近在寻找工作"并且"能在短时间内找到工作"的条件的人；另外2.68亿人虽不符合这两个条件，但是有就业需求且这种需求未被满足。^②受雇者中有20亿人从事非正式工作，这些人享受工作的权利、通过社会对话发表意见或享受社会保护制度利益的可能性大大降低，农村地区尤其如此（ILO，2022a）。此外，有2.14亿人虽处于就业状态，却无法摆脱极端贫困，即按购买力平价计算，此类工人及其家人每人每日的生活费不足1.90美元。^③全球劳动收入分配高度不平等，处于收入分配下半层（50%）工人的收入仅占全球总劳动收入的8%左右。导致这种不平等的部分原因是劳动生产率的巨大差距：高收入国家（地区）工人的人均国内（地区）生产总值（GDP）是低收入国家（地区）的18倍。在世界范围内，失业人员获得收入支持的机会也非常不平等，只有47%能获得社会保护（ILO，2021a）。2020年，世界上约有1.6亿童工，其中大多数从事农业工作（ILO，2021b）；约有2800万人从事强迫劳动（ILO，2022b），这意味着总共有1.88亿人从事着本应被取缔的工作。

女性和青年在劳动力市场上的处境明显恶化，表明许多国家的劳动力市场仍存在高度不平等。2022年全球女性劳动力参与率（LFPR）为47.4%，男性为72.3%，男女间的差距高达24.9个百分点。这意味着，每有一名男性处于经济不活跃状态，就有两名女性处于同样的状态。青年（15~24岁）在获得体面工作方面困难重重，他们的失业率是成人（25岁以上）的三倍。五分之一以上的青年（23.5%）未就业、未接受教育或培训（NEET）。

长期趋势显示，减少体面劳动不足在某些方面取得了进展，但仍然不够。极端工作贫困率从1991年的35%下降到2022年的6.4%，成绩十分显著，但是低收入国家（地区）并未在这方面取得进一步进展，也就是说，这些国家（地区）的在职贫困人口在增多。在过去18年里，非正式率下降了5个百分点，进展过慢导致不可能在短期内实现广泛的正式就业化。劳动力参与率在过去30年中的性别差距基本保持不变。过去17年里，年轻男性未就业、未受教育或培训的比例有所上升，而年轻女性的这一比例则有所下降。全球劳动收入占比从2004年开始下降。同时，失业通常表现为周期性现象，未呈现出明确的长期趋势。

新冠危机加剧了此前已经存在的体面劳动不足问题（ILO，2021c）。与2019年第四季度相比，2020年总工时估计减少约8.7%，相当于2.52亿个全职工作（每周工作48小时）。虽然世界各地都有工时损失和收入损失情况，但收入支持措施提供方面的不平等加深了各国之间的收入不平等情况，因为这种不平等取决于已有社会保护体系和紧急社会保护体系的规模。各国内部的不平等现象也有所加剧，如女性和中低技能职业工人遭受了更多

---

① 国际金融研究所（Institute of International Finance）的资本流向追踪报告（*Capital Flows Tracker*）显示，2022年上半年新兴市场大量净资本流出，但在2022年8月到10月，这种趋势有所逆转（https://www.iif.com/Products/Capital-Flows-Tracker）。

② 根据第十九届国际劳工统计学家会议（ICLS 2018）所确定的定义，劳动力利用不足意味着就业需求未得到满足，失业只是其中一个指标。

③ 2022年，世界银行将极端贫困的门槛修订为每日不足2.15美元。在编制本报告估算值时，尚未采用这一标准，但今后的报告中将予以调整。

就业损失（ILO，2022c）。新冠危机之后，非正式就业率和工作贫困率的下降趋势已经结束，甚至已经扭转。除少数例外情况之外，剔除人口增长影响后，大多数国家的就业与工时尚未恢复到2019年末新冠危机爆发前的水平。低收入和中等偏下收入国家（地区）的复苏一直处于落后状态，就体面劳动而言，这些国家（地区）的许多指标都很让人担忧。

▶ 图1.1　2022年或有数据可查的最近一年的社会正义和体面劳动不足情况概览

4.73 亿人

就业缺口
4.73亿人有就业意愿，
其中2.05亿为失业者
（积极寻找工作的人）

2 倍

性别差距
离开劳动力队伍的
女性是男性的2倍

23.5 %

青年
23.5%的青年未接受教育、
未就业或未接受培训

20 亿人

非正式就业
20亿非正式工人，
其享受工作权利或获得社会
保护的渠道有限

2.14 亿人

工作贫困
2.14亿工人处于极端贫困状态
（按购买力平价计算，每日不足
1.90美元）

4 %

社会保护
只有47%的人口获得至少
一项社会保护

8 %

不平等
占全球总数一半的工人的总收入
仅占全球劳动力总收入的8%

18 倍

生产力差距
高收入国家（地区）的劳动生产率是
低收入国家（地区）的18倍

1.88 亿人

应当被取缔的工作
1.6亿儿童为童工，2800万工人
从事强迫劳动工作

注：劳动收入估算值采用的是2019年的数据，童工估算值采用的是2020年初的数据。

资料来源：国际劳工组织劳工统计数据库（ILOSTAT），国际劳工组织模型估算，2022年11月；国际劳工组织社会保护数据库；国际劳工组织（2021b）。

全球就业增长在2022年快速上升，但预计将在2023年大幅下降。2021年至2022年期间，低收入和中等偏下收入国家（地区）与高收入国家（地区）之间的差距扩大，全球就业增长下降将加深复苏分化，导致这两类国家（地区）更难缩小与高收入国家（地区）之间的差距。2021年和2022年，全球失业率有所下降，但这一趋势将在2023年和2024年结束，预计这两年失业率将小幅上升。受经济活动放缓影响，受雇者人均工时预计将减少，继续处于远低于疫情前的水平。

本章按照国家（地区）组别介绍了全球主要劳动力市场指标的趋势，并进行了相关预测。首先，本章讨论了造成劳动力市场形势如此严峻的多重危机，接下来提出了衡量工作质量的关键指标：劳动力、就业、工时和劳动力利用不足。本章还考察了人们所从事的工作类型的发展趋势及其对社会正义的影响，最后提出了相关政策建议。

风险因素叠加导致劳动力市场前景高度不确定。此外，新冠危机对劳动领域的影响也存在不确定性。[1]因此，本报告所呈现的劳动力市场指标具有很大不确定性。[2]此处使用的术语"就业"（employment）适用于联合国国民账户体系所界定的生产范围内的活动，同时遵循第十三届国际劳工统计学家会议所确定的定义。根据第十九届国际劳工统计学家会议通过的新标准，术语"工作"（work）是指包括任何性别和年龄的人为生产或提供他用或自用商品或服务而从事的任何活动。区分这两个术语很重要，因为相比第十三届国际劳工统计学家会议所通过的"就业"定义，第十九届会议通过的"工作"概念所涵盖的人口更多。例如，女性做了大量无报酬照护工作，却未被统计纳入就业数据。虽然如此，为了便于阐述，在本报告中，"工作"一词有时仍被用作"就业"的同义词。报告中未明确提及的所有统计数据都来自国际劳工组织劳工统计数据库（ILOSTAT）"国际劳工组织模型估算"（ILO modelled estimates），[3]很多统计数据也可以在《世界就业和社会展望》数据查询网站（WESO Data Finder）中找到。

▶ 劳动力市场面临严峻的宏观经济环境

生活成本危机正在侵蚀可支配收入

非对称需求和供给冲击共同推高了核心通胀率。[4]之所以会产生这些问题，部分原因是疫情期间消费大幅波动，2020年需求从服务业转向（电子）产品，2021年各经济体逐步取消工作场所和旅行限制，需求又回到服务业。然而，供应并未得到同步调整，而且因为货物需求上升和海上运力下降，全球供应链严重中断（Rees and Rungcharoenkitkul，2021）。2021年，

① 许多国家（地区）很少开展劳动力调查。缺失值也被纳入考虑，以便得出国际劳工组织模型估算中公布的劳动力市场指标全球估算值。在正常情况下，得益于生成模型估算的经济度量技术，在没有进行调查的情况下，劳动力市场指标估算值的误差范围相对较小。由于新冠疫情影响范围和性质的特殊性，劳动力市场估算值的精度有所下降。

② 指标涉及的地区主要包括劳动力调查开展较好的国家（地区），截至2021年（包括2021年），这些地区在指标方面的误差很小，包括美洲和欧洲。

③ 有关国际劳工组织模型估算系列的详细信息，请参阅附录B。

④ 在35个国家（地区）的样本中，核心通货膨胀率中值从第二季度开始上升，从2021年的大约2%上升到2022年第三季度的6.5%（IMF，2022）。

全球开始逐步开放，经济活动迅速恢复，这要归功于疫情暴发初期"被迫储蓄"所导致的积压需求的释放。在这种情况下，包括航空和旅游业在内的几个部门出现了严重的运力短缺。令人意外的是，政策制定者虽然充分预料到了各种冲击，但似乎低估了这些冲击的严重程度（Ernst，2020；OECD，2020）。

周期性因素加上俄乌冲突所导致的供应中断，推动能源和粮食价格不断上涨，对贫困人口的生存构成了威胁。2022年3月，全球粮食价格指数达到159.7点，是1990年开始编制该系列指数以来的最高水平（见图1.2）。此后，价格有所回落，但2022年9月的价格水平仍比2019年的平均水平高出43%，接近2011年全球粮食价格危机期间的水平。2022年8月，能

源价格已上涨至2019年平均价格的三倍，比上一个高峰期（2011~2014年）的价格水平高出60%。能源和粮食价格居高不下，给许多家庭带来了生活成本危机，对于较贫困的家庭来说，这可能成为事关生存的问题，因为这些家庭往往将收入的大部分花在购买粮食和能源上。[①]不少企业也面临着能源价格上涨带来的生死存亡威胁，尤其是那些因市场力量较小而无法将上升的成本转嫁给消费者的中小型企业（Global Alliance for Improved Nutrition，2022）。能源价格指数反映的是全球平均水平；然而，世界各地能源结构不尽相同，有些能源市场是地方性的，如电力和某些天然气市场，这些市场的地区价格差异很大。

▶ **图1.2 粮食和能源价格指数**

注：联合国粮农组织（FAO）粮食价格指数，2014~2016年平均价格等于100。
资料来源：国际货币基金组织（IMF）初级商品价格体系；联合国粮农组织。

综上所述，高达两位数的通胀率正影响着全世界20多亿人（UNCTAD，2022），这加深了各国内部的不平等，降低了总需求。能源生产商和具有市场力量的企业正在赚取创纪录的利润，而其他企业或者努力将成本增加转嫁给

客户，或者承受需求减少所带来的压力。[②]有些工人的实际收入大幅下降，但他们通常缺乏议价能力，无法为自己的损失寻求赔偿，还有一些工人受雇于因陷入困境而无法给雇员涨薪的企业。《2022~2023年全球工资报告》显

---

① 价格指数显示了价格的名义变化。还需要考虑收入的变化，以评估价格变化对家庭的影响。
② 2021年和2022年，消费者需求仍然强劲，价格上涨意味着许多公司能够提高利润率。2018~2019年，美国企业税前利润占国民生产总值的比例从平均10.7%上升至2021年和2022年前两个季度的平均13.4%（计算值源自https://fred.stlouisfed.org/）。

示，2022年全球实际工资估计下降0.9%（ILO，2022e）。在发达经济体，由于劳动力短缺，低薪服务业工人的工资快速增长，增幅达到数十年来的最高水平，但这种增长也只能勉强与通胀持平。劳动力市场与社会保护改革萎缩、工会成员逐渐减少，以及工业领域就业下降等因素叠加，导致工资和其他名义指标等的效力下降，使实际工资不能充分反映生产力的提高。①通胀意外加速损害了工人的利益，工人被迫沦为这场意外通胀中的输家。同时，由于加入工会的工人的比例和集体谈判的覆盖率都在下降，社会对话的力量被削弱，难以推动通胀成本公平分担（ILO，2017a）。在再分配调整缺失的情况下，大多数家庭的实际收入将下降，进而导致总需求下降。

受通胀影响，贸易条件恶化的国家（地区）还面临着实际收入下降的问题。这些国家（地区）需要增加粮食和能源进口方面的支出，将购买力转移给生产此类物项的净出口国。②对于国际借贷机会有限的发展中国家（地区）而言，支出增加可能意味着国际收支危机，进而恶化政府和企业的融资环境。③

财政和货币政策的选择有限

全球政策空间有限且支离破碎。新冠疫情大大削弱了主要政策制定机构的能力。为了促进复苏，各国央行已经穷尽其所有力量。同样，为了支持当地企业和家庭，政府制定财政政策，积累了大量债务，如果政府尚未取消疫情期间的支持性措施，那么会面临越来越大的压力，最终只能被迫逐步取消这些措施。不断上升的利率和强势美元威胁着各国进行债务再融资的能力，特别是在资本外逃的情况下。

2019~2022年，处于债务困境或面临高债务困境风险的低收入国家（地区）的比例从49%增加到56%。当前，最重要的是确保各国政府能继续获得资金，因为不管是主动采取紧缩措施，还是在经济低迷期间因金融市场疲软而被迫采取紧缩措施，都会对劳动力市场造成灾难性的影响。

财政政策需要平衡一些彼此之间相互冲突的目标。一方面，各国应避免整体扩张性的财政立场，因为这与货币政策背道而驰。另一方面，遭受重创的企业和家庭确实需要支持才能渡过危机。因此，支持需要更多面向低收入家庭、弱势工人和苦苦挣扎的中小型企业。④

鉴于当前的经济政策共识，控制通胀的过程将给许多家庭和企业带来痛苦。虽然通胀的主要驱动因素是供应，而不是需求（IMF，2022），但是应对通胀上升预期的大多数政策行动都集中于需求侧管理。特别需要指出的是，发达经济体当前的政策回应在很大程度上依赖于引发总需求收缩的货币政策，这一点从创纪录的加息步伐中可见一斑。在这样的政策下，工人将面临收入压力，这可能是因为就业增长放缓，也可能是因为失业，或者是因为在职者实际工资下降。总需求减少还会加大企业的竞争压力，限制价格上涨，同时有可能降低企业的利润率。⑤需要采取更平衡的办法来缓解经济与社会压力，当务之急是采取扩大供应的措施，包括增加可持续能源生产方面的投资。

过去几十年积累起来的高度不平等，使各国央行在努力降低通胀率时面临更大的挑战。对加息不敏感的富裕家庭在总消费中的占比越来越大，可能带来这样的风险：让人们以为要达到有效应对通胀的目的，就要采取比以往严厉得多的紧缩性货币政策（Pereira da Silva et

---

① 关于工会化率和集体谈判安排的发展变化，请参见Visser（2012）和ILO（2022h）。

② 贸易条件效应使欧元区2021年第四季度实际收入降低了1.3%（ECB，2022）。此后，能源价格大幅上涨。

③ 即使在金融市场一体化良好的发达经济体中，财政政策也可能受到风险溢价显著上升的金融市场的限制。例如，2022年10月，英国发生了关于巨额财政赤字的风波，最终需要英格兰银行干预。

④ 无针对性或针对性差的支持可以使低生产力企业（"僵尸企业"）得以生存，使资源被占据，并降低生产力增长的潜力（见第3章）。同时，在发展中国家和地区，许多中小微企业会想方设法继续经营，但很有可能进入非正式部门。

⑤ 利润率通常是顺周期的（Macallan, Millard and Parker，2008）。

al.，2022）。这意味着，较贫困家庭和外部融资程度较高的企业面临着更高的成本。

缺乏适当政策协调将引发重大风险，主要发达经济体和新兴经济体将推行以应对国内问题为重点的政策议程，而不考虑这些政策可能带来的广泛的全球溢出效应。例如，收紧货币政策似乎仅是为了应对当前令人担忧的通胀，而没有充分考虑此类政策的跨期效应和国际溢出效应（Obstfeld，2022）。在这种情况下，全球宏观经济环境可能过度收缩，对世界各地的实体经济和劳动力市场造成异常严重的影响。采取不一样的政策措施，如平衡供需的措施和保护最弱势群体的针对性干预措施，可以兼顾经济发展与应对通胀，是更加有效的手段。

短期经济前景

在俄乌冲突等多重挑战的影响下，人们的信心不断下降，而信心下降将加剧经济紧缩。自2021年以来，21个国家的GDP加权政策不确定性指数上升，虽然低于新冠疫情初期的数值，但远高于长期平均水平（见图1.3）。44个国家（地区）样本的消费者信心指数的中位数已降至过去20年来最低水平（见图1.3），这凸显了生活成本危机对家庭的严重影响。14个国家（地区）样本的企业信心指数的中位数呈下降趋势，但2022年9月的数值仅略低于长期平均水平。企业表现出更为积极的情绪，这对劳动力市场来说是个好消息，因为这意味着雇主裁员的可能性较小，至少目前是这样。

▶ 图1.3　2004年2月~2022年9月消费者和企业信心指数中位数（与平均值的标准差）以及政策不确定性

注：该图显示了44个国家（地区）样本的标准化消费者信心指数的中位数，以及14个国家（地区）样本的标准化企业信心指数的中位数。政策不确定性指数是21个国家（地区）的GDP加权平均值。已重新调整原来的数列，以便在此图中显示，方法是将政策不确定性指数除以100，再减1。所有数列都已转换为显示三个月的滚动平均值。垂直线为俄乌冲突爆发的时间。
资料来源：Tradingeconomics；http://www.policyuncertainty.com。

预计2023年全球经济增长率仅为2.7%，远低于2000~2021年3.6%的年均增长率（IMF，2022）。全球经济增长率比2022年4月的预测值低了0.9个百分点，表明经济状况明显恶化。经济放缓意味着疫情期间的产出损失未被弥补，危机前的产出缺口仍然存在并有扩大的趋势。中国、欧元区和美国这三个世界上最大的经济体的经济增长在显著放缓，这是全球经济低迷的主要原因。

预计低收入和中等收入国家和地区（不包括中国）的人均增长率与2010~2019年的平均增长率持平，甚至更高（见图1.4）。值得一提的是，低收入国家（地区）的人均增长率预计将大大高于过去十年的水平。此外，预计2023年全球增长率将超过2009年金融危机期间的增长率。因此，虽然人们为挽回疫情期间产出损失所做的努力受到增长放缓的严重影响，但这并不意味着全球会出现重大衰退，对于不在高收入国家（地区）范围之列的国家（地区）而言，出现重大衰退的可能性就更微乎其微了。尽管如此，如果某些风险因素成为现实，全球经济仍有可能陷入衰退（Guénette，Kose and Sugawara 2022；IMF，2022）。本报告中的劳动力市场预测以2022年10月《世界经济展望》（IMF，2022）的基线预测为基础。

▶ 图1.4   2010~2023年世界和不同收入组别国家（地区）的人均GDP增长率

	2010~2019年	2020年	2021年	2022年	2023年
世界	2.1%	-4.1%	5.0%	2.2%	1.7%
低收入国家（地区）	-0.7%	-3.2%	1.7%	1.0%	2.4%
中等偏下收入国家（地区）	3.5%	-4.5%	4.4%	3.6%	3.7%
中等偏上收入国家（地区），不包括中国	1.1%	-5.9%	5.5%	1.6%	1.1%
高收入国家（地区）	1.4%	-4.8%	5.0%	2.3%	0.8%

资料来源：国际劳工组织基于国际货币基金组织（2022）的数据和《联合国人口展望2022》计算所得。

影响劳动力市场发展的长期趋势

上述短期发展背后是更大的结构性变化，这种变化已经越来越明显。人口老龄化加剧了部分国家的劳动力短缺问题，而人口仍在迅速增长的国家也面临着挑战：如何为年轻一代提供足够的生产性体面劳动的机会？生产力增长面临严峻阻力，威胁到了多方面的前景，包括消除工作贫困、减少全球劳动收入不平等，以及使各国能够在维持生活水平的同时应对人口老龄化（见第3章）。劳动世界处于不断变化之中，数字化和人们对照料经济日益增长的需求加速了其变化，改变着企业的技能需求，如果技能需求未能通过教育系统和终身学习得到适当满足，就会产生技能与需求不匹配的情况（ILO，2021d；Carolina Feijao，van Stolk Flanagan and Gunashekar，2021）。

气候变化及其缓解政策可能会影响生活水平。过去一年出现了一系列气候异常情况，提醒人们全球气候变化正在加速，虽然全球气温尚未达到1.5摄氏度的升幅门槛，但气候变化已经带来巨大的成本，且不断上升（IPCC，2018）。

多个气候临界点似乎正在临近。这些因素交织在一起，将大大提高适应气候变化的成本。不可逆转的生物多样性丧失或永久冻土融化可能会加速气温上升，造成大量产出和就业损失，生态系统本就脆弱和平均气温较高的国家（地区）面临的形势尤为严峻。预计到2030年，气温升高将导致全球总工时丧失2.2%，主要集中在农业和建筑业（ILO，2019a）。

向净零排放过渡可能并不容易，但这个过程也将创造机会。由于各经济体转向本地绿色技术，当前的能源价格危机可能会升级。此外，由于发达经济体正在减少化石燃料的使用，此类燃料的价格有望下降，而在低价激励之下，欠发达经济体不仅不会减少高碳能源使用，反而会更加依赖高碳能源生产。但是，有大量证据表明，更快过渡到净零排放经济能带来生态和经济发展多方面的益处（Way et al.，2022；IMF，2022）。这种过渡可能会在全球范围内净创造1800万个就业机会（ILO，2018a）。

公正过渡意味着生活水平的（适度）降低，因此需要国家内部、世代之间以公平和国际化的方式共同承担这一责任。推迟必要的调整并不会减少分配结果的复杂程度，只会增加成本。需要加强社会保障措施、提供更多有针对性的收入支持，出台有助于从"棕色"工作向绿色工作过渡的技能政策，财力充足的国家（地区）尤其应该开展这些工作。[①] 为了创造更多空间，需要设计新型国际气候协议，支持向高收入污染者征收与气候相关的费用，并将部分资金用于加大对全球南方（Global South）的碳汇投资，低收入国家（地区）可以更多关注这方面的工作。在设计此类方案时，需要从劳动力市场角度出发，确保体面劳动机会创造与生态系统服务付费协调一致。

▶ 劳动力供应、就业和工作岗位短缺

未来几年，就业增长将停滞，工人将更难找到高质量的工作，实际收入可能会下降。造成这些情况的原因包括劳动力供应和人口结构的发展变化，劳动力市场结构，以及创造或阻碍就业机会的体制环境。这些决定因素因国家和地区而异；劳动力需求与供应的相互作用以及工人薪酬的差异将导致劳动力市场结果的差异。

劳动力供应

据估计，2022年全球劳动力参与率已回升至60%左右，略低于2019年的水平。预计2023年劳动力参与率将继续保持长期下降趋势，2024年将下降0.2个百分点。据估计，2022年总共约有36亿人加入劳动力大军，由于劳动年龄人口还在增加，这一数字预计将以每年约3500万人的速度增加。"经济不活跃"状态意味着不在劳动力大军中，这可能是积极因素，也可能是消极因素。在某种程度上，劳动力参与率持续下降是因为年轻一代将更多的时间花在受教育上，而老一辈人则享受了更长的退休时间，这是经济发展带来的积极成果。然而，经济不活跃也可能是因为人们受到各种因素阻碍而退出劳动力市场，包括某些群体缺乏劳动力市场机会、沮丧状态及性别歧视等，这些因素导致的低参与率并非好事。

在一些高收入国家（地区），劳动年龄人口已经开始减少。在新兴经济体中，中国的劳动年龄人口于2015年首次减少，这种减少预计还会加快。因健康问题引发的不活跃率上升，加剧了人口结构导致的劳动力短缺。根据世界卫生组织的估计，大约20%的新冠病毒感染者将承受某种形式的长期健康后果（Cox，2021；Stulpin，2022；Van Beusekom，2022）。从估计结果来看，新冠肺炎对劳动力供应的影响存在差异；针对美国的研究表明，30万~60万工人因长新冠而失业（Sheiner and Salwati，2022），也有人认为是200万~400万人（Bach，2022），也就是说，约0.2%~2.2%的劳动力受到影响。

在老年人口抚养比不断上升的背景下，维持或提高生活水平需要更快的生产力增速、更高的劳动力参与率，或者更多的外来年轻移民工人。这是因为，平均而言，每位工人都需要有更高的产出，才能提供足够的商品来养活越来越多的经济不活跃人口。[②] 老年人口抚养比是指65岁及以上人口与15~64岁人口的比率，在过去十年中，高收入国家（地区）和中等偏上收入国家（地区）的老年人口抚养比大幅上升（见图1.5）。本报告第3章指出，过去十年的劳动生产率增长实际上在放缓，已经威胁到了维持平均生活水平的能力。

鉴于这些趋势，一些国家（地区）很早

---

① "棕色"是指阻碍环境保护、加深不可持续性的解决方案或对环境产生重大负面影响的任务和活动（Bohnenberger，2022）。

② 在人口老龄化的情况下，提高劳动生产率只是维持生活水平的必要条件。同样重要的是，收入再分配（也就是养老金制度设计）能让每个人都能真正享有平均生活水平。

就开始采取措施提高劳动力高参与率。许多高收入国家（地区）提高了退休年龄标准，增加了激励老年工人继续就业的措施。在这些国家（地区），25~64岁人口的劳动力参与率不断上升，65岁及以上人口的参与率也有所增加，这在一定程度上抵消了生产力增长放缓，保持了人均GDP的潜在增长（见图1.5）。然而，这类政策对克服劳动力供应结构性短缺的贡献是有限的。简单来说，老年人口抚养比上升太快，

劳动力参与率的提高不足以弥补其带来的缺口。此外，虽然终身学习政策是一项长期政策目标，但考虑到老年工人再培训的机会成本很高，很难真正落实终身学习政策。当工人转入新的职业或部门时，其以往的工作经验通常不会被充分关注，因此可能丧失很大一部分与资历挂钩的工资溢价（McKinsey，2022）。最后，还可以做出更多努力，通过适当的政策使更多女性和边缘化群体进入劳动力市场。

▶ 图1.5   1991~2021年世界和不同收入组别国家（地区）25~64岁人口的老年人口抚养比和劳动力参与率

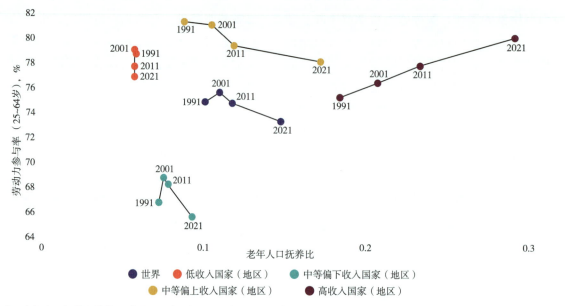

注：老年人口抚养比是指65岁及以上人口与25~64岁人口的比率。
资料来源：联合国人口司，《世界人口展望2022》；国际劳工组织劳工统计数据库，国际劳工组织模型估算，2022年11月。

由于进一步提高劳动力参与率变得越来越困难，人口老龄化国家（地区）的雇主将面临劳动力减少和人才资源萎缩的问题。高收入国家（地区）25~64岁人口的劳动力参与率已经比全球平均水平高出7个百分点，进一步提高的空间有限。预计2024年高收入国家（地区）的劳动力将出现萎缩。2022年，四分之三的受访公司报告难以找到满足空缺岗位所需的合适人才（Manpower Group，2022）。

在全球范围内，2022年女性劳动力参与率

比男性低24.9个百分点，与此相应，未进入劳动力大军的适龄女性劳动力比适龄男性劳动力多7.5亿（见图1.6）。劳动力参与率性别差距虽然是一种全球现象，但世界各地的差异却很大，在北非、阿拉伯国家和南亚等地区，妇女从事经济活动的可能性仅为男子的三分之一。对于这些地区而言，植根于社会规范的深层次结构性障碍成为女性进入劳动力市场的绊脚石（ILO，2019b；2017b）。[1]

---

① 这些因素可能包括歧视，分散和隔离的劳动力市场，男女之间以及家庭和国家之间无报酬照护工作和照护责任的不平等分配，基于性别的暴力和骚扰，普遍存在的性别陈规和社会文化规范，以及妇女在集体决策进程中的发言权和代表性有限。

▶ 图1.6 2022年按性别、世界和次区域划分的劳动力参与率

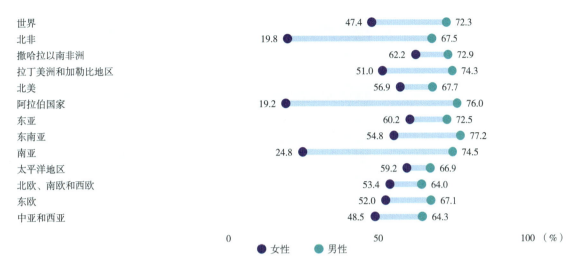

世界	47.4 — 72.3
北非	19.8 — 67.5
撒哈拉以南非洲	62.2 — 72.9
拉丁美洲和加勒比地区	51.0 — 74.3
北美	56.9 — 67.7
阿拉伯国家	19.2 — 76.0
东亚	60.2 — 72.5
东南亚	54.8 — 77.2
南亚	24.8 — 74.5
太平洋地区	59.2 — 66.9
北欧、南欧和西欧	53.4 — 64.0
东欧	52.0 — 67.1
中亚和西亚	48.5 — 64.3

0　　　　　　50　　　　　　100（%）
● 女性　● 男性

资料来源：国际劳工组织劳工统计数据库，国际劳工组织模型估算，2022年11月。

低收入国家（地区）和中等偏下收入国家（地区）虽然受益于较低的老年人口抚养比，但也面临着如何将大量青年人口纳入劳动力市场的挑战。预计到2024年，这两类收入组别国家（地区）的总劳动人口每年将增加约3000万人，主要是青年。预计在全球增加的劳动力人口中，非洲占了近一半（每年增加1600万名工人），但非洲在全球劳动力总数中的占比仅为五分之一。大量青年将进入劳动力市场，这本身就构成了挑战，因为青年在这一过程中面临着特殊困难。①

2022年，15~24岁的青年中有五分之一以上未就业、未受教育或培训。这相当于2.89亿青年被剥夺了通过早期工作经验或某种形式的培训或教育获得宝贵技能的机会（ILO，2022f）。未就业、未受教育或培训的年轻女性约为年轻男性的两倍，这意味着劳动力参与率方面的性别差距将持续下去。事实上，在劳动力参与率方面表现出很大性别差距的地区在未就业、未受教育或培训比率方面的性别差距也很大，这突出表明需要采取变革性的政策办法来解决性别不平等问题，防止这种不平等现象世代相传。

不过，令人振奋的是，在过去16年中，男女之间的未就业、未受教育或培训比率差距有所下降，年轻女性的比率下降了2个百分点，而年轻男性的比率则略有上升。各地区的未就业、未受教育或培训比率差异很大，部分原因是性别差距，部分原因是青年在进入劳动力市场时面临困难。例如，在欧洲，只有10%多一点的青年未就业、未受教育或培训，而在阿拉伯国家地区，这一比例接近20%（见图1.7）。除了未就业、未受教育或培训的原因之外，许多青年在经济上不活跃是因为他们正在接受教育（ILO，2022f）。2022年，青年的劳动力参与率约为40%，远远低于成人的水平。30年前，青年劳动力参与率为56%，随着青年接受长期教育的情况日益改善（尤其是在中等收入国家和地区），这一比率开始大幅下降。

2022年，约有2.68亿人虽不在劳动力队伍中，却仍然有就业意愿。该群体包括因为看不到任何能获得良好收益工作机会而感到沮丧的工人，也包括目前无法找到工作的人（关于未被满足的就业需求的详细分析，请参阅后面的"就业缺口，不止失业"。）释放这方面的潜力可以增加劳动力供应，缓解劳动力短缺。

---

① 许多进入劳动力市场的非洲青年都在农村地区（ILO，2022a）。

▶ 图1.7   2022年按性别、世界和次区域划分的15~24岁青年未就业、未受教育或培训的比率

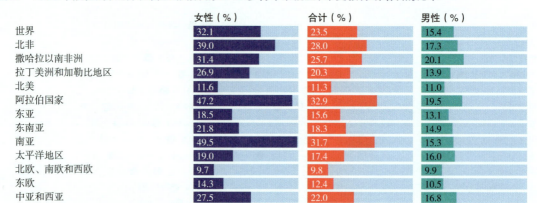

	女性（%）	合计（%）	男性（%）
世界	32.1	23.5	15.4
北非	39.0	28.0	17.3
撒哈拉以南非洲	31.4	25.7	20.1
拉丁美洲和加勒比地区	26.9	20.3	13.9
北美	11.6	11.3	11.0
阿拉伯国家	47.2	32.9	19.5
东亚	18.5	15.6	13.1
东南亚	21.8	18.3	14.9
南亚	49.5	31.7	15.3
太平洋地区	19.0	17.4	16.0
北欧、南欧和西欧	9.7	9.8	9.9
东欧	14.3	12.4	10.5
中亚和西亚	27.5	22.0	16.8

资料来源：国际劳工组织劳工统计数据库，国际劳工组织模型估算，2022年11月。

工作量：就业和工时

不同收入组别国家（地区）的就业增长决定因素存在差异。第一，各国（地区）宏观经济前景不同，一些国家（地区）预计将进入衰退，而另一些则可能在2021年和2022年较快增长之后步入增长正常化轨道。第二，各国（地区）制度差异很大，包括社会保护制度的覆盖面、社会谈判的程度、就业保护立法和政府劳动力市场政策等。第三，各国（地区）人口发展阶段不同。

在低收入和中等偏下收入国家（地区），经济活动波动对就业的影响不大，因为大多数工人是非正式和（或）自营职业者。在缺乏社会保护体系的情况下，处于非正式部门的工人将继续从事某种类型的生存性经济活动。低收入和中等偏下收入国家（地区）数量众多的劳动年龄人口有力推动了就业增长，失业情况并不明显。但是，经济衰退会影响收入，也会在一定程度上影响工时，对日工等没有固定工作的工人的影响比较突出。

中等偏上收入国家（地区）的情况更为复杂。在这一收入组别的国家（地区）中，中国拥有最多工人，中国的经济增长可能比以往有所放缓，而中国应对新冠疫情的策略是减少工时，同时遏制过度投资，尤其是房地产行业的过度投资（Pettis，2022）。但是，政府决心保增长，可能会采取多种调整手段，从而避免对

劳动力市场造成重大影响。其他相当多的中等偏上收入国家（地区）属于大宗商品净出口国（地区），这些国家（地区）受益于大宗商品价格上涨及随之而来的贸易条件大幅改善。这些有利因素有望改善政府财政并促进国内和区域内消费，进而支持就业增长。然而，贸易条件改善虽会带来更高收入，但这些收入可能集中于少数家庭，而生活成本上涨会影响到每个人。如果没有适当的政府干预，这种状况将加剧不平等，可能对就业增长和总需求产生抑制作用。

在人口老龄化的高收入国家（地区），企业既面临经济低迷时期是否裁员的问题，又面临复苏时期劳动力短缺的风险，需要在二者之间取得平衡，因此这些国家（地区）的就业前景还取决于企业做出的中期战略决策。以高收入国家（地区）为主的18个国家（地区）样本显示，自2022年6月以来，这些国家（地区）的职位空缺数急剧下降，但在2022年9月仍处于历史高位（见图1.8）。职位空缺随商业周期而波动，由于企业不再扩大员工队伍，职位空缺数将继续下降。但是，企业也需要尽力招收和留住优秀员工，以便在短期盈利需求（甚至有可能是短期生存需求）与中期挑战之间取得平衡。在这种情况下，人口老龄化国家（地区）的企业很可能在经济衰退期间囤积劳动力，尽量避免裁掉在2021年和2022年竭尽全力招来的员工。

▶ 图1.8   2001年6月至2022年9月职位空缺数（与平均值的标准差）

注：该图显示了18个经济体（主要是发达经济体）标准化职位空缺的三个月滚动平均值的中位数，以及第25和第75百分位数。涵盖了以下国家：奥地利、塞浦路斯、捷克、爱沙尼亚、芬兰、法国、德国、日本、新西兰、波兰、葡萄牙、斯洛文尼亚、西班牙、瑞典、瑞士、泰国、大不列颠及北爱尔兰联合王国、美国。

资料来源：Tradingeconomics。

　　许多企业可能缺少留住员工的资源，尤其是那些受新冠危机重创和融资成本较高的企业。中小企业首当其冲，在总需求大量减少的情况下，它们可能很难幸存下来。预计破产企业数量会增加，近两年破产数非常低，极有可能存在破产大量积压的情况，这一情况值得特别关注（Allianz Research，2022）。但是，考虑到国家（地区）的持续支持，破产企业数量预计将保持在适度范围内，不会超过疫情前的水平（Allianz Research，2022）。因此，相对于经济下滑的程度，未来两年高收入国家（地区）的就业损失是有限的。

　　预计2023年全球就业将增长1%，明显低于2022年2.3%的增速（见图1.9）。从国家（地区）收入组别来看，出现了两种截然不同的情况：低收入和中等偏下收入国家（地区）的就业预计将以2020年之前的速度增长，但中等偏上收入和高收入国家（地区）的就业增长将大大放缓。高收入国家（地区）之所以在2022年呈现出就业正增长趋势，主要是因为当年上半年就业增长强劲。在有季度数据可查的高收入国家（地区）中，相对于2022年第三季度，预计2023年（未加权）平均就业增长基本为零，2024年就业增长依然接近于零。[①]其他收入组别国家（地区）2024年的就业增长也与2023年类似。

▶ 图1.9   2010~2024年世界和不同收入组别国家（地区）的年均就业增长率

	2010~2019年	2020~2021年	2022年	2023年	2024年
世界	1.1%	0.2%	2.3%	1.0%	1.1%
低收入国家（地区）	2.8%	2.4%	3.7%	3.3%	3.3%
中等偏下收入国家（地区）	1.6%	0.4%	3.0%	1.8%	1.8%
中等偏上收入国家（地区）	0.5%	0.0%	1.2%	0.1%	0.3%
中等偏上收入国家（地区），不包括中国	1.2%	-0.6%	3.3%	0.7%	0.8%
高收入国家（地区）	1.1%	-0.6%	2.7%	0.2%	-0.1%

资料来源：作者基于国际劳工组织劳工统计数据库，国际劳工组织模型估算（2022年11月）计算所得。

――――――――――

①   有季度就业数据可查的高收入国家（地区）共有37个。

由于劳动世界受到多重危机打击，预计2023年就业增长比上一年报告中的预测值低0.5个百分点（见图1.10）。持续存在就业缺口的国家（地区）为挽回新冠疫情所致的就业损失而努力，但就业增长放缓将大大拖累它们的

步伐。与上一年报告相比，中等偏下收入国家（地区）的就业增长下调幅度相对较小；美洲的下调幅度最大。不过，2022年美洲地区就业复苏非常强劲，提前实现了之前预计会在2023年达成的部分复苏目标。

▶ 图1.10　2023年世界及不同收入组别国家和地区修订后就业增长预测

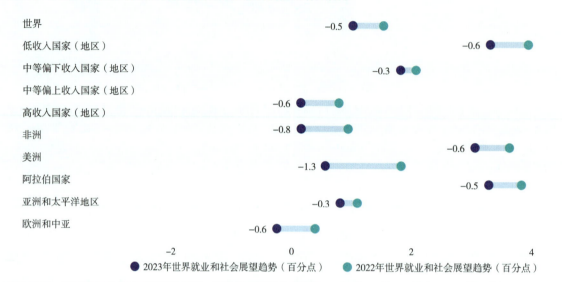

资料来源：国际劳工组织劳工统计数据库，国际劳工组织模型估算，2022年11月；国际劳工组织模型估算，2021年11月。

就业增长速度很难赶上劳动年龄人口增长速度，导致所有收入组别国家（国家）的就业人口比趋于稳定。2022年全球就业人口比达到56.4%，相比2020年54.5%的低水平，有了很大改善，但仍比2019年低0.5个百分点（见表1.1）。2022年，低收入国家（地区）就业人口比与危机前水平的差距是0.7个百分点，而高收入国家（地区）则勉强超过了危机前的就业人口比，这凸显了各国（地区）复苏的巨大差异。预计2023年和2024年就业人口比将略有下降。

女性就业人口比接近2019年的水平，就业复苏势头比男性更为强劲。不过，这种强劲的复苏主要是由非正式就业推动的。2022年，女性获得的工作机会中有五分之四是非正式的，而男性非正式工作的比例只有三分之二。相比2019年，2022年高收入国家（地区）女性的就业人口比提高了0.5个百分点，而男性则下

降了0.3个百分点。中等偏下收入国家（地区）的情况也是如此，女性的就业人口比已基本恢复，而男性的就业人口比仍比2019年低0.9个百分点。与2019年相比，2022年低收入和中等偏上收入国家（地区）女性与男性在就业不足方面的情况相似。尽管过去三年来女性在劳动力市场上的处境有所改善，但她们的就业可能性仍低于男性。与劳动力参与率类似，全球就业人口比方面的性别差距为23.5个百分点，区域模式如图1.7所示。男性和女性的就业前景十分相似：就业增长预计将以大致相同的速度放缓。

青年在疫情期间受到的就业打击尤为严重，其就业恢复速度仍然远远落后于成人（ILO，2022f）。2022年全球15~24岁青年的就业人口比为34.5%，比2019年低0.7个百分点，成人则比2019年低0.5个百分点。青年的就业人口比远低于成人，导致青年的相对就业缺口更大，几乎

达到2%，而成人仅为0.7%。青年就业率也体现了性别差距，这说明产生性别差距的因素一直存在（ILO，2017b，2019b，2022f）。年轻工人与年长工人在工作类型方面也有很多不同，如年轻工人更有可能签订临时合同（ILO，2022g，2022f）。

▶ 表1.1　2019~2024年按性别、世界和国家（地区）收入组别划分的就业与就业人口比

国家（地区）收入组别	性别	就业人口比（%）						就业人数（百万人）					
		2019	2020	2021	2022	2023	2024	2019	2020	2021	2022	2023	2024
世界	合计	56.9	54.5	55.7	56.4	56.3	56.1	3273	3176	3283	3359	3393	3430
	女性	45.0	43.0	44.0	44.7	44.5	44.4	1299	1256	1301	1335	1347	1360
	男性	68.8	66.1	67.5	68.2	68.1	68.0	1974	1920	1982	2024	2046	2070
低收入国家（地区）	合计	62.0	60.7	61.0	61.3	61.4	61.4	242	245	254	263	272	281
	女性	53.1	51.8	52.2	52.1	52.1	52.1	105	106	110	113	117	121
	男性	71.2	69.8	70.1	70.8	70.9	71.0	137	139	144	150	155	160
中等偏下收入国家（地区）	合计	52.0	49.8	50.6	51.4	51.5	51.6	1205	1174	1213	1249	1272	1296
	女性	33.7	32.3	32.8	33.5	33.6	33.7	388	378	390	405	413	421
	男性	69.9	67.1	68.2	69.0	69.2	69.2	816	796	823	845	859	875
中等偏上收入国家（地区）	合计	61.0	58.0	60.1	60.4	60.0	59.8	1225	1173	1223	1237	1239	1243
	女性	53.2	50.4	52.3	52.7	52.4	52.1	539	514	537	545	545	546
	男性	68.8	65.7	67.9	68.1	67.8	67.6	686	659	685	692	694	696
高收入国家（地区）	合计	58.1	56.3	57.0	58.2	57.9	57.7	602	585	594	610	611	610
	女性	51.0	49.3	50.2	51.4	51.1	50.9	267	259	264	272	273	272
	男性	65.4	63.3	63.9	65.1	64.8	64.6	335	326	329	338	338	338

资料来源：国际劳工组织劳工统计数据库，国际劳工组织模型估算，2022年11月。

工人人均工时持续下降，总工时疫后恢复情况不及就业。2019年全球工人人均每周工时略高于42小时，但2022年这一指标仅为每周41.4小时（见图1.11）。中等偏下收入国家（地区）降幅最大（每周减少1小时），低收入和高收入国家（地区）降幅也不小（每周减少约0.5小时）。工时下降意味着工人总时薪无法提高，进而导致人均收入减少。预计所有收入组别国家（地区）的工人人均每周工时都呈下降趋势，其中高收入国家（地区）的降幅最大（每周0.4小时）。

低收入国家（地区）工人的人均工时少与缺乏体面劳动机会直接相关。尽管在所有收入组别国家（地区）中，低收入国家（地区）的就业人口比是最高的，但这些国家（地区）的工人平均工时少，这表明其就业不足主要由工时不足所致，这种不足减少了劳动收入，增加了贫困风险。高收入国家（地区）由于劳动生产率高，工人可以在每周工时相对较少的情况下仍保持不错的收入。中等收入国家（地区）2022年工人每周平均工时至少为42小时。

▶ 图1.11　2010~2024年，世界和不同收入组别国家（地区）的就业者人均每周工时

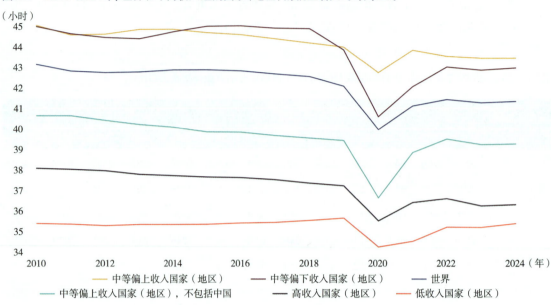

资料来源：国际劳工组织劳工统计数据库，国际劳工组织模型估算，2022年11月。

　　在全球范围内，女性就业者每周工时比男性就业者少7小时，这一性别差距因地区而异（见图1.12）。就业率性别差距已经很大，而女性有偿工作时间减少将进一步扩大这种差距。因此，女性承担不平等的无报酬工作负担不仅影响她们参与劳动力市场，而且影响她们的就业工时。值得一提的是，南亚与中西亚这两个次区域虽然存在较大的就业率性别差距，但从全球范围来看，这两个地区女性的工时并不是很少。不过，由于这两个地区男性的周工时为全球最高，所以工时性别差距也很大。

▶ 图1.12　2022年按性别、世界和次区域划分的就业者人均每周工时

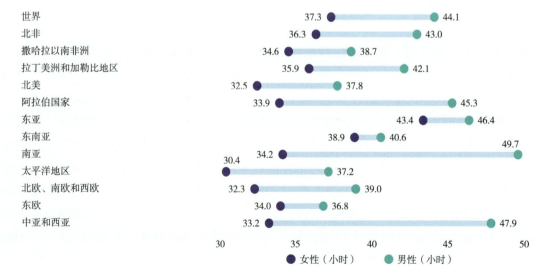

资料来源：国际劳工组织劳工统计数据库，国际劳工组织模型估算，2022年11月。

2020年，工人人均工时大幅下降。新冠危机期间，许多工作场所被关闭，虽然危机使工作活动大量减少，但对就业的影响却相对有限，这是新冠危机的一个突出特点。剔除人口增长影响后，2020年反映经济活动水平的总工时相比2019年第四季度下降了近9%（见表1.2）。由于就业尚未完全恢复，工人人均工时减少，2022年总工时（剔除人口因素）比2019年第四季度低1.4个百分点，相当于损失了4100万个全职工作。[①]世界各地工时损失的恢复程度极不均衡；与2019年第四季度相比，2022年低收入和中等偏下收入国家（地区）仍然面临较大的就业缺口（ILO，2022c）。预计2023年全球就业缺口将继续扩大，但增幅很小，预计2024年全球就业缺口将缩小至1.3%左右。

▶ 表1.2　2020~2024年世界和不同收入组别国家（地区）与2019年第四季度相比的每周工时

国家（地区）收入组别	与2019年第四季度相比的每周工时（%）					与2019年第四季度相比的每周工时（剔除人口影响）的全职等价工时（每周48小时）差异（百万小时）				
	2020	2021	2022	2023	2024	2020	2021	2022	2023	2024
世界	−8.7	−3.6	−1.4	−1.6	−1.3	−252.2	−106.3	−41.4	−47.2	−37.8
低收入国家（地区）	−5.9	−4.6	−2.1	−2.1	−1.4	−10.9	−8.8	−4.2	−4.2	−2.9
中等偏下收入国家（地区）	−11.2	−6.4	−2.7	−2.6	−2.1	−125.3	−72.1	−30.6	−30.2	−24.3
中等偏上收入国家（地区）	−7.1	−0.8	−0.3	−0.5	−0.4	−80.2	−8.5	−3.6	−5.4	−4.6
高收入国家（地区）	−7.6	−3.6	−0.6	−1.6	−1.3	−35.8	−16.9	−2.9	−7.4	−6.0

资料来源：国际劳工组织劳工统计数据库，国际劳工组织模型估算，2022年11月。

失业

2022年全球失业人口大幅减少至2.05亿人，低于2020年的2.35亿人，但仍比2019年多1300万人。2022年失业率为5.8%，仍高于2019年的水平（见表1.3）。高收入国家（地区）在降低失业率方面取得了很大进展，2022年这组国家（地区）的失业率下降到4.5%，甚至低于2019年的4.8%。中等偏上收入国家（地区）的失业率勉强恢复到2019年的水平，但低收入和中等偏下收入国家（地区）的失业率仍然比危机前高出至少0.5个百分点。

预计2023年全球失业人口将小幅上升，增加约300万人。虽然全球经济前景不佳，但预计失业率增幅相对较小，因为前面所述的诸多因素限制了就业损失。在高收入国家（地区），企业因人口老龄化而面临劳动力短缺问题，如果情况允许，这些国家（地区）可能会诉诸劳动力囤积。[②]与危机前的趋势相比，低收入和中等偏下收入国家（地区）的经济前景并没有那么黯淡。此外，从历史数据来看，这些国家（地区）的失业率受经济波动的影响较小。预计除高收入国家（地区）外，其他收入组别国家（地区）的失业率将保持相对稳定的状态。

---

① 国际劳工组织第10版《劳动世界监测报告》（ILO，2022c）指出，2022年前三个季度的工时缺口相当于4000万个全职工作岗位。

② 许多高收入国家（地区）可能会沿用新冠疫情期间实施的就业保留计划，以此帮助企业留住工人。劳动力囤积（labor hoarding）是2020年公布的经济学名词。该术语是指，在经济萧条来临时，企业通常会保留超出短期利润最大化原则所要求的雇员队伍，当经济形势出现转机时，企业无须雇佣新劳动力就能实现产出的立即扩张。劳动力囤积更加符合企业的长期利润最大化原则。详见https://www.termonline.cn/search?k=%E5%8A%B3%E5%8A%A8%E5%8A%9B%E5%9B%A4%E7%A7%AF&r=1686656246034。——译者注

▶ 表1.3　2019~2024年，按性别、世界和国家（地区）收入组别划分的失业人数和失业率

国家（地区）收入组别	性别	失业率（%）						失业人数（百万人）					
		2019	2020	2021	2022	2023	2024	2019	2020	2021	2022	2023	2024
世界	合计	5.5	6.9	6.2	5.8	5.8	5.8	191.9	235.2	216.4	205.2	208.2	210.9
	女性	5.6	6.7	6.2	5.8	5.8	5.9	77.3	90.3	86.5	81.9	83.5	84.7
	男性	5.5	7.0	6.1	5.7	5.7	5.7	114.7	144.9	129.9	123.3	124.7	126.3
低收入国家（地区）	合计	5.2	5.9	5.8	5.8	5.7	5.7	13.1	15.4	15.7	16.1	16.5	16.9
	女性	5.4	6.1	6.1	6.0	6.0	6.0	6.0	6.9	7.2	7.3	7.5	7.7
	男性	5.0	5.7	5.6	5.5	5.5	5.4	7.2	8.4	8.6	8.8	9.0	9.2
中等偏下收入国家（地区）	合计	5.5	7.4	6.4	6.2	6.1	6.2	70.1	93.8	82.8	82.0	83.3	85.3
	女性	5.6	6.8	6.3	6.2	6.2	6.2	22.9	27.7	26.2	26.7	27.3	28.0
	男性	5.5	7.7	6.4	6.2	6.1	6.1	47.2	66.1	56.5	55.4	56.1	57.3
中等偏上收入国家（地区）	合计	6.0	6.8	6.3	6.0	5.8	5.8	78.6	85.3	82.6	78.4	76.9	77.0
	女性	6.0	6.6	6.4	5.9	5.8	5.8	34.3	36.5	36.7	34.3	33.8	33.9
	男性	6.1	6.9	6.3	6.0	5.9	5.8	44.3	48.8	46.0	44.1	43.1	43.1
高收入国家（地区）	合计	4.8	6.5	5.6	4.5	4.9	5.0	30.1	40.7	35.2	28.7	31.5	31.8
	女性	5.0	6.9	5.9	4.8	5.2	5.3	14.1	19.2	16.5	13.7	14.9	15.1
	男性	4.5	6.2	5.4	4.3	4.7	4.7	15.9	21.5	18.8	15.1	16.6	16.7

资料来源：国际劳工组织劳工统计数据库，国际劳工组织模型估计，2022年11月。

在劳动力市场中，女性失业的可能性略高于男性；2022年女性的失业率为5.8%，比男性高出0.1个百分点。不管是从全球范围来看，还是从各收入组别国家（地区）来看，女性都面临着更多的劳动力利用不足情况（见后面的"就业缺口，不止失业"）。2020年，女性的失业率增幅远低于男性，因为女性在失业后更有可能退出劳动力市场，而退出的部分原因是无报酬照护工作负担的增加。2022年的失业率性别差距已接近2019年的水平，因为女性的就业恢复更为强劲，劳动力参与率也随之上升。预计2023年和2024年女性和男性的失业率将出现类似变化。

青年失业的可能性是成人的三倍，2022年全球青年失业率约为14%。这意味着6900万青年积极寻找工作，但却找不到工作。[①] 在所有收入组别国家（地区）中，中等偏上收入国家（地区）（不包括中国）的青年失业率最高，2022年达到17%，低收入国家（地区）的青年失业率最低，2022年仅为9%（见图1.13）。青年失业率也表现出很大的区域差异（ILO，2022f）。全球青年失业率仍高于2019年的水平，但高收入国家（地区）和部分中等偏上收入国家（地区）青年的失业率有所下降。预计2022~2023年，全球青年失业人口将增加100万人，2024年将大致保持稳定趋势。全球有2.89亿青年未就业、未受教育或培训（见图1.7），这说明失业只是青年在劳动力市场上面临的诸多问题之一。

---

① 被定义为失业需要满足两个条件：积极寻找工作，能够随时上岗工作。

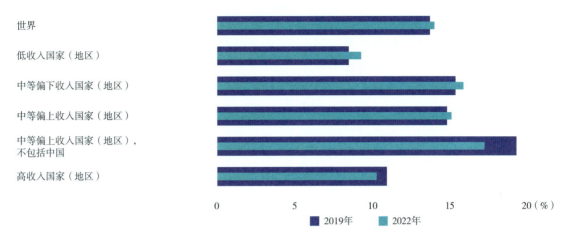

▶ 图1.13　2019年和2022年，世界和不同收入组别国家（地区）的青年失业率

注："青年"是指15~24岁人口。
资料来源：国际劳工组织劳工统计数据库，国际劳工组织模型估算，2022年11月。

就业缺口，不止失业

　　在衡量劳动力利用不足方面，失业是最广为人知的，也是最严格的指标之一。要被视为失业，需要满足两个条件：能够在短时间内上岗工作，并且一直在积极寻找工作（ICLS，2018）。该指标在衡量劳动力利用不足方面非常有效，能够说明哪些人处于失业状态，并可直接对劳动力市场造成压力。但是，很多不满足这两项条件的人也有找工作的意愿，未被满足的就业需求总量远远超过失业数据所能反映的规模。因此，有必要采用劳动力利用不足这一扩展概念，国际劳工组织的新数据集显示了该概念的重要性。①

　　2022年约有4.73亿人有找工作的意愿，但却没有工作。这些未被满足的工作需求既包括2.05亿失业者，也包括2.68亿想要就业但不符合失业条件的人，其中有因为觉得找工作无望而不积极寻找工作的人，也有无法在短时间内就业的人，比如承担家庭责任的人和全日制学生。就业缺口是一个新指标，它反映了所有未被满足的就业需求，目前的就业缺口是4.73亿，该指标比失业指标更能反映劳动力利用不足的情况。

　　2022年全球就业缺口率为12.3%，远高于全球5.8%的失业率。②女性就业缺口尤为突出。在全球范围内，2022年男性和女性的失业率类似。然而，女性的就业缺口率为15%，而男性仅为10.5%（见图1.14）。也就是说，如果采用就业缺口这一更为广泛的指标，除了失业外，可以确定另有1.53亿女性和1.15亿男性的就业需求未被满足。很多人因为承担无报酬照护工作等个人和家庭责任而无法寻找工作，或无法在短时间内就业。这些限制因素对女性的影响

　　① 新估算遵循第十九届国际劳工统计学家会议的指导意见。关于工作、就业和劳动力利用不足统计的决议为衡量劳动力利用不足提供了可操作的概念、定义和指导方针（ICLS，2018）。决议强调，劳动力利用不足的主要衡量标准是与时间有关的就业不足、失业和潜在劳动力。决议还表明，劳动力利用不足的范围还包括有就业意愿的非求职者。决议认为，这一群体对劳动力市场的依附程度低于潜在劳动力，需要对他们进行社会和性别分析。国际劳工组织关于就业缺口的新数据集提供了潜在劳动力和有意愿的非求职者的综合估计，丰富了劳工组织模型估算的现有指标。因此，估算值包括近期正在寻找工作但未能在短期内找到工作的人、近期未寻找工作但可在短期内找到工作的人，以及不属上述两个类别但确实希望就业的人。

　　② 劳动力利用不足的发生率（含有就业意愿的非求职者）被定义为类似于第十九届国际劳工统计学家会议所使用的失业率和潜在劳动力的综合比率。额外就业缺口是指，潜在劳动力和有就业意愿的非求职者的总和除以扩展劳动力和有就业意愿的非求职者的总和。根据对潜在劳动力的最新估计（国际劳工组织模型估算，2021年11月），可以推断出2019潜在劳动力约占额外就业缺口的40%；其余包括那些想要工作但既没有工作机会，也没有寻找工作的人。

更为严重，因此，劳动力利用不足这一更为广泛的衡量标准可以反映就业的巨大缺口。在发展中国家（地区），覆盖面更广的就业缺口与失业数据之间也存在重大差异，可能有两个因素导致了这种情况：首先，非正式就业比例非常高，工作前景黯淡，使本来渴望就业的人不愿寻找工作；其次，在发展中国家（地区），求职者在短时间内开始一份工作可能会受到更多限制，因为他们要将更多时间花在家务上，而这些家务不属于就业范畴。[①]无论是出于哪种原因，估算值都表明发展中国家（地区）的就业缺口率要比失业率高得多。不同收入组别国家（地区）的失业率差异并不是很大，但就业缺口率差异却十分惊人。低收入和中等偏下收入国家（地区）的就业缺口率非常高，分别为20%和13%；中等偏上收入国家（地区）的就业缺口率为11%；高收入国家（地区）仅为8%（见图1.14）。

▶ 图1.14　2022年，按性别和国家（地区）收入组别划分的失业率和就业缺口率

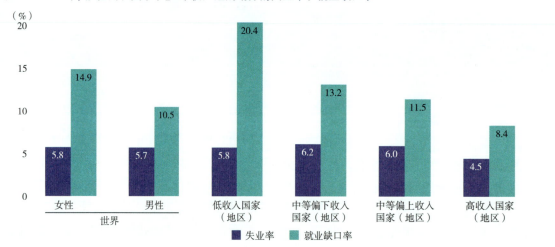

资料来源：国际劳工组织劳工统计数据库，国际劳工组织模型估算，2022年11月。

▶ 工人可能面临不断恶化的工作形势

除了就业缺口规模外，工作质量也是一个关键问题。由于贫困和缺乏社会保护，很多人根本无法承受没有工作的后果。这些人不计较工作形式，从事的工作往往报酬很低，有时还存在工作时间不足的问题。在预期经济放缓的背景之下，比较好的工作机会短缺，工人被迫从事质量更差的工作。此外，由于价格上涨速度快于名义劳动收入，许多工人将无法维持原有的实际收入水平。这两个因素意味着，除就业之外，劳动力市场其他方面的状况也在恶化。

劳动收入和不平等

通货膨胀，尤其是商品价格上涨所引发的通货膨胀，对收入分配产生了很大影响。投入品、最终产品和服务的价格不断上涨，导致需要购买这些商品的企业和家庭面临预算严重不足的问题，但是卖方的收入增加了。通货膨胀对实际经济活动的影响体现在多个方面，而这些方面又会影响实际收入总额。实际GDP估算值显示，2022年全球大多数国家的实际收入继

---

① 例如，可参见https://www.researchgate.net/publication/304636246_Time-Use_Surveys_in_Developing_Countries_An_Assessment.

续增长。然而，这并不意味着通货膨胀对家庭实际收入没有影响。首先，商品价格上涨会引发贸易条件效应，各国的国民可支配收入可能会下降，因为人们在进口上的支出增加。其次，很多工人和企业的收入或收益的增速赶不上生活成本或投入品的上涨速度，因此出现了实际收入损失，这一点更为重要。与此相对应，部分工人和企业的收入增长（远远）高于通货膨胀率，其实际收入随之增加。上述情况导致经济活动中实际收入转移。

全球劳动收入分配高度不均，在迄今有最近的数据可查的2019年，处于收入分配底层的50%人口的收入仅占全球劳动收入的7.8%。造成这种分配不均的很大一部分原因是各国之间平均生活水平的差异，而不是各国内部的不平等（ILO，2020）。2019年，世界各国属于收入分配底层50%人口的劳动收入的未加权平均占比是17.2%。由于收入、资产和消费篮子的构成特点，低收入和中等收入家庭更容易受到通货膨胀的影响（Gill and Nagle，2022）。

自2005年以来，全球劳动收入不平等现象有所缓解，这主要是因为中等收入国家（地区）的经济发展趋同（ILO，2020）。处于收入顶层的20%的劳动者的收入在劳动收入中的占比从2010年的76.6%下降到2019年的67.3%；同时，全球收入分配较低层人口的收入显著增长（Milanovic，2022）。但是，全球劳动收入占比从2004年的54.1%下降到2019年的52.6%，在有数据可查的国家，劳动收入占比呈现出更为长期的下降趋势（ILO，2020）。

2022年平均实际工资下降，这意味着有偿带薪工人的收入增长赶不上通货膨胀（ILO，2022e）。实际工资下降削弱了中产阶级的购买力，给低收入群体带来异常沉重的打击。此外，在新冠危机期间，工人及其家庭的总工资收入也遭受了巨大损失。据估计，2022年发达经济体实际工资下降最为严重，降幅达到2.2%；新兴经济体的工资保持增长，但增幅下降到了0.8%。

实际收入下降给较贫穷家庭带来的破坏尤为严重，这些家庭面临陷入贫困和粮食不安全的风险。食品和交通在较贫穷家庭预算中占比较高，这意味着低收入家庭的生活成本上升程度要比高收入家庭高出1~4个百分点（ILO，2022e）。世界银行估计，如果粮食价格高企主要影响的是收入分配最底层的40%人口，那么悲观情景下的2022年全球极端贫困人口要比基线情景下多出2000万人。①

当前，通货膨胀对极端工作贫困人口的影响具有差异性，因为有65%的极端贫困人口从事与农业相关的行业工作（Castañeda et al.，2018），所以粮食价格上涨可能使这部分人受益，使他们的收入会增加，甚至其中一些人可能摆脱贫困。②但与此同时，数以百万计的人口在农业生产力不足的农村地区生活和工作，需要购买粮食，在这种情况下，2022年粮食不安全显著增加（见专栏1.1）。

▶ **专栏1.1　粮食价格暴涨加剧粮食不安全**

　　世界正面临现代史上最大的粮食危机。世界粮食计划署（WFP）在79个国家（地区）设有办事处，其最新估算表明，2022年有3.49亿人面临严重的粮食不安全，也就是说，这些人的生命或生计因无法摄入足够食物而直接面临危险（WFP，2022）。新冠危机的影响和俄乌冲突等因素交织在一起，导致面临严重粮食不安全的人口增加了2亿人。全球估算值显示，2021年有7.02亿~8.28亿人遭受饥饿或营养不良，比2019年多了1.5亿人（FAO et al.，2022）。造成饥饿和粮食不安全的原因包括经济因素引起的高粮价、直接阻碍或严重影响农业活动的激烈冲突以及天气方面的影响，这些干扰会随着气候变化而变得更加严重和频繁（WFP，2022）。

---

① 详见https://www.worldbank.org/en/topic/poverty（2022年10月13日）。
② 在职贫困人群所生产的粮食很大一部分用于自己消费，因此，无论世界市场价格如何，这部分粮食都是"预算中立"的。

预计2022年有2.14亿名工人生活在极端贫困中，约占世界就业人口的6.4%（见表1.4）。自2020年以来，由于工作场所大量关闭，劳动人口减少了1400万，降幅很大。[①]然而，令人担忧的是，据估计，2022年低收入国家（地区）的极端工作贫困率与2019年相同。在过去几十年里，降低极端工作贫困率取得了令人欣慰的进展，现在这种停滞很不利于实现可持续发展目标1"消除一切形式的贫穷"。在低收入国家（地区），贫困劳动者的数量甚至还在增加，因为扩大的就业中，自给自足的农业和其他低薪非正式活动的比重过大。

▶ 表1.4　2000~2022年，世界和不同收入组别国家（地区）的极端工作贫困情况

国家（地区）收入组别	极端工作贫困占比（按购买力平价计算，每日不足1.90美元）（%）						极端工作贫困（按购买力平价计算，每日不足1.90美元）（百万人）					
	2000	2010	2019	2020	2021	2022	2000	2010	2019	2020	2021	2022
世界	25.8	13.7	6.7	7.2	6.7	6.4	666.9	405.9	218.8	228.3	220.6	214.3
低收入国家（地区）	56.9	45.6	38.3	38.8	38.5	38.6	81.3	86.2	92.7	95.0	97.7	101.6
中等偏下收入国家（地区）	35.5	20.2	9.6	10.4	9.3	8.2	308.1	213.1	115.6	122.5	112.6	102.2
中等偏上收入国家（地区）	25.9	9.1	0.8	0.9	0.8	0.8	277.2	106.5	10.4	10.6	10.1	10.3

资料来源：国际劳工组织劳工统计数据库，国际劳工组织模型估算，2022年11月。

就业增长的构成不断变化

工作场所安全和面向所有人的社会保护，个人发展和社会融合的更好前景，以及人们表达诉求、了解和参与影响其生活的决定的自由，对于实现社会正义很重要，对于提供收入公平的生产性工作的机会同样重要。因此，工人的就业性质具有重要意义，本节将考察这一内容。

相比正式雇佣关系，非正式就业在很多方面都有所缺失，而这些方面对促进社会正义至关重要。法律或实际操作中的正式条文没有充分涵盖或根本没有涵盖非正式工人从事的经济活动。非正式工人和非正式雇主经营的企业往往不被法律所承认，不遵守财政义务，而且在签订商业合同时面临困难。此外，非正式工人更有可能生活在贫困状态中（ILO，2018b）。

2022年，全球约有20亿名工人从事非正式工作。在过去15年中，非正式就业一直呈下降趋势，2004~2019年全球非正式就业率下降了5个百分点，而在这段时期临近结束时，降幅有所减少（见图1.15）。2020年，封锁和公共卫生限制措施对非正式工人造成了非常严重的影响，这主要是因为非正式工人在微型企业和小型企业中的占比过高。[②]此外，非正式工人获得就业保留计划和灵活工作安排等支持措施的机会更为有限。非正式就业趋势存在明显的性别差异。从事非正式工作的女性大规模失业，降低了2020年女性的非正式就业率，而同时期男性的非正式就业率有所上升。这些事实有力支撑了这一观点：女性需要承担照护工作，加上非正式工人无法选择远程工作、弹性工作时间或休假，导致非正式就业女性的工作受到

[①] 2021年，南亚和东南亚国家的工作场所关闭情况尤为严重。

[②] 例如，国际劳工组织（2021e）分析了新冠疫情对不同规模企业的不同影响。

异常严重的破坏（ILO，2018b，2018c；World Bank，2020；IMF，2020；UN Women，2020；İlkkaracan and Memiş，2021）。

▶ 图1.15　2004~2022年，按性别划分的非正式就业发生率指数（2004年=100）

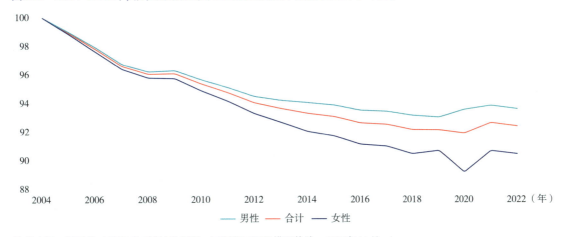

资料来源：国际劳工组织劳工统计数据库，国际劳工组织模型估计，2022年11月。

疫后复苏是由非正式工作推动的。 随着各国解除封锁和公共卫生限制措施，经济逐步走上正轨，非正式就业开始复苏，且恢复速度快于正式就业。在此背景下，持续了十多年的非正式就业率缓慢但稳定的下降趋势已经结束。2020~2022年，大约三分之二的就业增长属于非正式性质，因此，2022年的非正式就业率略高于2019年。女性非正式就业增长势头尤为强劲（ILO，2022c）。由于数据匮乏，尤其是新冠危机和疫后复苏期间的数据不足，在解读这种趋势时，必须小心谨慎；但是，有限的数据已经显示，事态发展令人担忧，降低非正式率方面的进展本来就很有限，现在甚至可能出现了倒退。此外，如果经济环境比目前预期的还要糟糕，非正式就业率上升趋势可能会在中期内持续更长时间。

预计高收入国家（地区）经济下行将通过全球供应链联系对低收入和中等收入国家（地区）产生重大溢出效应。 预计发达经济体的进口增长率将从2015~2019年的平均3.5%下降到2023年的2%。[1] 在过去，与发达经济体相关的

全球供应链活动是发展中国家（地区）和新兴经济体就业增长的重要来源，现在这些活动的影响力大大减弱。企业看到了新冠危机和地缘政治变化期间供应中断的不良后果，开始重组供应链，使全球供应链活动重要性降低的趋势进一步加强（Kearney，2021；Maihold，2022）。这些供应链短期调整的背后是全球化放缓的长期趋势（见后面的"影响未来发展的风险因素"）。

与高收入国家（地区）相关的全球供应链活动是中等收入国家（地区）的重要就业来源。 针对24个中等收入国家（地区）的样本调查显示，2021年平均11.3%的就业机会（不包括农业和非市场服务领域）[2] 依赖于与高收入国家（地区）相联系的全球供应链活动，2000年的比例是13.7%，高于2021年（见专栏1.2）。在这24个中等收入国家（地区）中，有5个国家（地区）的比例超过20%。在其他中等收入国家（地区），8.9%的就业机会与全球供应链活动有关。大型经济体本身拥有庞大的内部市场，而较小经济体的就业往往更加依赖全球供应链。

---

① 根据国际货币基金组织世界经济展望数据库（IMF World Economic Outlook Databases，October 2022）计算所得。
② 非市场服务包括公共行政、教育、卫生服务，以及社区、社会和其他服务和活动。请参阅https://ilostat.ilo.org/resources/concepts-and-definitions/description-labour-force-statistics/。

因此，高收入国家（地区）增长放缓，可能导致中等收入国家（地区）的就业增长转向与高收入国家（地区）全球供应链关系不大的活动，这些活动可能是区域内供应链活动，也可能是与全球供应链无关的活动。后面的分析假设区域内供应链在短期内不能完全取代原来全球供应链所创造的就业机会，此时就业机会将转向与全球供应链无关的活动。[①] 分析着眼于非市场服务之外的就业机会的特点，这些就业机会通常取决于政府预算分配，因此，如果政府不能提高预算拨款，就不是增加总体就业机会的可行选择。就业从全球供应链相关活动转移到其他经济活动，将对就业构成产生影响，包括就业人员的性别、年龄、就业状态、就业形式和薪酬等因素。

▶ **专栏1.2 全球供应链相关工作详解**

在本章中，对全球供应链相关工作特征的估算基于投入—产出方法，具体信息和国家（地区）范围见附录D。通过这种方法，人们可以借助国家间投入—产出表来跟踪供应链中某一环节跨越国际边界的经济活动所创造的产出的占比。接下来，这些占比被转换为就业人数，包括整体经济和某些具体部门的就业人数。这里的分析只涉及非农业活动领域的工作，因为与全球供应链相关的农业企业可能表现出与其他农业企业非常不同的就业特征，在撰写本报告时，还无法对这些差异特征进行可靠估算。在非农业经济活动领域中，差异可能比较小，因此估算值对基本假设不那么敏感（见附录D），例如，同样的企业既参与了高收入国家（地区）全球供应链活动，也参与了与其他供应链相关活动。非市场服务本质上对全球供应链的风险敞口很小，因此被排除在分析之外。

图1.16中的分析显示了部门构成效应，揭示了就业特征的加权发生率，即平均而言，全球供应链相关就业占比较高的部门的某种就业特征的发生率高于或低于其他经济部门。只有假设在每个部门内，全球供应链相关活动与全球供应链无关活动具有相同的特点，才能认为该图可以揭示全球供应链相关活动某一特定特征的发生率，但这一假设不太可能成立。例如，有充分的证据表明，出口企业通常比非出口企业支付更高的工资（Milner and Tandrayen，2007；Melitz and Redding，2014）。此外，出口企业的正式就业率和有偿带薪工作率也可能高于非出口企业。因此，图1.14所示的全球供应链相关活动中，有偿带薪工作情况可能被低估，而非正式就业和低收入的情况则可能被高估。

中等收入国家（地区）的就业增长从与高收入国家（地区）有关的全球供应链活动转向非市场服务以外的其他活动，可能会导致工作形势恶化。 与其他活动（不包括非市场服务）相比，在高收入国家（地区）相关全球供应链活动占比较高的部门，工人处于非正式或自雇状态的概率明显较低（见图1.16）。相比之下，在中等收入国家（地区），高技能工人在高收入国家（地区）相关全球供应链密集型部门中的占比低于其他经济部门，这是因为中等收入国家（地区）主要承担着世界制造车间的角色，而通常制造业领域的大多数职业都不被归类为高技能职业。此外，在全球供应链密集型活动中，低收入工人（即收入低于一国收入中位数三分之二的工人）的比例略低。需要指出的是，这里的"低收入"仅指雇员；如果转向全球供应链无关活动，那么他们成为自营职业者或无报酬家庭帮工的可能性会大大上升，这两类人

---

① 这一假设可以基于几个理由，例如，高收入国家（地区）的消费者拥有较强的消费力，不太可能被中等收入国家（地区）的消费者完全取代，特别是在经济下行期间。

面临的在职贫困风险要比雇员高得多（Huynh and Kapsos，2013）。在全球供应链相关活动占比较高的部门中，女性就业比例略低于中等收入国家（地区）的总体女性就业比例（青年的就业比例基本相同），这表明就业增长从全球供应链相关活动转向其他活动不会给女性和青年造成重大负担。① 对东南亚的研究不局限于简单平均值比较，这一深入分析表明，全球价值链上的前向和后向联系对减少在职贫困和提高劳动生产率具有重要的积极影响（Blanas，Huynh and Viegelahn，即将出版）。

▶ 图1.16 2019年，中等收入国家（地区）就业特征加权发生率，与高收入国家（地区）相关的全球供应链活动及所有活动

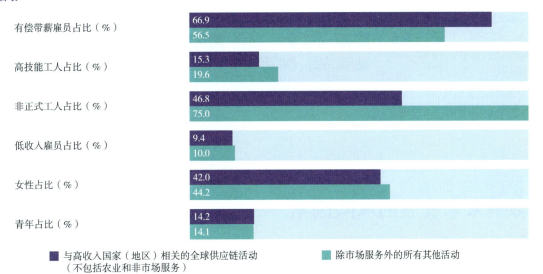

有偿带薪雇员占比（%） 66.9 / 56.5

高技能工人占比（%） 15.3 / 19.6

非正式工人占比（%） 46.8 / 75.0

低收入雇员占比（%） 9.4 / 10.0

女性占比（%） 42.0 / 44.2

青年占比（%） 14.2 / 14.1

■ 与高收入国家（地区）相关的全球供应链活动（不包括农业和非市场服务）　　■ 除市场服务外的所有其他活动

注：权重是根据该部门在总就业中的就业占比，或该部门在全球供应链相关就业总量中的占比来确定的。在这两种情况下，"总量"不包括非市场服务，也不涉及农业活动领域的全球供应链相关就业。这些数据涵盖了24个中等收入国家（地区），其中大部分位于亚洲。数据中未涉及的非市场服务包括公共行政、卫生和社会服务、教育、艺术和娱乐。"高技能"是指需要高技能的职业。"青年"是指15~24岁人口。"低收入"是指月收入低于一国月收入中位数的三分之二。

资料来源：国际劳工组织基于亚洲开发银行（ADB）多区域投入—产出表估算所得；见专栏1.2。

新兴国家（地区）和发展中国家（地区）支出减少及公共就业减少将降低平均就业质量。 受货币紧缩政策溢出效应的影响，各国融资状况恶化，有可能被迫减少支出；在面临全面债务危机的情况下，各国可能会大幅削减支出。公共行政、教育、卫生和社会服务等部门非常依赖公共支出，从事这些部门经济活动的劳动者中多是高技能正式雇员，工资一般不会很低（见图1.17）。因此，如果各国大幅削减公共开支，平均就业质量就会下降。

---

① 与其他经济体相比，东南亚女性和青年在与全球供应链相关活动中的占比略高（ADB and ILO，即将出版）。

▶ 图1.17 2021年，按经济活动和国家（地区）收入组别划分的不同类型工人占比

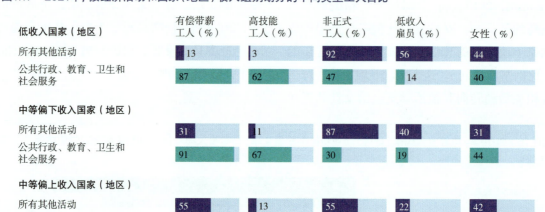

	有偿带薪工人（%）	高技能工人（%）	非正式工人（%）	低收入雇员（%）	女性（%）
低收入国家（地区）					
所有其他活动	13	3	92	56	44
公共行政、教育、卫生和社会服务	87	62	47	14	40
中等偏下收入国家（地区）					
所有其他活动	31	11	87	40	31
公共行政、教育、卫生和社会服务	91	67	30	19	44
中等偏上收入国家（地区）					
所有其他活动	55	13	55	22	42
公共行政、教育、卫生和社会服务	96	58	12	4	58

注：“低收入”是指每月收入低于一国（地区）月收入中位数的三分之二。

资料来源：国际劳工组织的估算。

▶ 影响未来发展的风险因素

本报告认为劳动力市场面临重大下行风险。一方面，全球经济增长面临着跌破2%的重大风险，原因有很多：货币紧缩政策，美元走强，通胀因素持续存在，脆弱的新兴市场普遍陷入债务困境，对欧洲停供天然气等方面的政策失误，全球卫生恐慌再度出现和一些大国经济增长继续放缓（IMF，2022）。较慢的经济增长和较低的总需求也会对扩大就业产生负面影响。但是，即使没有这些威胁，劳动力市场前景也比以往更黯淡。如果融资环境明显恶化，企业可能无法留住工人，这将导致失业率大幅上升，抑制经济增长。主权债券利率可能会上升，最终迫使政府采取紧缩措施以避免进一步扭曲，① 在这种情况下，家庭和企业应对危机所需的支持措施将受到威胁。在低收入和中等收入国家（地区），存在经济增长包容性不足的风险，加上粮食和能源价格上涨，很大一部分家庭的可支配收入将减少，进而导致人们对本地生产的商品和服务的需求减少，正式就业增长可能随之下降。

全球化放缓正在抑制低收入和中等收入国家（地区）的体面劳动机会。在过去20年里，得益于国际市场的持续融合和全球供应链前沿市场的融合，全球中产阶级涌现，在职贫困显著减少。然而，2009年全球金融危机之后，这种融合开始放缓。随着地缘政治紧张局势加剧，供应链萎缩的风险增大，扩大体面劳动所取得的进展可能被逆转（见图1.18）。除了回流或近岸外包某些高端活动之外，寻找多个供应商以加强供应链韧性可能会提高成本，抵消过去几十年全球化所带来的部分利益。尽管这些变化对就业的影响可能有限，但是它们将加大成本压力，使通货膨胀率保持在先前观察到的水平之上。不过，“友岸外包”将为那些努力成为可靠伙伴的国家提供机会。

① 债务可持续性是一个问题。如果债券价格下跌太多，作为政府债券主要持有者的养老基金的偿付能力可能面临挑战。

▶ 图1.18 1970~2022年，经济、金融和社会全球化的发展变化

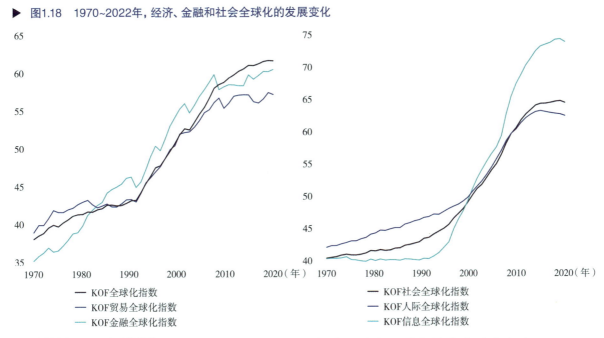

KOF全球化指数
KOF贸易全球化指数
KOF金融全球化指数

KOF社会全球化指数
KOF人际全球化指数
KOF信息全球化指数

资料来源：KOF全球化指数：https://kof.ethz.ch/en/forecasts-and-indicators/indicators/kof-globalisation-index.html.

生产力增长趋势受阻，可能会进一步制约生活水平和实际工资的提高。无论是在发达经济体，还是在主要新兴经济体，生产力增长都十分低迷。在某种程度上，可以预料到前沿市场的生产力增长放缓，因为结构调整所带来的潜在收益逐渐减少。但是，即使是在技术前沿领域，生产力也没有出现预期的加速增长。虽然数字经济领域的领先企业实现了可观的增长和盈利，但到目前为止，这些企业的创新并未带来广泛的生产力加速增长。事实证明，推广这些创新颇具挑战性，因为无形资产在数字经济商业模式中起着重要作用，所以最终受益的只有几家公司，这在某种程度上导致了创新难以推广（Bessen，2022；Ernst，2022）。有必要改善监管环境，增加对人们技能的投资，使数字领域的创新能得到更广泛的传播，进而惠及所有经济部门。

在多重风险交织的背景下，全球不确定性持续上升，抑制了投资和就业扩大。在过去15年里，从全球金融危机开始到新冠疫情，再到俄乌冲突，不确定性一直在上升。诸如金融或健康危机之类的重大危机通常会导致极为严重的破坏性后果，因为其会引发社会结构方面的连锁反应（Tooze，2022）。需要强调的是，如果没有强有力的政策行动支持，经济体往往很难弥补产出损失，在更糟糕的情况下，甚至可能会走上一条缺乏活力的经济发展道路（Cerra and Saxena，2008）。人们对收入分配的期望破灭，以及随之而来的冲突的加剧，将导致社会动荡和政治不稳定（Vlandas and Halikiopoulou，2022）。这类社会经济危机不断自我强化，最终会造成经济和政治长期不稳定，因此有必要进行重大改革并制定新的社会契约。

▶ 更新社会契约，促进社会正义

在过去25年里，全球经济至少经历了五次

重大危机，这些危机产生了全球性的影响。地

缘政治紧张局势、金融危机和新冠疫情削弱了人们的信心，人们开始质疑国家决策者和多边体系应对社会最紧迫需求的能力。

需要采取更加以人为本的政策方法，加强经济和社会韧性，以应对重大经济变化和冲击，促进社会正义。这方面的努力包括加强劳动和社会保护，确保工人及其家庭免受各种形式的风险；扩大教育和职业培训，帮助工人过渡到替代部门或职业。目前存在巨大的教育缺口，严重阻碍了结构转型和生产力提高（见第3章）。需要更加强有力地执行国际劳工组织2019年"百年宣言"和2021年"全球行动呼吁"所提倡的以人为本的政策方法，以加强国家社会契约，促进全球社会正义，缓解这两方面所面临的越来越大的压力。

《国际劳工组织章程》提出，**只有以社会正义为基础，才能建立世界持久和平。**该《章程》的序言指出："现有的劳动条件使很多人遭受不公正、苦难和贫困，以致产生如此巨大的动荡，使世界和平与和谐遭受危害。"国际劳工组织成立于1919年，当时第一次世界大战和全球大流感刚刚结束，工业和社会都处于动荡不安之中，因此，其使命是推动劳动条件改善，促进正义与人道，谋求世界永久和平。虽然尚未有关于社会正义的唯一权威定义，但国际劳工组织成员之间就体面劳动的核心意义达成了广泛共识，包括尊重工作中的基本原则和权利、生产性就业和自由选择就业、普遍的社会保护以及能够促进包容性经济发展的社会对话。本章讨论了劳动力市场趋势，强调了社会正义相关议程对所有国家的持久且至关重要的影响。

参考文献

▶ ADB (Asian Development Bank) and ILO. Forthcoming. *ASEAN and Global Value Chains: Locking in Resilience and Sustainability*.

▶ Allianz Research. 2022. "Insolvency Report 2022", 18 May 2022. https://www.allianz-trade.com/en_global/news-insights/news/insolvency-report-2022.html.

▶ Bach, Katie. 2022. "New Data Shows Long Covid Is Keeping as Many as 4 Million People out of Work". *Brookings*, 24 August 2022. https://www.brookings.edu/research/new-data-shows-longcovid-is-keeping-as-many-as-4-million-people-out-of-work/.

▶ Barga, João Paulo. 2022. "Greening Macroeconomic Policies: Current Trends and Policy Options", ILO Policy Brief. https://www.ilo.org/wcmsp5/groups/public/---ed_emp/---emp_ent/documents/publication/wcms_863317.pdf.

▶ Bessen, James. 2022. *The New Goliaths*. New Haven, CT: Yale University Press.

▶ Blanas, Soteris, Phu Huynh, and Christian Viegelahn. Forthcoming. "Is Deeper Global Value Chain Integration Linked to More Inclusive Labour Markets in South-East Asia?" A Global Comparative Analysis", ILO Working Paper.

▶ Bohnenberger, Katharina. 2022. "Is it a Green or Brown Job? A Taxonomy of Sustainable Employment". *Ecological Economics* 200: 107469.

▶ Carolina Feijao, Isabel, Christian van Stolk Flanagan, and Salil Gunashekar. 2021. *The Global Digital Skills Gap: Current Trends and Future Directions*. RAND Corporation. https://doi.org/10.7249/RRA1533-1.

▶ Castañeda, Andrés, Dung Doan, David Newhouse, Minh Cong Nguyen, Hiroki Uematsu, and João Pedro Azevedo. 2018. "A New Profile of the Global Poor". *World Development* 101 (January):250–267. https://doi.org/10.1016/j.worlddev.2017.08.002.

▶ Cerra, Valerie, and Sweta Chaman Saxena. 2008. "Growth Dynamics: The Myth of Economic Recovery". *American Economic Review* 98 (1): 439–457.

▶ Cox, Tracy. 2021. "How Many People Get 'Long COVID?' More than Half, Researchers Find". *PennState*, 13 October 2021. https://www.psu.edu/news/research/story/how-many-people-getlong-covid-more-half-researchers-find/.

▶ DESTATIS (Federal Statistical Office of Germany). 2022. "Zusammenhang zwischen Materialknappheit und Industrieaktivität". Statistisches Bundesamt. https://www.destatis.de/DE/Themen/Branchen-Unternehmen/Industrie-Verarbeitendes-Gewerbe/materialknappheitindustrieaktivitaet.html.

▶ ECB (European Central Bank). 2022. "Update on Economic, Financial and Monetary Developments", Economic Bulletin No. 3. https://www.ecb.europa.eu/pub/economic-bulletin/html/eb202203.en.html.

▶ Ernst, Ekkehard. 2020. "The Return of the Fourth Horseman: How the Current Pandemic Might Re-shape

Our World". *Medium*, 30 March 2020. https://medium.com/@ekkehard_ernst/the-returnof-the-fourth-horseman-how-the-current-pandemic-might-re-shape-our-world-4f82d7f8eac4.

▶ ———. 2022. "The AI Trilemma: Saving the Planet without Ruining Our Jobs". *Frontiers in Artificial Intelligence* 5 (October). https://doi.org/10.3389/frai.2022.886561.

▶ FAO (Food and Agriculture Organization), IFAD (International Fund for Agricultural Development), UNICEF (United Nations Children's Fund), WFP (World Food Programme), and WHO (World Health Organization). 2022. *The State of Food Security and Nutrition in the World 2022: Repurposing Food and Agricultural Policies to Make Healthy Diets More Affordable*. https://doi. org/10.4060/cc0639en.

▶ Federal Reserve Bank of New York. 2022. "Global Supply Chain Pressure Index".

▶ Gill, Indermit, and Peter Nagle. 2022. "Inflation Could Wreak Vengeance on the World's Poor". *Brookings*, 18 March 2022. https://www.brookings.edu/blog/future-development/2022/03/18/inflation-could-wreak-vengeance-on-the-worlds-poor/.

▶ Global Alliance for Improved Nutrition. 2022. *Challenges Facing Small- and Medium-Sized Enterprises in the Food System: Results of an Online Survey*. https://sunbusinessnetwork.org/wpcontent/uploads/2022/09/SBN-SME-Survey-2022-Results-Final.pdf.

▶ Guénette, Justin Damien, M. Ayhan Kose, and Naotaka Sugawara. 2022. "Is a Global Recession Imminent?" Equitable Growth, Finance and Institutions Policy Note No. 4.

▶ Huynh, Phu, and Steven Kapsos. 2013. "Economic Class and Labour Market Inclusion: Poor and Middle Class Workers in Developing Asia and the Pacific", ILO Working Paper, 7 August 2013.

▶ ICLS (International Conference of Labour Statisticians). 2018. Resolution concerning statistics of work, employment and labour underutilization. http://www.ilo.ch/wcmsp5/groups/public/---dgreports/---stat/documents/normativeinstrument/wcms_230304.pdf.

▶ İlkkaracan, İpek, and Emel Memiş. 2021. "Transformations in the Gender Gaps in Paid and Unpaid Work during the COVID-19 Pandemic: Findings from Turkey". *Feminist Economics* 27 (1–2):288–309.

▶ ILO. 2017a. "Trends in Collective Bargaining Coverage: Stability, Erosion or Decline?" ILO Issue Brief No. 1. https://www.ilo.org/wcmsp5/groups/public/---ed_protect/---protrav/---travail/documents/publication/wcms_409422.pdf.

▶ ———. 2017b. *World Employment and Social Outlook: Trends for Women 2017*. https://www.ilo.org/global/research/global-reports/weso/trends-for-women2017/lang--en/index.htm.

▶ ———. 2018a. *World Employment and Social Outlook 2018: Greening with Jobs*. https://www.ilo.org/global/publications/books/WCMS_628654/lang--en/index.htm.

▶ ———. 2018b. *Women and Men in the Informal Economy: A Statistical Picture*, 3rd ed. https://www.ilo.org/wcmsp5/groups/public/---dgreports/---dcomm/documents/publication/wcms_626831.pdf.

▶ ———. 2018c. *Care Work and Care Jobs for the Future of Decent Work*. https://www.ilo.org/global/publications/books/WCMS_633135/lang--en/index.htm.

▶ ———. 2019a. *Working on a Warmer Planet: The Impact of Heat Stress on Labour Productivity and Decent Work*. https://www.ilo.org/wcmsp5/groups/public/---dgreports/---dcomm/---publ/documents/publication/wcms_711919.pdf.

▶ ———. 2019b. *A Quantum Leap for Gender Equality: For a Better Future of Work for All*. https://www. ilo.

org/global/publications/books/WCMS_674831/lang--en/index.htm.

▶ ———. 2020. *World Employment and Social Outlook: Trends 2020*. https://www.ilo.org/global/research/global-reports/weso/2020/lang--en/index.htm.

▶ ———. 2021a. *World Social Protection Report 2020–22: Social Protection at the Crossroads– in Pursuit of a Better Future*. https://www.ilo.org/global/publications/books/WCMS_817572/lang--en/index.htm.

▶ ———. 2021b. *Child Labour: Global Estimates 2020, Trends and the Road Forward*. https://www.ilo.org/ipec/Informationresources/WCMS_797515/lang--en/index.htm.

▶ ———. 2021c. *World Employment and Social Outlook: Trends 2021*. https://www.ilo.org/global/research/global-reports/weso/trends2021/WCMS_795453/lang--en/index.htm.

▶ ———. 2021d. *Changing Demand for Skills in Digital Economies and Societies: Literature Review and Case Studies from Low- and Middle-Income Countries*. https://www.ilo.org/skills/areas/skills-trainingfor-poverty-reduction/WCMS_831372/lang--en/index.htm.

▶ ———. 2021e. *ILO Monitor: COVID-19 and the World of Work. Eighth Edition. Updated Estimates and Analysis*. https://www.ilo.org/wcmsp5/groups/public/---dgreports/---dcomm/documents/briefingnote/wcms_824092.pdf.

▶ ———. 2022a. "Advancing Social Justice and Decent Work in Rural Economies", ILO Policy Brief. https://www.ilo.org/wcmsp5/groups/public/---ed_dialogue/---sector/documents/briefingnote/wcms_858195.pdf.

▶ ———. 2022b. *Global Estimates of Modern Slavery: Forced Labour and Forced Marriage*. https://doi.org/10.54394/CHUI5986.

▶ ———. 2022c. *ILO Monitor on the World of Work. 10th Edition. Multiple Crises Threaten the Global Labour Market Recovery*. https://www.ilo.org/wcmsp5/groups/public/---dgreports/---dcomm/---publ/documents/briefingnote/wcms_859255.pdf.

▶ ———. 2022d. *Care at Work: Investing in Care Leave and Services for a More Gender Equal World of Work*. https://www.ilo.org/global/topics/care-economy/WCMS_838653/lang--en/index.htm.

▶ ———. 2022e. *Global Wage Report 2022–23: The Impact of Inflation and COVID-19 on Wages and Purchasing Power*. https://www.ilo.org/global/research/global-reports/WCMS_862569/lang--en/index.htm.

▶ ———. 2022f. *Global Employment Trends for Youth 2022: Investing in Transforming Futures for Young People*. https://www.ilo.org/global/publications/books/WCMS_853321/lang--en/index.htm.

▶ ———. 2022g. *World Employment and Social Outlook: Trends 2022*. https://www.ilo.org/global/research/global-reports/weso/trends2022/WCMS_834081/lang--en/index.htm.

▶ ———. 2022h. *Social Dialogue Report 2022: Collective Bargaining for an Inclusive, Sustainable and Resilient Recovery*. https://www.ilo.org/wcmsp5/groups/public/---dgreports/---dcomm/---publ/documents/publication/wcms_842807.pdf.

▶ IMF (International Monetary Fund). 2020. "Who Will Bear the Brunt of Lockdown Policies? Evidence from Tele-workability Measures across Countries", IMF Working Paper. https://www.imf.org/en/Publications/WP/Issues/2020/06/12/Who-will-Bear-the-Brunt-of-Lockdown-Policies-Evidence-from-Tele-workability-Measures-Across-49479.

▶ ———. 2022. *World Economic Outlook: Countering the Cost-of-Living Crisis*. https://www.imf.org/en/Publications/WEO/Issues/2022/10/11/world-economic-outlook-october-2022.

▶ IPCC (Intergovernmental Panel on Climate Change). 2018. *Global Warming of 1.5°C: An IPCC Special Report on the Impacts of Global Warming of 1.5°C above Pre-industrial Levels and Related Global Greenhouse Gas Emission Pathways, in the Context of Strengthening the Global Response to the Threat of Climate Change, Sustainable Development, and Efforts to Eradicate Poverty*. Cambridge and New York, NY: Cambridge University Press.

▶ Kearney. 2021. *The Tides Are Turning: 2021 Reshoring Index*. https://www.kearney.com/consumerretail/article/-/insights/the-2021-reshoring-index-the-tides-are-turning#:~:text=Our%20latest%20Reshoring%20Index%20is,Manufacturing%20Import%20Ratio%20(MIR).

▶ Macallan, Clare, Stephen Millard, and Miles Ian Parker. 2008. "The Cyclicality of Mark-ups and Profit Margins for the United Kingdom: Some New Evidence", Bank of England Working Paper No. 351. https://doi.org/10.2139/ssrn.1280900.

▶ Maihold, Günther. 2022. "A New Geopolitics of Supply Chains: The Rise of Friend-Shoring", SWP Comment 2022/C 45. https://www.swp-berlin.org/en/publication/a-new-geopolitics-of-supplychains.

▶ ManpowerGroup. 2022. "The 2022 Global Talent Shortage". https://go.manpowergroup.com/hubfs/Talent%20Shortage%202022/MPG-Talent-Shortage-Infographic-2022.pdf.

▶ McKinsey. 2022. "Human Capital at Work: The Value of Experience", 2 June 2022. https://www.mckinsey.com/capabilities/people-and-organizational-performance/our-insights/human-capitalat-work-the-value-of-experience.

▶ Melitz, Marc J., and Stephen J. Redding. 2014. "Heterogeneous Firms and Trade". In *Handbook of International Economics*, edited by Gita Gopinath, Elhanan Helpman and Kenneth Rogoff, Vol. 4,1–54. Amsterdam: Elsevier.

▶ Milanovic, Branko. 2022. "The Three Eras of Global Inequality, 1820–2020 with the Focus on the Past Thirty Years". *SocArXiv Papers*. https://doi.org/10.31235/osf.io/yg2h9.

▶ Milner, Chris, and Verena Tandrayen. 2007. "The Impact of Exporting and Export Destination on Manufacturing Wages: Evidence for Sub-Saharan Africa". *Review of Development Economics* 11 (1):13–30.

▶ Obstfeld, Maurice. 2022. "Uncoordinated Monetary Policies Risk a Historic Global Slowdown". Peterson Institute for International Economics, 12 September 2022. https://www.piie.com/blogs/realtime-economic-issues-watch/uncoordinated-monetary-policies-risk-historic-global-slowdown.

▶ OECD (Organisation for Economic Co-operation and Development). 2020. "Coronavirus: The World Economy at Risk". *OECD Economic Outlook*, 2 March 2020. https://read.oecd-ilibrary.org/economics/oecd-economic-outlook/volume-2019/issue-2_7969896b-en#page1.

▶ Pereira da Silva, Luiz Awazu, Enisse Kharroubi, Emanuel Kohlscheen, Marco Lombardi, and Benoît Mojon. 2022. *Inequality Hysteresis and the Effectiveness of Macroeconomic Stabilisation Policies*. Bank for International Settlements (BIS).

▶ Pettis, Michael. 2022. "China's Overextended Real Estate Sector Is a Systemic Problem". *China Financial Markets*, 24 August 2022. https://carnegieendowment.org/chinafinancialmarkets/87751.

▶ Rees, Dan, and Phurichai Rungcharoenkitkul. 2021. "Bottlenecks: Causes and Macroeconomic Implications", BIS Bulletin No. 48. https://www.bis.org/publ/bisbull48.pdf.

▶ Sheiner, Louise, and Nasiha Salwati. 2022. "How Much Is Long COVID Reducing Labor Force Participation? Not Much (So Far)", Hutchins Center Working Paper No. 80. https://www.brookings.edu/wp-content/

uploads/2022/10/WP80-Sheiner-Salwati_10.27.pdf.

▶ Stulpin, Caitlyn. 2022. "Global Prevalence of Long COVID 'Substantial,' Researchers Say". *Healio*,1 May 2022. https://www.healio.com/news/infectious-disease/20220425/global-prevalence-oflong-covid-substantial-researchers-say.

▶ Tooze, Adam. 2022. "Chartbook #165: Polycrisis – Thinking on the Tightrope", *Chartbook*,29 October 2022. https://adamtooze.substack.com/p/chartbook-165-polycrisis-thinking.

▶ UNCTAD (United Nations Conference on Trade and Development). 2022. *Trade and Development Report 2022. Development Prospects in a Fractured World: Global Disorder and Regional Responses*. https://unctad.org/system/files/official-document/tdr2022_en.pdf.

▶ UN Women. 2020. *Unlocking the Lockdown: The Gendered Effects of COVID-19 on Achieving the SDGs in Asia and the Pacific*. https://data.unwomen.org/sites/default/files/documents/COVID19/Unlocking_the_lockdown_UNWomen_2020.pdf.

▶ Van Beusekom, Mary. 2022. "Global Data Reveal Half May Have Long COVID 4 Months on". *CIDRAP News*, 18 April 2022. https://www.cidrap.umn.edu/global-data-reveal-half-may-have-longcovid-4-months.

▶ Visser, Jelle. 2012. "The Rise and Fall of Industrial Unionism". *Transfer: European Review of Labour and Research* 18 (2): 129–141. https://doi.org/10.1177/1024258912439160.

▶ Vlandas, Tim, and Daphne Halikiopoulou. 2022. "Welfare State Policies and Far Right Party Support: Moderating 'Insecurity Effects' among Different Social Groups". *West European Politics* 45 (1): 24–49.

▶ Way, Rupert, Matthew C. Ives, Penny Mealy, and J. Doyne Farmer. 2022. "Empirically Grounded Technology Forecasts and the Energy Transition". *Joule* 6 (9): 2057–2082. https://doi.org/10.1016/j.joule.2022.08.009.

▶ WFP (World Food Programme). 2022. *WFP Global Operational Response Plan 2022: Update #6*. https://www.wfp.org/publications/wfp-global-operational-response-plan-update-6-november-2022.

▶ World Bank. 2020. "Who on Earth Can Work from Home?" Working Paper. https://openknowledge.worldbank.org/handle/10986/34277#:~:text=The%20ability%20to%20telework%20is,lagging%20regions%2C%20and%20poor%20workers.

第2章

不同区域的就业和社会趋势

▶ **概述**

　　体面劳动不足的严重程度因区域而异，该问题普遍存在于全球各国，破坏了所有区域的社会正义。在阿拉伯国家、北非和南亚，各种劳动力市场指标（包括劳动力参与率）继续体现出性别差距；在拉丁美洲和加勒比地区，以及撒哈拉以南非洲，非正式就业率上升，阻碍人们获得工作中的社会保护和基本权利。这些问题并不局限于上述区域或任何特定区域，而是对所有区域都有不同程度的影响，全球经济下行可能会逆转过去所取得的进展，进一步加剧这些问题。生活成本上升和通货膨胀加速极有可能恶化工作贫困问题，削弱工人及其家庭获得足够收入以摆脱贫困的能力。2021年，撒哈拉以南非洲60.8%的就业人口和南亚34.4%的就业人口被视为工作贫困，即按2011年人均购买力平价计算，每日生活费为3.10美元。[①]

　　① 2022年，世界银行修订了极端贫困的门槛，从按2011年购买力平价计算的每日1.90美元修订为按2015年购买力平价计算的每日2.15美元。在编制本报告估算值时，尚未采用这一新标准，但在今后的报告中将予以调整。

2022年GDP增长放缓，但整体劳动力市场指标与2021年同期相比有所改善。据估算，2022年美洲以及亚洲和太平洋地区的就业增速低于2021年（见第1章），但保持了全年就业正增长。在阿拉伯国家，由于2022年上半年商品价格上涨，就业增速预计将高于2021年。2022年全球失业率为5.8%，下降了0.4个百分点，所有区域的失业率都有所下降。表面上看，整体劳动力市场指标有所改善，但有迹象表明，许多区域存在体面劳动不足加剧的问题，例如，拉丁美洲和加勒比地区的非正式就业率较高，亚洲和太平洋地区（亚太地区）的低质量工作较多。

由于通货膨胀仍在持续，俄乌冲突尚未解决，2023年的前景依然充满不稳定性和不确定性。通货膨胀继续肆虐全球，各国央行将利率提高到全球金融危机之前的水平，世界经济衰退的风险大大增加。发达经济体面临的衰退风险尤为突出，预计其经济增长率将放缓至1.4%（IMF，2022a）。此外，仍在持续中的俄乌冲突引发了各种溢出效应，这意味着2023年的前景仍然具有高度不稳定、不确定的特点。居高不下的物价和生活成本可能损害生计和总需求，对劳动力市场产生影响。

2023年劳动力市场前景因区域而异。预计2023年就业增长与一年前相比有所放缓，但仍将保持在正值区间，此外，不同地区的就业增长存在显著差异。非洲和阿拉伯国家的就业增长率有望达到3%，甚至更高。然而，由于劳动年龄人口不断增加，这两个地区的失业率将保持相对不变（非洲约为7.1%，阿拉伯国家约为9.1%）。预计亚太地区以及拉丁美洲和加勒比地区的年就业增长不足1%。北美、欧洲和中亚的就业将出现小幅增长或下降，但在劳动年龄人口增长有限的背景下，这几个地区的失业率有望保持稳定。2023年，欧洲和中亚的劳动力将有所减少。除了这些整体劳动力市场指标趋势之外，所有区域都继续面临各种体面工作不足问题，这些问题可能会因全球经济状况和气候变化等长期挑战而恶化（见第1章）。

▶ 非洲

2020年非洲的GDP收缩了2.2%，但2021年复苏势头强劲，其GDP年增长率达到4.7%。2022年非洲的GDP年增长率放缓至3.5%左右，预计2023年将达到3.9%（IMF，2022b）。尽管非洲经济增速已恢复到与历史平均水平，但增速放缓，表明GDP恢复到疫情暴发前水平还需要更长的时间，这将对生产力和生活水平等产生影响。2023年，只要全球经济形势有所改善，就会推动非洲实现更快增长（World Bank，2022a）。然而，与世界其他地区一样，由于持续的供应链制约和俄乌冲突，在非洲，与通货膨胀相关的风险也在不断上升（World Bank，2022b）。

一些新出现的因素对非洲的增长构成威胁；很多国家的增长率预期将被大幅下调。新冠疫情带来的严重后果仍在制约非洲经济增长，疫苗接种进展缓慢加剧了这种情况。受疫情影响，非洲至少有3000万人陷入极端贫困，而且这一趋势仍在持续（AfDB，2022）。预计到2023年底，大约一半的非洲经济体的人均收入无法恢复到疫情前的水平（World Bank，2022b）。与政策不确定性、社会动荡和暴力有关的潜在结构性风险也阻碍了一些国家实现更加全面的经济复苏（IMF，2022c）。根据国际劳工组织发布的社会动荡指数，2021~2022年非洲55个国家中有22个国家的社会动荡情况有所增加。气候变化效应继续对撒哈拉以南非洲造成严重影响，估计每年导致非洲的GDP减少5%~15%（AfDB，2022）。气候变化已成为非洲可持续增长面临的巨大且日益严重的障碍，使该地区本就很严重的粮食安全问题进一步恶化（World Bank，2022c）。

结构性体面劳动不足将继续影响非洲实现包容性增长的能力。 非正式就业率上升、就业不足和工作贫困是该地区劳动力市场的典型特征，而这些问题在农村地区尤为突出。非洲的不平等现象在疫情期间有所加剧，疫情之后相对强劲的经济增长也未能显著减少这种现象。非洲面临的挑战在于，2022年底的增长放缓是在疫情结束时出现的，此时的财政空间已经因疫情拖累而大幅缩小，而且许多非洲经济体还面临着公共债务增加的问题（IMF，2022c）。财政空间不足可能成为2023年影响非洲发展的重大不利因素，它将削弱政府应对冲击的能力，还会导致政府无力支持那些从事低质量就业岗位的工人。这引发了人们的担忧，为了帮助非洲，国际社会可能需要实施债务减免和其他支持措施。

人口增长支撑了非洲近年来的就业增长，但也加剧了体面劳动不足的问题。 据估算，2021~2023年非洲的总就业人口每年增加3.6%，预计在2023年达到5.11亿人，而2019~2021年非洲的就业增长率为2%。在很大程度上，非洲强劲的就业增长得益于撒哈拉以南非洲这一次区域劳动年龄人口的增加，但与这种增长相伴的往往是质量较差的就业形式，导致诸如人均工时减少、非正式就业率上升等问题。非洲的总体非正式就业率从2019年的84.3%上升到2022年的85%。

非洲各国增长的就业弹性不尽相同，这对劳动力市场复苏产生了影响。 在一些非洲国家，GDP增长与就业增长之间的联系较小，部分原因是不同国家对资源出口的依赖程度不同（ILO，2022a）。除了人口快速增长这一原因外，还意味着该地区的经济复苏并不必然导致就业增长率提高，以下内容体现了这一点。

北非劳动力市场趋势

北非次区域疫后复苏势头尤其强劲。北非2021年增长率约为4.8%，2022年为3.5%，预计2023年将达到4.2%（IMF，2022b）。2021年，北非总产出恢复到新冠疫情前的水平。然而，该次区域面临的增长风险也越来越大。包括埃及在内的几个北非国家是石油和粮食净进口国，其债务水平从2022开始处于高位（Gatti et al.，2022）。摩洛哥已经因为干旱而成为粮食净进口国，这也是非洲日益受气候变化影响的一个例子。此外，北非的空间不平等仍然是更具包容性的增长模式的结构性障碍，并有可能使不平等固化。与经济活动中心联系有限的弱势地区，特别是农村地区，被系统排除在工作和经济机会之外（World Bank，2020）。

剔除人口因素影响后，北非的工时仍低于2019年的水平，但总工时随着人口增长而增加了。 北非的工时在新冠疫情高峰期间呈下降趋势，随着疫情结束，北非的总工时预计将恢复到疫情前的水平。2022年，每周总工时估计约为5900万全职等价工时（FTE），而在疫情之前的2019年，这一数字为5700万，2020年降至5200万（见表2.1）。劳动力投入量的增加意味着经济活动恢复到了疫情前的水平，但一旦将人口增长纳入考虑，每周总工时数与15~64岁人口的比率仍低于疫情前的水平，2022年15~64岁人口的每周平均工时为17.6小时，而2019年为17.9小时。上述情况表明，北非的劳动力市场复苏仍然滞后。

劳动力市场虽然有所恢复，但人均工时减少；这种减少可能源自全职岗位工人工时的减少，也可能源自兼职和临时工作情况的增加。 此外，2019年就业人口比为39.2%，而2022年为38.8%，仍低于疫情前的水平。与此同时，2019~2022年总就业人口增加了400万人，即从2019年的6500万人增加到2022年的6900万人。就业人口增长，工时却没有增多，说明临时或兼职就业增多，全职工人工时减少，这可能是因为照护责任加重。这也可能表明，更多处于劳动力市场边缘的人口进入了劳动力市场，其中许多是女性。在新冠危机后时期，临时就业发生率上升是常见的现象（ILO，2022a）。

撒哈拉以南非洲劳动力市场趋势

撒哈拉以南非洲的增长非常不均衡，这种模式预计将持续到2023年。在该次区域，2021年增长率为4.3%，2022年为3.6%，预计2023年为3.8%。次区域的总体数据掩盖了现有及预计中的不均衡增长模式。由于碳氢化合物价格上涨、产量增加，尼日利亚和安哥拉等碳氢化合物出口国的表现特别强劲，推动了2022年该次区域的经济增长（World Bank，2022b）。2021年撒哈拉以南非洲最大经济体南非也为该地区的增长做出了贡献，但失业率上升、电力短缺

和气候灾害破坏了基础设施，减缓了该国的增长（World Bank，2022b）。2022年撒哈拉以南非洲许多国家放宽了疫情限制措施，也促进了该地区相对强劲的总体增长（World Bank，2022b）。

俄乌冲突给地区增长带来了许多直接和间接压力。许多非洲国家从俄罗斯和乌克兰大量进口小麦，粮食进口依赖度高（IMF，2022d；World Bank，2022b）。2022年俄乌冲突导致数百万非洲人陷入贫困，预计2023年将有更多人陷入贫困（AfDB，2022）。有很多警告称，当前为对抗通货膨胀而采取的货币紧缩政策可能被过度使用，从而引发高失业率（IMF，2022d）。撒哈拉以南非洲尤其容易受到粮食价格上涨和粮食短缺的影响，这加剧了贫困，妨碍了增长（World Bank，2022b）。非洲面临高风险债务困境的国家的比例最近也有所增加，从53%上升到61%（World Bank，2022a）。

▶ 表2.1 2019~2024年非洲及其次区域的工时、就业、失业及劳动力的估算值与预测值

区域/次区域	每周总工时与15~64岁人口的比率						以全职等价工时表示的总工时（FTE=48小时/周）（百万小时）					
	2019	2020	2021	2022	2023	2024	2019	2020	2021	2022	2023	2024
非洲	23.6	21.9	22.4	23.1	23.1	23.2	363	347	365	386	397	411
北非	17.9	16.1	16.8	17.6	17.5	17.7	57	52	55	59	60	62
撒哈拉以南非洲	25.0	23.4	23.8	24.5	24.5	24.6	306	295	309	327	337	349

区域/次区域	就业人口比（%）						就业人口（百万人）					
	2019	2020	2021	2022	2023	2024	2019	2020	2021	2022	2023	2024
非洲	58.5	57.2	57.6	58.1	58.3	58.4	459	462	478	496	511	527
北非	39.2	37.7	38.2	38.8	38.8	38.8	65	64	66	68	69	71
撒哈拉以南非洲	63.6	62.4	62.7	63.1	63.2	63.3	394	399	412	428	441	456

区域/次区域	失业率（%）						失业人口（百万人）					
	2019	2020	2021	2022	2023	2024	2019	2020	2021	2022	2023	2024
非洲	6.5	7.1	7.2	7.1	7.1	7.0	32.0	35.3	37.0	37.9	39.1	39.8
北非	10.9	12.0	11.6	11.3	11.3	11.1	8.0	8.7	8.6	8.7	8.8	8.9
撒哈拉以南非洲	5.7	6.3	6.4	6.4	6.4	6.4	24.0	26.6	28.4	29.3	30.3	30.9

区域/次区域	劳动力参与率（%）						劳动力（百万人）					
	2019	2020	2021	2022	2023	2024	2019	2020	2021	2022	2023	2024
非洲	62.5	61.6	62.1	62.6	62.7	62.8	491	498	515	534	550	566
北非	44.0	42.8	43.2	43.7	43.7	43.7	73	72	74	77	78	80
撒哈拉以南非洲	67.5	66.6	67.0	67.4	67.6	67.6	418	425	441	457	472	487

资料来源：国际劳工组织劳工统计数据库，国际劳工组织模型估算，2022年11月。

总工时和就业指标表明，2021年劳动力市场出现了相对较快的复苏。2021年，撒哈拉以南非洲以全职等价工时（FTE）计算的总工时快速反弹，全职工作岗位达到3.09亿，高于2019年的3.06亿；2022年全职工作岗位增加到3.27亿。总就业人口显示了同样的增长趋势，从2019年的3.94亿人增加到2022年的4.28亿人。事实上，在2020年和2021年撒哈拉以南非洲的疫情高峰期，总就业人口并没有减少。造成这种趋势的因素包括该地区的高工作贫困率、高非正式就业率、劳动力社会保护不足等，农村地区劳动力尤其缺乏社会保护。尽管撒哈拉以南非洲也实施了封锁等疫情防控措施，供应链冲击也对企业造成了影响，但是许多非正式就业人口必须外出工作的可能性要大大高于那些正式就业的同行，后者的收入更高。

由于人口大幅增长，就业情况和平均工时难以改善，部分削弱了体面劳动方面取得的成果。首先，2022年15~64岁工人每周工时为24.5小时，尚未恢复到疫情前的水平。其次，2022年就业人口比为63.1%，仍低于疫情前的水平（2019年为63.6%）。这表明，2020~2021年人口增长继续推动撒哈拉以南非洲就业及全职等价总工时的增长，但人均总工时尚未恢复到疫情前的水平。就业的人看上去很多，但工时低于他们的期望，与时间相关的就业不足在该地区特别突出。

相关统计数据显示，非正式就业和工作贫困越来越多，相比失业，这些数据更准确地描绘了撒哈拉以南非洲劳动力市场的形势。该次区域的失业率从2019年的5.7%上升到了2021年的6.4%，2022年继续保持在6.4%。虽然这一趋势与同期全球失业率的趋势基本一致，但它并没有完全反映出许多劳动人口缺乏生产性工作机会的情况。事实上，许多就业者属于在职贫困，也就是说，这些人及其家庭的人均收入处于中等或极端贫困线以下。2021年，总就业人口中有大约60.8%（约2.51亿就业者），生活在每日3.10美元（按2011年人均购买力平价计算）的中等贫困线以下。在撒哈拉以南非洲，从事质量较差的工作的人很多都是非正式就业者。最新估算表明，2022年撒哈拉以南非洲87.3%的就业人口（约3.73亿人）处于非正式就业状态，而2019年这一比例为86.9%。

适应气候变化，释放创造就业的潜力

非洲占世界人口的17.4%，但2021年在全球碳排放量中的占比仅为3%左右（AfDB，2022；UNDESA，2022）。该地区的可再生能源生产相对较好，再加上适当的政策、治理和行动，到2030年，本地清洁可再生能源有望占到撒哈拉以南非洲能源需求的67%（IRENA，2020）。同时，在非洲发现了可以促进全球公正过渡技术所需的多种矿物，如锂、钴、铜和稀土矿物等。

气候变化的复杂性及其带来的各种后果将对非洲的劳动力市场产生重大影响。全球气温上升等气候变化正导致自然灾害、极端天气事件和缓发性灾害更加频发，如洪水、干旱、土地退化、土壤侵蚀、热浪和不可预测的降水等灾害。气温上升严重影响了非洲的生态系统，以及与生态系统密切相关的工作和生计，而吸纳了大量就业人口的农业领域受到的影响尤为严重。例如，在以雨养农业和畜牧业为主的东非和非洲之角国家，不可预测的降水和气温上升导致了粮食不安全，大量人口流离失所；为了维持生计，牧民和农民被迫离开家园，迁往别处（DTM，2021）。在没有正常移民途径的情况下，移民面临缺少保护、找不到体面工作的风险。与此同时，非洲许多国家遭受高温困扰，这些气候问题损害了工人健康，对企业经济活动产生了负面影响。高温会导致人们出现热应激。据估计，相对于没有热应激的情景，到2030年，因热应激将导致2.3%的非洲总工时损失，而东非和西非是受影响最大的次区域（ILO，2019）。

非洲应对气候变化的能力不足，预防程度较低，因此极易受到气候变化的影响。气候变化对一个社会或社区的影响程度，部分取决于当地应对的气候变化的能力。美国圣母大学全球适应倡议（ND GAIN）指数采用各种指标组合，评估一个国家的气候变化脆弱性及其提高应对能力的意愿（Chenet al.，2015）。在全球脆弱性和预防程度排名最低的国家中，非洲国家占了大部分。认识到这一情况，以及发达国家（地区）在应对气候变化方面的历史性贡献，2021年《联合国气候变化框架公约》第26次缔约方大会达成了《格拉斯哥气候公约》，重申每年向发展中国家（地区）提供1000亿美元的承诺，加大对发展中国家（地区）适应气候变化方面的支持。根据非洲开发银行的计算，到2050年，非洲每年要花费500亿美元用于适应气候变化。

较差的气候变化韧性与体面劳动不足密切相关。如图2.1所示，气候变化脆弱性上升与非正式就业率（可以表明体面劳动不足的程度）的上升直接相关。就业质量差的人口最容易受到气候变化的影响，然而在气候脆弱的情况下，这类就业往往普遍存在。很多从事低质量工作的工人将无法获得社会保障；此外，在享受应对气候变化的相关就业支持措施方面，他们获得的支持也很有限。对于非洲而言，这是一个尤其需要关注的问题，因为许多国家的气候变化韧性排名很低，但非正式就业率很高。

▶ **图2.1 气候变化韧性（ND GAIN评分）和非正式就业率**

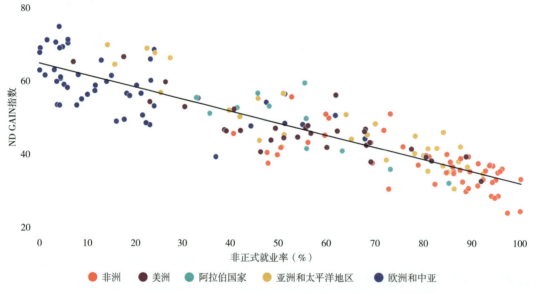

注：对于ND GAIN指数，得分高意味着脆弱性低，针对气候变化的预防度高；得分低意味着脆弱性高，针对气候变化的预防度低。

资料来源：美国圣母大学全球适应指数（ND GAIN），以及国际劳工组织劳工统计数据库，国际劳工组织模型估算，2022年11月。

适应气候变化有望极大地推动创造就业机会和改善生计。要适应气候变化，需要人们做出多方面的努力，其中有许多涉及建筑类工作，尤其是基础设施建设领域的建筑项目。这些通常属于劳动密集型项目，有助于创造就业机会，并可以为工人提供可用于其他项目的技能（ILO，2018a）。针对技能发展的投资，特别

是适应气候领域的技能发展投资，如与水和林业有关的活动，可以作为一种适当的政策选择，用于帮助新进入劳动力市场的人和因气候变化而被迫退出劳动力市场的人。要扩大资格获取和准入渠道方面的社会保护政策，帮助受气候变化影响的工人留在转型中的劳动力市场。在农业等领域采取可持续的做法，加强农村地区

的韧性，这些都是适应气候变化的至关重要的尝试（ILO，2022b）。值得一提的是，这些尝试只是现有政策选择的冰山一角，还有很多的政策可以促进适应气候变化，同时有助于创造就业，提供更好的就业机会并改善生计。

美洲

由于乌克兰地缘政治的不确定性和持续的通货膨胀，拉丁美洲和加勒比地区以及北美的宏观经济形势和增长前景都受到了影响。这两个因素打击了消费者和企业的信心，降低了总需求和投资。同时，就业增长有所下降，甚至在某些情况下出现了负增长。

巴西和墨西哥经济放缓，拖累了拉丁美洲和加勒比地区2022年的增长形势，预计2023年该地区增长率将进一步下滑。 就拉丁美洲和加勒比地区而言，2022年3.4%的GDP增长率虽然低于2020年6.6%的疫后反弹水平，但大大高于疫情前的水平（IMF，2022b）。尽管如此，该次区域主要经济体的增长率显著下降，尤其是巴西和墨西哥，这阻碍了利率的进一步上升（IMF，2022a）。继2022年上半年相对强劲的增长之后，随着大宗商品价格疲软和全球金融环境恶化，拉丁美洲和加勒比地区的GDP增长有所放缓。在持续通货膨胀背景下，预计2023年该次区域的增长率进一步下降，估计降至1.4%~1.8%（ECLAC，2022；IMF，2022b）。

在北美，加拿大和美国的GDP增长也在放缓。 预计两国2022年的增长率分别为3.4%和2.3%，均低于最初的预期（IMF，2022a）。导致增长放缓的因素包括通货膨胀持续处于历史高位（2022年年中，加拿大的通货膨胀率约为7%，美国为8%）、全球不确定性和需求疲软（IMF，2022a）。根据美国经济分析局（Bureau of Economic Analysis）发布的最新数据，2022年第二季度美国的GDP下降了0.6%，第一季度则下降了1.6%（BEA，2022）。最新估算显示，加拿大的增长仍然为正值，但年化增长率仅为0.1%。

拉丁美洲和加勒比地区劳动力市场趋势

外部需求疲软正在影响拉丁美洲和加勒比地区的前景，尤其是主要出口国的前景。 2022年初的初级商品出口增长趋势在下半年开始减弱（UNCTAD，2022）。这在一定程度上是由外部需求整体疲软造成的，因为全球经济增长放缓，通货膨胀仍然具有黏性。在这种情况下，拉丁美洲和加勒比地区近期的正式就业增长将难以维持，工资增长也跟不上通货膨胀的步伐。国际货币基金组织估计，2022年该地区通胀率约为12.1%，2023年将放缓至8.7%，这是过去25年有记录以来的最高水平（IMF，2022a）。

2022年就业增长仍然强劲。 拉丁美洲和加勒比地区2021年的增长率为6.4%，2022年虽然整体经济活动放缓，但总体就业增长率达到4.9%，上升势头依然强劲。2021年失业率为8%，2022年失业率降至7%，远远低于疫情前10.2%的峰值（见表2.2）。

随着GDP增长率下降，就业增长预计将在2023~2024年放缓，勉强与劳动年龄人口增长持平。 预计未来几年拉丁美洲和加勒比地区的就业水平将温和增长。继2022年相对强劲的就业增长后，2023年和2024年就业增长率将分别降至1%和1.5%。鉴于GDP增速保持在较低水平，就业持续增长表明就业弹性相对较高。就业增长将与劳动年龄人口增长保持一致，因此，该地区的就业人口比将保持在目前58%的水平上，与2020年的低点（53.1%）相比有很大改善，但仍低于疫情前的水平（2019年为58.5%）。

▶ 表2.2　2019~2024年美洲及其次区域的工时、就业、失业及劳动力的估算值与预测值

区域/次区域	每周总工时与15~64岁人口的比率						以全职等价工时表示的总工时 （FTE=48小时/周）（百万小时）					
	2019	2020	2021	2022	2023	2024	2019	2020	2021	2022	2023	2024
美洲	26.0	22.6	25.0	26.3	26.0	26.0	368	321	358	378	375	379
拉丁美洲和加勒比地区	25.6	21.5	24.6	26.1	25.8	25.9	231	196	226	241	241	244
北美	26.9	24.6	25.9	26.8	26.3	26.4	137	125	132	136	134	135

区域/次区域	就业人口比（%）						就业人口（百万人）					
	2019	2020	2021	2022	2023	2024	2019	2020	2021	2022	2023	2024
美洲	59.3	54.4	56.8	58.7	58.4	58.3	469	435	458	478	481	486
拉丁美洲和加勒比地区	58.5	53.1	55.9	58.0	57.9	58.0	286	263	279	293	296	300
北美	60.5	56.5	58.2	59.9	59.3	58.8	183	173	179	186	185	185

区域/次区域	失业率（%）						失业人口（百万人）					
	2019	2020	2021	2022	2023	2024	2019	2020	2021	2022	2023	2024
美洲	6.4	9.4	7.8	5.8	6.1	6.2	32.2	45.3	39.0	29.4	31.3	32.3
拉丁美洲和加勒比地区	8.0	10.2	9.2	7.0	7.0	6.9	24.8	29.8	28.4	22.1	22.1	22.4
北美	3.9	8.2	5.6	3.8	4.7	5.1	7.4	15.4	10.6	7.3	9.2	9.9

区域/次区域	劳动力参与率（%）						劳动力（百万人）					
	2019	2020	2021	2022	2023	2024	2019	2020	2021	2022	2023	2024
美洲	63.4	60.1	61.6	62.3	62.2	62.2	502	481	497	508	512	518
拉丁美洲和加勒比地区	63.6	59.1	61.6	62.4	62.2	62.4	311	292	308	315	318	323
北美	62.9	61.6	61.6	62.2	62.2	61.9	191	188	190	193	195	195

资料来源：国际劳工组织劳工统计数据库，国际劳工组织模型估算，2022年11月。

　　失业情况和失业率预计将在未来两年内保持不变。相比疫情期间劳动力市场遭受严重破坏，目前劳动力参与率趋于稳定。如果假设就业增长与劳动年龄人口增长保持一致，那么预计从现在到2024年，拉丁美洲和加勒比地区的失业率将保持在7%左右。2022年失业率将保持这一水平，但仍比疫情前低1个百分点，这在一定程度上是因为劳动力参与率预测值比2019年低了整整1个百分点。

　　女性雇员集中的行业复苏较慢，因此女性将继续处于不利地位。2019~2021年，在拉丁美洲和加勒比地区次区域，女性就业下降幅度大于男性（女性就业年降幅为1.8%，男性仅为0.7%）。2022年，女性就业复苏速度快于男性，但这种复苏背后隐藏着相当大的差异性。雇用女性较多的行业受到疫情的不利影响，复苏步伐较慢

（World Bank，2022d）。住宿和餐饮服务以及家政服务业收缩幅度最大，在疫情之前这两个行业至少60%的雇员是女性。男性就业率相对较高的行业复苏更快，如建筑业和运输业（ILO，2022c）。一些以前由女性主导的行业（如房地产和行政服务）报告称，在疫后恢复期间，这些行业男性就业比例上升，不利于该地区女性的就业前景。不管是男性还是女性，预计即使到2023年，就业人口比也不会恢复到疫情前的水平。

就业质量仍然是拉丁美洲和加勒比地区需要关注的问题

　　工时增加意味着当前工人面临更大的压力。随着经济活动放缓，预计2023年和2024年就业增长将保持低迷，但每周总工时仍略高于疫情

前的水平。2022年，全职工作岗位工人每周总工时达到39.6小时（2019年为38.7小时），预计2023年将保持这一水平。

正式就业已经完全从疫情中恢复，但进一步的增长停滞不前。 在2021年和2022年初强有力经济增长的推动下，拉丁美洲和加勒比地区绝大多数国家的正式私营部门就业已完全从疫情中恢复（ILO，2022c）。截至2022年6月，在有数据可查的国家（阿根廷、巴西、哥伦比亚、哥斯达黎加、萨尔瓦多、墨西哥、巴拉圭、秘鲁和乌拉圭），正式私营部门就业水平高于2020年6月的水平。在这两年中，巴西（8%）以及哥伦比亚和巴拉圭（7%）的正式就业增长尤为强劲。自疫情高峰期以来，部分国家实施了扩大正式就业机会的政策，有效提高了正式就业人口（ECLAC and ILO，2021）。从2022年全年来看，经济增长步伐放缓，鉴于前景的不确定性越来越大，企业基本上通过调整工时来补充劳动力，而不是通过雇用更多的正式工人。

2019~2021年，非正式就业在总就业中的占比略有增加，2022年达到53.7%。 自2020年以来，拉丁美洲和加勒比地区总就业增长的原因之一是非正式就业的恢复。在过去两年中，50%~75%的就业净增长来自非正式就业增长（ILO，2022c）。[1]最近的非正式就业增长主要

是由于取消了针对自营职业工人的疫情防控措施，以及许多小企业恢复运营，这些小企业大多为非正式性质。然而，由于正式就业增长超过了非正式就业，该地区部分国家的非正式就业整体占比有所下降（见图2.2）。乌拉圭和哥斯达黎加的下降最为明显，非正式就业占比分别下降了5个百分点和3个百分点。图2.2显示，除秘鲁之外，该地区其他国家自2019年以来非正式就业占比也有所下降。

非正式就业下降趋势被逆转的可能性增大，对年轻女性尤其不利。 若干因素可能导致未来几年非正式就业增加，如取消或减少正式就业支持政策、新增正式就业岗位不足等因素。此外，不确定性对扩大正式就业机会构成了威胁。随着正式就业增长放缓，在缺乏体面劳动机会的情况下，非正式工作有可能成为默认工作形式。已有早期迹象表明，这种情况可能会持续下去。2021年底，在有数据可查的11个国家中，每新增两个就业机会，大概就有一个为非正式。创造足够体面劳动机会面临重大挑战，在未来两年，预计拉丁美洲和加勒比地区有800万劳动年龄人口加入劳动力大军，这意味着年轻工人尤其容易受到伤害。年轻女性在疫情期间已经遭受重创，因为她们中的很多人在受疫情防控措施严重影响的部门就业。

▶ **图2.2 2019~2022年非正式就业在总就业中的占比变化**

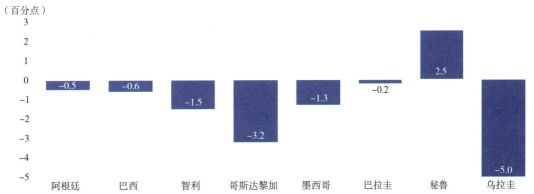

注：使用的是2019年第四季度和2022年第一季度的数据（智利和墨西哥除外，其数据为2022年第二季度的数据）。

资料来源：ILO（2022c）。

---

① 这里的数据涉及阿根廷、巴西、哥斯达黎加、智利、墨西哥、巴拉圭和秘鲁。这些数据指的是2020年第三季度至2022年第三季度非正式就业增长在净就业增长中的占比情况，占比最高的是巴拉圭（83%），最低的是智利（47%）。

北美劳动力市场趋势

经济衰退似乎已不可避免地到来。 截至2022年初，美国经济连续两个季度萎缩。第二季度进行的第三次更新下调了出口数据，但初步估算中没有反映这一点。2022年第二季度GDP下滑0.6%，主要是因为联邦、州和地方各级的库存投资、住宅固定投资和政府支出减少。加拿大因为石油和天然气行业温和反弹，农业发展势头强劲，因此保持了正增长趋势（2022年7月增长率为0.1%）。由于制造业持续疲软，加上对美出口不断减少，加拿大也面临着越来越大的衰退风险（IMF，2022a）。

加拿大的就业增长已经开始放缓。 通常情况下，劳动力市场是一个滞后指标，因此，在经济增长放缓一段时间后，往往会观察到劳动力市场的疲软。然而，美国虽然在2022年上半年出现了GDP负增长，但其就业增长基本没有中断（见图2.3）。2022年前八个月，美国新增300万个就业岗位，失业率基本保持在历史低位。加拿大的情况与美国形成了对比，虽然加拿大的GDP基本保持在正增长区间，但该国就业人口在2022年6月就已经开始下降。因此，2022年下半年，加拿大的失业率从历史低点上升，而美国的失业率一直保持或接近历史低位水平。

预计2023年经济增长将持续放缓。 2021年美国和加拿大经济增长强劲，但是预计2023年两国GDP增长将放缓并全年保持低速状态。2023年，美国GDP增长率有望达到1%，加拿大有望达到1.5%（IMF，2022），增速都将远远低于2022年（不到2022年的一半）。通货膨胀持续的时间比预期更长，并且维持在比预期高得多的水平，结果是加息幅度比之前预期的更大，也更频繁。尽管美国和加拿大都是能源净出口国，其国民收入都因能源价格上升而增加，但家庭可能会面临生活成本提高的问题。未来一年，由于家庭购买力继续下降，住宅和私营部门投资预计将保持低迷，消费者支出将下降。

▶ **图2.3　经季节调整后的北美就业水平（2021年1月=100）**

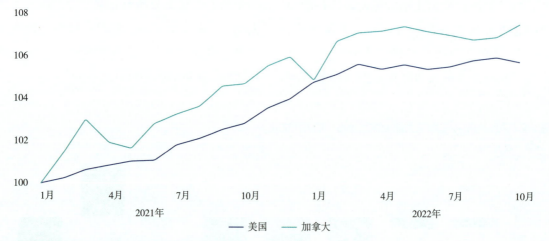

资料来源：国际劳工组织劳工统计数据库，短期劳动力统计。

2023年和2024年，劳动力市场将继续处于低迷状态。 由于GDP增长继续减速，就业增长也将大幅放缓（见表2.2）。2021年就业增长率为3.6%，2022年为3.7%，然而，未来几年里就业增长率将停滞不前，2023年甚至将收缩0.1%。在劳动人口不断增长的情况下，预计失业率将在预测期内小幅上升。

劳动力和技能短缺情况在北美普遍存在

2022年劳动力市场紧张程度达到历史最高

水平。2021年基本取消了与疫情相关的限制措施后，劳动力需求远远超过了可用工人的数量（见图2.4）。在过去两年中，美国和加拿大都面临着劳动力短缺加剧的问题。就美国而言，2022年年中，美国每名失业人员都对应着两个以上的职位空缺数；加拿大的情况稍好，但也很紧张。美国许多行业的雇主都在努力填补职位空缺。医疗、住宿和餐饮服务等部门面临的形势尤为严峻。行业之间和行业内部的就业情况发生了重大变化，这是疫情后劳动力市场的一个特点。其中，很多变化是由供给侧驱动的，如护士因职业倦怠而离职，住宿和餐饮服务部门的劳动者为了从事更体面的工作而转向别的行业就业。2022年下半年，随着经济增长放

缓，职位空缺数开始下降（US Bureau of Labor Statistics，2022）。

在北美，技能短缺已达到十年来的最高水平。 美国万宝盛华公司（ManpowerGroup）的调查显示，2022年美国的人才短缺尤为严重：74%的雇主表示很难找到自己需要的人才（2018年为46%）（ManpowerGroup，2022a）。加拿大面临同样问题的雇主的比例为77%（2018年为41%），也就是说，雇主在寻找满足岗位所需的技术技能和实力人才方面存在困难（ManpowerGroup，2022b）。美国和加拿大的建筑业、制造业和批发零售业的人才短缺程度有所增加；加拿大的信息技术（IT）和科技、教育、医疗卫生和政府领域的人才短缺变得更加严重。

▶ **图2.4　每名失业者对应的职位空缺数**

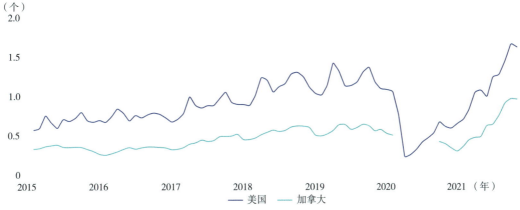

资料来源：国际劳工组织基于美联储经济数据（FRED）、美国劳工统计局和加拿大大统计局的数据计算所得。

从长远来看，人口老龄化将继续制约劳动力增长。 人口老龄化导致了劳动力增长结构性放缓，这至少在一定程度上助推了疫情引发的短期劳动力和技能短缺。大量"婴儿潮一代"（通常从事高技能职业）已达到退休年龄并离开了劳动力大军，给劳动力增长带来了下行压

力。劳动人口构成的这种结构性转变已经酝酿了很长时间，加剧了目前的劳动力和技能短缺问题。未来，在疫情期间受到限制的移民将在推动劳动力增长方面发挥关键作用，而采取措施留住老年工人、支持代表性不足的群体更多参与劳动力市场等措施也至关重要。

▶ 阿拉伯国家

阿拉伯国家的经济在新冠疫情期间大幅收缩，其克服疫情直接影响并开始恢复的速度慢

于其他很多区域，2021年该区域经济仅增长了2.5%，成为当年增长率最低的区域之一。现在

阿拉伯国家正在迎头赶上，预计2022年该区域增长率为6.6%，2023年为3.9%。海湾合作委员会（简称"海合会"）国家的增长将最为突出，因为碳氢化合物价格上涨给这些国家的政府带来了更多的收入。

阿拉伯国家的部分增长指标显示出积极迹象。2022年，阿拉伯国家实现了较高的疫苗接种率，这意味着可以取消疫情限制措施，提高区域生产总值（World Bank，2022e）。该区域的经济增长还离不开沙特阿拉伯引人注目的经济表现。通过出台吸引私人投资的措施，提高女性劳动力参与率，促进旅游业和推行积极的公共财政管理，沙特阿拉伯的经济快速增长（Mati and Rehman，2022）。持续的经济多元化和主权财富基金的积极发展也支撑着该国的长期前景。

对于净资源出口国和该区域其他国家而言，情况可能截然不同。预计海合会国家等碳氢化合物出口国将受益于俄乌冲突导致的大宗商品价格上涨，但这也凸显了该区域对化石燃料生产的持续依赖以及易受全球价格影响的特点（Gatti et al.，2022）。阿拉伯国家持续不断的政治和经济动荡也在影响该地区的前景，如黎巴嫩的局势仍然是外商投资的壁垒。2022年初陷入高债务水平的国家尤其容易受到全球变化的影响，包括货币政策溢出效应的影响。在一些阿拉伯国家，货币贬值进一步加剧了通货膨胀。低收入人口最容易受到螺旋式上涨的粮食和能源价格的影响，因此面临的经济挑战最大。

阿拉伯国家劳动力市场趋势

每周总工时趋势表明经济在复苏，但劳动力市场尚未完全恢复。2022年全职工作岗位的每周总工时（相当于5100万全职等价工时）恢复到了危机前（2019年）的水平（见表2.3），这是自2020年下降9%之后稳步增长的结果。全职工作岗位总工时反映了经济中的劳动力投入，同时与整体经济增长相关。工时回升是由非海合会国家推动的，这些国家的人均收入往往较低，工作质量也较差。例如，2021年，非海合会国家约36%的就业人口处于在职贫困状态（按2011年购买力平价计算，人均每日3.1美元的中等贫困门槛），而在海合会国家，这一比例不到1%。这表明，正如在全球许多国家所观察到的情况一样，非正式就业和缺乏社会安全保障的人口虽然受到疫情的严重影响，但他们往往别无选择，只能想办法恢复就业。海合会国家每周总工时尚未恢复到危机前的水平，预计要到2024年左右才能恢复。

该地区青年失业率居高不下，但向绿色经济过渡可能会给青年带来一系列体面劳动机会。2022年，非海合会国家的总失业率为14.3%，显著高于海合会国家的4%。[①] 非海合会国家青年（15~24岁）仍然受到疫情的严重影响，2022年这些国家的青年失业率为29.8%，低于2020年31.3%的峰值，而2022年成人（25岁及以上）的失业率为10.3%（峰值为2020年的10.5%）（见附录C，表C11）。该地区未就业、未受教育或培训的青年所占的比例也特别高（见第1章）。鉴于该地区的经济增长依赖碳氢化合物，绿色投资具有扩大青年就业机会的巨大潜力，关于绿色政策措施对就业影响的模型表明，阿拉伯国家可以为青年创造40多万个就业机会（ILO，2022d）。然而，值得注意的是，根据模型判断，为年轻女性创造的工作机会不到10%，这表明阿拉伯国家的性别不平持续存在，而这种不平等阻碍了该地区的进步。

阿拉伯国家向绿色经济公正过渡中的工作机会

虽然所有国家和地区都受到气候变化的影响，但很少有国家和地区像海合会国家一样，既是温室气体排放的主要贡献者，又受到温室气体排放如此严重的影响。[②] 碳氢化合物在海合

---

① 海合会国家的失业率通常较低，因为其劳动力中有大量国际移民工人，而他们的居留（即签证）是以有工作为条件的。

② 需要指出的是，非海合会国家也受到气候变化的影响，公正过渡对这些国家也非常重要。在公正过渡方面，非海合会国家面临许多相同但又有所差异的挑战（包括绿色融资和缺乏绿色技术）。

会国家的GDP中占比很大，例如，科威特碳氢化合物在GDP中的占比为59%，卡塔尔为38%，沙特阿拉伯为27%（World Bank，2022e）。与此同时，全球气温比工业化前上升2℃将导致海合会国家的地表温度上升4℃~5℃（MacDonald，2022）。在海合会国家，显著上升的气温在一年当中的几个月里影响着成千上万人口的日常生活。此外，阿联酋和沙特阿拉伯是世界上水资源最紧张的国家之一（World Bank，2022e）。该地区还日益受到海平面上升和气候变化相关冲击的影响，包括环境和生态退化问题。所有这些都对海合会国家的工人和企业产生了重大影响。

▶ 表2.3　2019~2024年阿拉伯国家及其次区域工时、就业、失业及劳动力的估算值与预测值

区域/次区域	每周总工时与15~64岁人口的比率						以全职等价工时表示的总工时（FTE=48小时/周）（百万小时）					
	2019	2020	2021	2022	2023	2024	2019	2020	2021	2022	2023	2024
阿拉伯国家	22.0	19.6	20.2	20.9	21.0	21.2	51	46	48	51	53	54
非海合会国家	15.7	14.3	14.8	15.3	15.5	15.7	22	21	22	23	24	26
海合会国家	31.6	28.2	29.2	30.5	30.7	31.0	29	26	26	28	28	29

区域/次区域	就业人口比（%）						就业人口（百万人）					
	2019	2020	2021	2022	2023	2024	2019	2020	2021	2022	2023	2024
阿拉伯国家	46.8	45.4	45.1	45.6	45.9	46.0	54	54	54	56	58	60
非海合会国家	35.9	34.6	34.5	35.2	35.6	35.9	26	25	26	27	29	30
海合会国家	64.0	63.2	63.0	63.8	64.0	64.1	29	28	28	29	29	30

区域/次区域	失业率（%）						失业人口（百万人）					
	2019	2020	2021	2022	2023	2024	2019	2020	2021	2022	2023	2024
阿拉伯国家	8.7	10.1	9.8	9.3	9.3	9.5	5.2	6.1	5.9	5.8	6.0	6.3
非海合会国家	13.7	14.8	14.8	14.3	14.2	14.2	4.1	4.4	4.5	4.6	4.8	4.9
海合会国家	3.8	5.4	4.7	4.0	4.0	4.3	1.1	1.6	1.4	1.2	1.2	1.3

区域/次区域	劳动力参与率（%）						劳动力（百万人）					
	2019	2020	2021	2022	2023	2024	2019	2020	2021	2022	2023	2024
阿拉伯国家	51.3	50.5	50.0	50.4	50.6	50.8	60	60	60	62	64	66
非海合会国家	41.6	40.6	40.5	41.0	41.5	41.8	30	30	31	32	34	35
海合会国家	66.6	66.8	66.1	66.5	66.7	67.0	30	30	29	30	31	31

资料来源：国际劳工组织劳工统计数据库，国际劳工组织模型估算，2022年11月。

海合会国家正努力践行向绿色经济过渡的理念（World Bank，2022e）。这样做是必要的，因为海合会国家希望通过多种方式减少对碳氢化合物的依赖，从而避免进一步加剧气候变化。这种向绿色经济的过渡将带来劳动力市场的重大变革，包括对工人和技能的需求，以及传统部门工作岗位的流失。阿拉伯国家是国际移民工人的主要目的地，这是一个需要重点考虑的情况。2022年第二季度沙特阿拉伯约74%的就业人口是国际移民工人（GASTAT，2022），2020年卡塔尔总就业人口的94%（PSA 2020）、2018年科威特劳动力的85%也是国际移民工人（de Bel Air，2019）。气候变化的影响，包括这些国家许多从事户外工作的移民工人所面对的高温压力，已经成为促使他们离开的一大因素，但劳动力市场结构的变化将影响对工人的需求，特别是填补技能缺口方面的变化。

向绿色经济转型将不可避免地导致失业，但对某些职业和技能的需求也会增加。 随着传统产业的转移，一些工人将失去工作，他们要

么被迫寻找需要类似技能的替代工作，要么重新寻找转型带来的新就业机会（ILO，2018b）。碳密集型行业的许多工作所需的技能可以适用于建筑、可再生能源发电、城市规划、食品生产和水管理等低碳行业的工作。这类工作能兼容低技能和高技能工人，也能为包括年轻女性在内的青年提供高收入工作及其他机会。为了达成这一目的，也为了减少下行风险和降低调整所需的成本，应尽快制定和实施涵盖投资、技能和社会保护的全面协调战略（World Bank，2022e；ILO，2022d）。如果政府投资绿色部门的资源有限，那么就更需要支持和鼓励企业家采用绿色技术和流程，积极参与循环经济。

此外，践行公正过渡理念要求各国政府和其他利益攸关方共同努力，为那些因绿色过渡而蒙受损失的人提供支持。这对处境脆弱的工人尤其重要，这些工人包括非正式工人、低技能工人和移民工人，他们可能会因绿色过渡而遭受非常严重的影响。提供社会保护是关键所在，必须确保因绿色过渡而失去工作的工人得到某种支持，从而帮助他们再就业。在海合会国家，大约10%的就业岗位是低技能工作，如前所述，这些国家严重依赖移民工人，特别是私营部门。

▶ 亚洲和太平洋地区

亚洲和太平洋地区（亚太地区）的整体增长预期已被下调。该地区2022年的增长率为3.9%，预计2023年将达到4.3%，但这些数字掩盖了次区域趋势的巨大差异（IMF，2022b）。2022年的增速低于之前的预期，主要是因为东亚和南亚的预测值被下调（ADB，2022a）。与其他地区一样，亚太地区增长预期下降的原因包括全球经济放缓、债务水平上升以及过度依赖大宗商品补贴的政策（World Bank，2022f）。自新冠疫情暴发以来，亚太地区的出口有所复苏，但全球需求预期下降仍令该地区承压。2022年美元升值也是该地区增长预期下降的原因之一（IMF，2022b）。由于能源和粮食价格居高不下，亚太地区和其他地区一样，也面临着通货膨胀加剧的问题（ADB，2022a）。

中国经济放缓可能影响东亚其他国家（地区）的增长前景。东亚次区域2022年的增长率被下调为2.9%，大大低于2021年6.7%的估算值；2023年的预测增长率为3.8%（IMF，2022b）。该次区域在整个疫情期间都未出现过年度负增长，这很不一般。2022年，中国采取了严格的疫情防控政策，导致其增长急剧放缓，这对亚太地区其他国家（地区）产生了一定影响（IMF，2022d）。由于其他地区利率上升，亚太地区部分国家（地区）出现了资本大量外流和贬值的情况，债务负担因此加重，这是该地区必须面对的一个问题，因为新冠疫情袭来之时，许多国家（地区）已经处于高负债的状态（World Bank，2022f）。能源和粮食补贴削弱了各国（地区）政府在卫生、基础设施和教育等促进增长的核心服务上的支出能力（World Bank，2022f）。

东南亚和太平洋地区高度依赖与中国的贸易，因此中国经济放缓对2023年该地区的增长前景产生了不利影响（World Bank，2022f）。大宗商品价格的大幅上涨通常会对大宗商品进口国造成重大打击，而印度尼西亚和马来西亚等净出口国则会从中受益（World Bank，2022f）。缅甸继续面临多重困难，包括大宗商品价格上涨、政治危机和冲突等，这些问题导致缅甸经济状况持续低迷（ILO，2022e）。2022年，菲律宾、马来西亚和越南是东南亚增长最强劲的国家。至于泰国，其经济支柱旅游业正在艰难恢复，而造成这种缓慢复苏的原因有很多，其中包括该国最重要的旅游市场受到疫情防控措施和俄乌冲突的影响，以及新冠疫情引发的移民限制政策等（World Bank，2022f）。在太平洋地区，游客数量回升有望促进旅游业依赖程度较高国家的经济增长，如斐济、库克群岛和帕劳（ADB，2022b）。

南亚是该地区增长最强劲的次区域，贡献了世界最高的地区增长率：2022年增长率为6%，预计2023年增长率为5.3%（IMF，2022）。该次区域的服务出口正在增加，对2022年增长做出积极贡献，并在2023年有望继续保持这一趋势（World Bank，2022g）。在南亚大部分地区，数字服务行业都表现出强劲的发展势头，但旅游和建筑等行业尚未恢复到疫情前的水平（World Bank，2022h）。鉴于不断恶化的全球环境和快于预期的货币紧缩速度，最初预测的印度高增长率已被下调，并且有可能进一步下调（IMF，2022d）。受劳动力市场复苏缓慢和通货膨胀高企的影响，南亚地区家庭消费将处于疲软状态（World Bank，2022g）。

虽然南亚与俄罗斯和乌克兰基本没什么直接联系，但仍然很容易受到俄乌冲突所引发的全球商品价格上涨的影响（World Bank，2022h）。俄乌冲突导致南亚通货膨胀加剧，公共财政恶化，2022年该地区的生产总值增长率被下调了约2个百分点。鉴于该地区的增长前景原本就"不均衡且脆弱"，目前所有预测值都已下调。俄乌冲突使全球经济承压，在此背景下，预计南亚的公共财政和通货膨胀将进一步恶化。斯里兰卡是一个极端的例子，目前该国已无力支付进口账单（World Bank，2022h）。包括孟加拉国在内的几个南亚国家严重依赖对欧洲的出口；而欧洲对其出口产品的需求减少，使该次区域的增长前景变得黯淡。国家之间和国家内部的不平等正在加剧，疫后复苏过程极不均衡。收入最高的工人比技能较低的移民工人更有可能重返工作岗位（World Bank，2022h）。最近能源价格居高不下且波动很大，表明该地区在能源进口方面非常脆弱，显然需要减少对进口的依赖（ILO，2022f）。南亚地区仍然极易受到

自然灾害的影响，巴基斯坦和孟加拉国的洪泛区即是一例。高水平的能源补贴越来越阻碍了诸如巴基斯坦这样的国家的发展，这些补贴不仅未能有效减少贫困，反而给公共财政带来了沉重负担（World Bank，2022g）。

亚洲和太平洋地区劳动力市场趋势

东亚劳动力市场复苏滞后，拖累了整个地区的复苏形势。[①]2021~2022年，亚太地区的总就业人口增加了3000万人（见表2.4）。2022年该地区的就业人口比为56.2%，仍低于2019年56.9%的水平。亚太地区就业复苏缓慢可部分归因于东亚的发展态势。中国在疫情期间保持了积极的经济增长，但其严格的疫情防控政策对东亚次区域乃至整个亚太地区的劳动力市场都产生了重大影响。2022年东亚在亚太地区总就业人口中的占比高达46%，但该次区域在2021年至2022年亚太地区总就业增长中的占比微不足道。相比之下，南亚在2022年亚太地区总就业增长中的占比极高，达到了74%；这主要源自成人就业人口的增加，相比之下，青年的就业恢复速度较慢（见第1章和附录C，表C15）。

人均总工时仍低于疫情前的水平。2022年亚太地区总工时估计为17.64亿全职等价工时，恢复到了2019年的水平，说明经济在复苏。与此同时，15~64岁人口的人均每周工时仍为28.6小时，低于疫情前的29.1小时。因此，与世界许多其他地区一样，就业增长固然推动了劳动力市场的恢复，但其背后是工人工时的减少，这也与就业不足增多（与工时相关）、临时就业和兼职就业增加的情况相对应。该地区失业率相对较低（2022年失业率为5.2%），但低质量就业发生的可能性也更高。例如，2021年约15.7%的就业人口（相当于2.94亿人）被定义为中等贫困的工作贫困，即按2011年人均购买力平价计算，每日生活费为3.10美元。

<hr>

① 请参阅ILO（2022f），以更广泛地分析劳动力市场的情况和前景。

▶ 表2.4　2019~2024年亚洲和太平洋地区及其次区域的工时、就业、失业及劳动力的估算值与预测值

区域/次区域	每周总工时与15~64岁人口的比率						以全职等价工时表示的总工时（FTE=48小时/周）（百万小时）					
	2019	2020	2021	2022	2023	2024	2019	2020	2021	2022	2023	2024
亚洲和太平洋地区	29.1	26.8	28.2	28.6	28.6	28.6	1761	1630	1725	1764	1773	1790
东亚	34.9	33.6	35.2	34.8	34.8	34.8	834	800	836	825	823	823
东南亚	29.4	27.1	27.3	28.6	28.5	28.7	274	256	260	274	276	280
南亚	23.9	20.7	22.4	23.4	23.4	23.5	638	561	615	651	660	672
太平洋岛屿	24.8	23.9	24.2	24.8	24.4	24.5	14	14	14	15	15	15

区域/次区域	就业人口比（%）						就业人口（百万人）					
	2019	2020	2021	2022	2023	2024	2019	2020	2021	2022	2023	2024
亚洲和太平洋地区	56.9	54.5	55.8	56.2	56.0	55.9	1874	1817	1880	1910	1925	1940
东亚	63.9	61.6	63.6	63.3	63.0	62.6	875	847	879	878	877	877
东南亚	65.6	63.8	63.4	64.2	64.4	64.4	325	320	323	330	335	339
南亚	46.8	44.3	45.6	46.5	46.5	46.5	655	630	659	681	692	703
太平洋岛屿	60.0	58.6	59.8	60.8	60.3	60.0	20	20	20	21	21	21

区域/次区域	失业率（%）						失业人口（百万人）					
	2019	2020	2021	2022	2023	2024	2019	2020	2021	2022	2023	2024
亚洲和太平洋地区	4.7	6.1	5.2	5.2	5.1	5.1	93.1	117.7	104.0	104.8	103.7	104.5
东亚	4.3	4.8	4.4	4.6	4.4	4.3	39.5	42.3	40.1	42.5	40.4	39.7
东南亚	2.4	3.0	2.9	2.6	2.4	2.6	8.0	9.9	9.5	8.7	8.4	8.9
南亚	6.4	9.3	7.5	7.2	7.2	7.3	44.6	64.4	53.4	52.8	54.1	55.1
太平洋岛屿	4.6	5.6	4.6	3.6	3.4	3.4	1.0	1.2	1.0	0.8	0.8	0.7

区域/次区域	劳动力参与率（%）						劳动力（百万人）					
	2019	2020	2021	2022	2023	2024	2019	2020	2021	2022	2023	2024
亚洲和太平洋地区	59.7	58.0	58.9	59.2	59.1	58.9	1967	1934	1984	2015	2029	2045
东亚	66.8	64.7	66.5	66.4	65.9	65.5	914	889	919	921	917	916
东南亚	67.2	65.7	65.3	65.9	66.0	66.1	333	330	332	339	343	348
南亚	50.0	48.8	49.3	50.1	50.2	50.2	699	694	712	734	747	758
太平洋岛屿	62.9	62.1	62.7	63.0	62.4	62.1	21	21	21	22	22	22

资料来源：国际劳工组织劳工统计数据库，国际劳工组织模型估算，2022年11月。

不管是保护非正式工人，还是加强地区承受未来经济冲击的能力，都需要实施以扩大社会保护为重点的政策，这一点至关重要。体面劳动不足是亚太地区就业的典型特点，因为该地区的经济增长并没有带来体面劳动的改善（ILO，2022f）。2022年，该地区总就业人口中的近三分之二（65.6%）从事非正式工作。与其他地区一样，在2020年和2021年疫情期间，由于无法获得社会保护，非正式就业人员特别容易受到伤害。因此，亚太地区许多国家（地区）在此期间寻求扩大社会援助，以期从长期角度出发，解决这一问题（ILO，2020a），其中包括将社会保护扩大到非正式工人（ILO，2020a）。然而，有限的财政空间可能会损害这方面的中期进展（ILO，2022f）。

东盟目的地国面临移民工人持续短缺的问题

新冠疫情导致东盟地区劳动力流动严重中断，影响了原籍国和目的地国的生计（ILO，即将出版）。对于净原籍国来说，海外就业，尤其是海外就业所创造的侨汇，是工人本身及其原籍国家人和亲属的主要生计来源。疫情期间，

国际移民工人的分布范围显著减少（见图2.5），返回原籍国的移民则在增加（ADBI，OECD and ILO，2022）。这导致部分国家的国际移民工人数量大幅下降（ILO，即将出版）。许多移民工人无法获得社会保护或其他措施（包括财政支持措施）的支持，因为这些措施大多只面向目的地国的本国公民，在这种情况下，移民工人别无选择，只能回到原籍国。①许多工人工资低、储蓄少、经济韧性差，如果工作中断期过长，他们就很难维持自己和家人的生活。

▶ 图2.5 2010~2020年部分东盟成员国有记录的移民工人外流情况

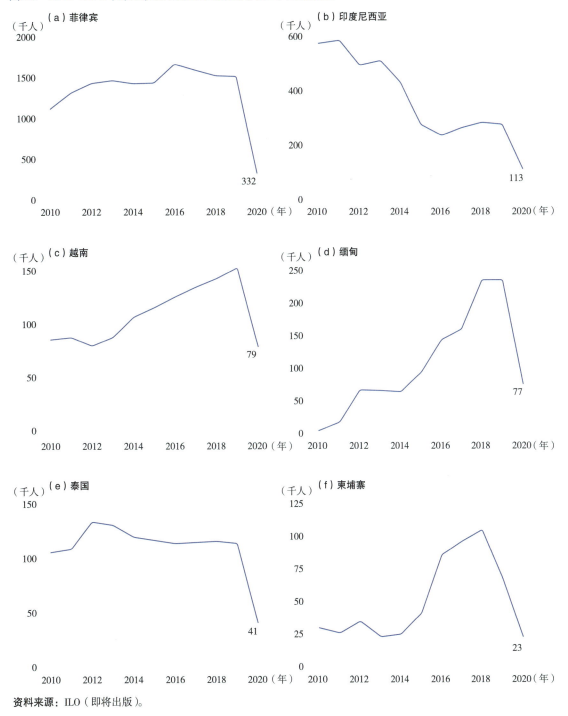

资料来源：ILO（即将出版）。

———————————
① 这些只是移民工人面临的部分困难，但这些困难决定了他们是否愿意、是否留在一个国家。其他挑战与检测和医疗服务、住房限制和工资支付有关（ILO，2020b；ADBI，OECD and ILO，2022）。

在文莱、马来西亚、泰国和新加坡等严重依赖移民工人的目的地国，企业仍在想方设法满足其劳动力需求。在疫情暴发之前（2019年），国际移民工人在新加坡就业人口中的占比接近40%，在文莱的占比为37%，在马来西亚的占比为14%，在泰国的占比为7%（ILO，即将出版）。尽管各国重新开放了边境，取消了疫情相关的旅行限制，但各国政府尚未完全开放劳动力流动通道，未能使劳动力移徙恢复到疫情前的水平。因此，严重依赖移民工人的行业出现了劳动力短缺，在这种情况下，行业团体和私营部门开始游说政府解决这个问题，提议为移民工人提供入境便利；将移民工人的非正规身份正规化（如泰国的做法）；与相关国家签订谅解备忘录，促进移民工人流入（ILO，即将出版）。尽管做了诸多努力，但在2022年末，许多行业团体仍然表示移民工人不足造成了严重的劳动力短缺，波及马来西亚的橡胶种植业和泰国的建筑业及制造业等多个行业。

东盟各国政府认为，劳动力流动对于恢复依赖移民的行业的经济产出至关重要。同时，经济增长恢复是决定东南亚劳动力移徙特点和规模的一个关键因素。例如，在马来西亚，农业部门就业总人口中，30%以上是移民工人；在新加坡，60%以上的工业部门工人是移民工人；在文莱，这一比例为56%（ILO，即将出版）。移民工人高度集中的行业包括制造业、建筑业、住宿和餐饮服务业以及家政业。2022年年中，马来西亚各行业报告了其用工短缺情况：制造业企业需要约60万名工人，建筑业需要55万名工人，棕榈油业需要12万名工人，芯片制造企业需要1.5万名工人（Lee，Latiff and Chu，2022）。在泰国，由于农业、建筑业、酒店和制衣等行业出现劳动力短缺，企业开始游说政府（Charoensuthipan，2022）。在新加坡，建筑业和加工业被列为特别需要移民工人（Heijmans，2022）的行业。应当指出，不能忽视移民的劳动和人权，这不仅是为了有关工人的利益，也是为了确保有一个公平的竞争环境，让劳动力市场能够更加有效地运作。

▶ 欧洲和中亚

2021年，欧洲和中亚地区从疫情中强劲复苏，经济增长率达到5.9%，2022年增长率为1.9%，预计2023年将放缓至0.7%。预计中期内年增长幅度较小。迅速变化的经济发展以及一些估计表明，2022年欧洲和中亚地区的收缩幅度甚至比预期更大（World Bank，2022i）。

由于俄乌冲突及其引发的经济和政治后果，2022年和2023年的增长率将大大低于先前的预测（World Bank，2022i）。地缘政治冲突继续对欧洲和中亚地区造成严重破坏。俄乌冲突，加上试图遏制通货膨胀的货币紧缩政策，导致该地区经济状况显著恶化，同时产生了很多重大溢出效应，如供应链中断导致移民流动增加、制造业产出减少、能源价格创历史新高，而欧洲对俄罗斯的贸易限制以及俄罗斯削减供应加剧了这些情况。欧洲的通货膨胀仍然居高不下，给家庭购买力带来相当大的风险；而中亚大多数经济体的物价上涨幅度达到了两位数。一些国家已经实施了限电措施。

欧洲和中亚地区的GDP增长存在相当大的异质性。冲突、全球经济放缓和物价上涨都不同程度地影响着该地区的各个国家。据估计，2022年北欧、东欧和西欧的增长率约为3.1%（IMF，2022b），而东欧的GDP预计将收缩，这主要是因为俄罗斯2022年GDP增长率下降了至少3%（IMF，2022b）。预计中亚一些经济体的经济前景将在2022年下半年有所改善（EBRD，2022）。俄罗斯和乌克兰的私营企业转移，使中亚次区域的几个国家受益。中亚货币已基本稳定到冲突爆发前的水平，主要城市的房地产正在蓬勃发展，作为中国商品再出口国的一些中亚国家正在发挥更大的作用。哈萨克斯坦和土库曼斯坦等石油出口国正从油价上涨中获益。

能源价格大幅上涨给欧洲的能源密集型行业带来了巨大压力。由于欧盟能源价格居高不下，能源密集型行业受到了非常严重的影响（Hollinger et al.，2022）。例如，西班牙制造业拥有约250万名员工，其产出占西班牙GDP的11%，消耗了该国约四分之一的天然气和电力（INE，2022）。这种情况迫使企业采取尽可能减少能源消耗的措施，如调整运营方式，但这类措施的作用可能有限，疫情期间的努力已经体现了这一点（Stemmler，2022）。一些欧盟国家正在积极干预，为能源密集型行业提供资金支持。例如，德国于2022年7月启动了一项50亿欧元的基金，以支持其风险敞口最大的行业，包括化工、玻璃和金属等行业（BMWK，2022）；然而，化解能源价格带来的全部影响需要大量资金支持，这种做法不可持续。

能源价格危机对欧洲就业的影响尚不清楚。虽然能源密集型行业直接雇用的工人只有一小部分在欧盟（总共约320万人，相当于欧盟27国就业人口的1.6%），但该地区约15%的工人受雇于整个工业部门（Bruyn et al.，2020）。竞争力和工业就业的任何下降都可能在该地区产生连锁反应，具体可能体现为宏观经济表现疲软、投资者信心下降或投入品价格上涨。从理论上讲，不断上涨的能源价格应该有助于欧洲加快低碳转型，更加意识到摆脱化石燃料的紧迫性，进而提高低碳能源和技术的相对可行性。能源价格上升可能还会带来其他方面的影响，例如，家庭能源支出增加会抑制需求，对不同部门的就业情况产生影响。

从长远来看，能源价格冲击可能会给新兴低碳行业带来更多创造就业的机会。与此同时，受不确定性和宏观经济疲软的影响，对绿色经济的投资可能会减少，至少在短期内会减少。鉴于欧洲公共财政状况不佳，各国政府将面临节省开支和将预算转向其他行业的压力，也就是说，投向清洁能源供应企业的资金可能

会减少。例如，包括德国在内的一些国家恢复了在工业和发电中使用煤炭的做法，尽管它们表示这只是临时措施，而且只在小范围内实施（European Commission，2022）。虽然面向绿色复苏的机会仍然存在，但如果此前对绿色经济的承诺出现任何倒退或淡化，都会给欧洲的就业带来风险。能源价格对欧洲就业的净影响是一个实时话题，需要在未来一年内予以密切关注。

欧洲和中亚地区劳动力市场趋势

2022年的就业增长差异反映了经济形势差异。除东欧外，该地区其他次区域在2021年走出了疫情影响，实现了相对强劲的就业增长（见表2.5）。2022年延续了上一年的就业增长模式，整个地区的就业增长率达到1.6%。这一数字掩盖了区域内的巨大差异：中亚和西亚的就业增长了3.4%，领跑全地区；东欧的就业增长则下降了约0.7%；北欧、南欧和西欧的就业增长了2.4%。与此同时，整个地区的失业率预计将大幅下降，失业人口降幅超过300万人，相当于失业率下降了0.7个百分点。

俄乌冲突的后果已经很明显，但对欧洲和中亚地区劳动力市场的全面影响尚不清楚。根据国际劳工组织2022年10月的估算，仅乌克兰就失去了240万个工作岗位（ILO，2022g）。联合国难民事务高级专员办事处（UNHCR）报告称，截至2022年10月，欧洲有700万多来自乌克兰的难民，其中，波兰有140万人，德国有80万人（UNHCR，2022）。难民流入对相关国家国内劳动力市场、社会保险制度和公共服务的影响尚不明确，涉及的国家包括邻国匈牙利、摩尔多瓦、波兰、罗马尼亚和斯洛伐克等（ILO，2022h）。对于青年而言，他们本来就极易受到经济不活跃和不确定性的伤害，而疫情造成的劳动力利用不足和俄乌冲突的余波只会加重他们所受的创伤；经验差距和技能过时将增加长期失业和就业不足的可能性（World Bank，2022j）。

中亚复杂而矛盾的经济因素将决定该次区域2023年的劳动力市场前景。中亚几个国家从乌克兰的动荡中看到了意料之外的短期利益，其中包括碳氢化合物出口收入的激增。2022年上半年，由于俄罗斯对移民工人的需求大幅上升和卢布升值30%，乌兹别克斯坦收到了更多的来自俄罗斯的侨汇，与2021年同期相比，侨汇金额增加了96%（Warren，2022）。俄罗斯和白俄罗斯的大量企业主尝试将业务转移到哈萨克斯坦和乌兹别克斯坦等国，由此推动了这两个国家私营部门的强劲增长（Warren，2022）。然而，俄罗斯的经济前景似乎很黯淡，而且非常不稳定。这可能会削弱中亚的就业前景，因为该次区域与俄罗斯有着密切的贸易和移民工人联系。

▶ 表2.5　2019~2024年欧洲和中亚及其次区域的工时、就业、失业及劳动力的估算值与预测值

区域/次区域	每周总工时与15~64岁人口的比率						以全职等价工时表示的总工时（FTE=48小时/周）（百万小时）					
	2019	2020	2021	2022	2023	2024	2019	2020	2021	2022	2023	2024
欧洲和中亚	25.8	23.8	25.1	25.4	25.4	25.5	327	301	317	320	320	320
北欧、南欧和西欧	26.1	23.9	25.3	26.2	26.0	26.1	158	145	153	158	156	156
东欧	26.9	25.5	26.3	25.1	25.5	25.6	110	103	106	100	101	101
中亚和西亚	23.5	20.8	22.6	24.0	23.9	24.0	59	53	58	62	63	63

区域/次区域	就业人口比（%）						就业人口（百万人）					
	2019	2020	2021	2022	2023	2024	2019	2020	2021	2022	2023	2024
欧洲和中亚	54.5	53.4	53.9	54.7	54.5	54.2	416	408	412	419	418	417
北欧、南欧和西欧	54.4	53.4	53.7	54.9	54.6	54.4	208	205	206	211	211	211
东欧	56.6	55.7	56.1	56.0	55.8	55.3	139	136	136	135	134	133
中亚和西亚	51.2	49.5	50.8	51.9	51.8	51.6	69	67	70	72	73	73

区域/次区域	失业率（%）						失业人口（百万人）					
	2019	2020	2021	2022	2023	2024	2019	2020	2021	2022	2023	2024
欧洲和中亚	6.6	7.0	6.9	6.1	6.3	6.3	29.4	30.9	30.4	27.3	28.2	28.2
北欧、南欧和西欧	6.9	7.3	7.3	6.3	6.6	6.6	15.5	16.2	16.3	14.2	14.9	14.8
东欧	4.7	5.6	5.2	5.0	5.1	5.1	6.9	8.0	7.5	7.1	7.1	7.2
中亚和西亚	9.2	9.0	8.7	7.7	7.8	7.8	7.0	6.7	6.6	6.0	6.1	6.2

区域/次区域	劳动力参与率（%）						劳动力（百万人）					
	2019	2020	2021	2022	2023	2024	2019	2020	2021	2022	2023	2024
欧洲和中亚	58.4	57.5	57.9	58.3	58.1	57.8	445	439	443	446	446	445
北欧、南欧和西欧	58.5	57.6	57.9	58.6	58.5	58.3	224	221	223	226	226	225
东欧	59.4	59.0	59.2	59.0	58.8	58.3	145	144	144	142	141	140
西亚	56.4	54.4	55.6	56.2	56.1	56.0	76	74	76	78	79	80

资料来源：国际劳工组织劳工统计数据库，国际劳工组织模型估算，2022年11月。

欧洲和中亚地区的经济前景可能继续存在相当大的不确定性。俄乌冲突不断发展变化，而且带来了各种后果，这使得欧洲和中亚地区的预期变得高度不确定。制裁对俄罗斯及其邻国的影响仍然存在很多疑问。能源配给已经对主要行业产生了负面影响，在其他条件不变的情况下，将严重拖累2023年欧洲和中亚地区的增长。尽管现在还很难断定通胀压力是否会在

2023年初消退，但该地区内部的巨大差异将继续存在。预计东欧、中亚和西亚的GDP将略有上升。2023年俄罗斯的GDP将下降3.5%，没有2022年那么严重。受能源成本上涨和外部需求减少的拖累，欧元区的增长率将勉强超过1%。预计德国和意大利等主要经济体的外部需求下降将尤为严重。

失业率预计将继续小幅上升。 鉴于广泛存在的不确定性和疲弱的经济增长，预计2023年和2024年失业人口和失业率将呈上升趋势。北欧、南欧和西欧的失业率将在2023年小幅上升至6.6%，并在2024年保持这一水平。其他次区域的失业率将有不同程度的上升。预计2024年东欧的失业率将小幅上升至5%，高于疫情前的4.7%。预计2023年和2024年中亚和西亚的失业率将略微上升至7.8%，仍然大大低于2019年疫情前9.2%的水平。

劳动力增长是欧洲和中亚地区面临的重大挑战

失业率改善在一定程度上可归因于劳动力参与率的下降。[1]欧洲和中亚地区虽然经济形势不佳，但失业形势却继续保持在合理区间内，这可在一定程度上归因于人口老龄化背景下劳动力参与率的下滑。2019~2024年，欧洲和中亚的劳动力参与率预计将下降0.5个百分点；东欧与中亚及西亚次区域的参与率将分别下降1.1个百分点和0.5个百分点。这种状况与企业行为密切相关，因为总体失业率下降有可能表明就业机会在增加，经济活动在扩张，但是失业率下降和劳动力减少并存则意味着企业正在努力寻找其运营所需的劳动力和技能，在这个过程中，可能会出现更多技能错配的情况，进而导致劳动力囤积（Colijn and Biehl, 2022）[2]。

劳动力参与率已经是全世界最低。 在过去几年里，几个地区的劳动力参与率有所下降，这种现象在疫情高峰期很常见，因为当时许多工人不再寻找工作。[3]但是，疫情高峰期之后，欧洲和中亚的劳动力参与率仍然不高，预计2024年该地区的劳动力参与率特别低（见图2.6）。阿拉伯国家的劳动力参与率也比较低，这是因为该地区女性劳动力参与率很低，而欧洲和中亚的男性劳动力参与率是世界上最低的（见第1章）。

▶ 图2.6 按国际劳工组织区域及次区域划分的2024年预估劳动力参与率

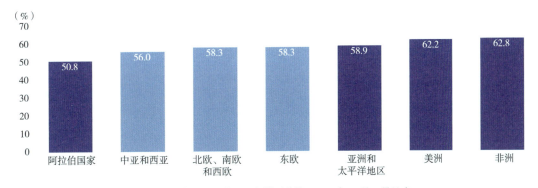

资料来源：国际劳工组织劳工统计数据库，国际劳工组织模型估算，2022年11月。另见表2.2。

劳动力不断减少加剧了地区面临的挑战。 2020年疫情最严重时，国际劳工组织所覆盖的所有区域（非洲和阿拉伯国家除外）的劳动力都在减少。然而，自疫情高峰期过后，大多数

---

① 失业率是指总失业人口占总劳动人口的比例。
② 关于全球劳动力短缺和囤积的进一步分析，参见第1章。
③ 劳动力参与率下降还可归因于人口老龄化和壮年男性劳动力参与率下降等一些结构性因素。

地区的劳动力都恢复了正增长。欧洲和中亚地区是个例外，预计在2023年和2024年间，该地区的劳动力进一步减少，但这一预测掩盖了地区内部的巨大差异。例如，预计未来两年中亚和西亚的劳动力将保持增长，但增速比其他地区慢；北欧、南欧、西欧和东欧的劳动力将大幅下降（见图2.7）。整体来看，2022~2024年，欧洲和中亚这两个次区域将减少近240万劳动力。劳动力萎缩意味着该地区需要优先考虑提高生产力和增加投资，以便在中期内维持经济增长。欧洲许多农村地区可能会受到人口老龄化和人口减少的冲击。这种趋势将影响农村劳动力的构成、农业生产和农村经济表现，以及农村社区的社会经济组织，甚至环境。因此，劳动力减少可能对生计和粮食安全以及农村经济的活力和吸引力都产生重大影响（ILO，2022b）。

▶ 图2.7　按国际劳工组织区域及次区域划分的2022~2024年预估劳动力增长率

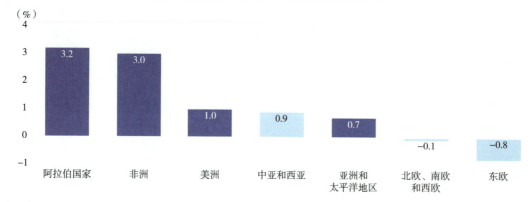

资料来源：国际劳工组织劳工统计数据库，国际劳工组织模型估算，2022年11月。

参考文献

▶ ADB (Asian Development Bank). 2022a. *Asian Development Outlook (ADO) 2022: Mobilizing Taxes for Development*. http://dx.doi.org/10.22617/FLS220141-3.

▶ ———. 2022b. *Pacific Economic Monitor: Financing Resilience to Mitigate the Pacific's Climate Vulnerability*. https://www.adb.org/publications/pacific-economic-monitor-august-2022.

▶ ADBI, OECD (Organisation for Economic Co-operation and Development), and ILO. 2022. *Labour Migration in Asia: COVID-19 Impacts, Challenges and Policy Responses*.

▶ AfDB (African Development Bank). 2022. *African Economic Outlook 2022*. https://www.afdb.org/en/documents/african-economic-outlook-2022.

▶ BEA (Bureau of Economic Analysis). 2022. "Gross Domestic Product (Third Estimate), Corporate Profits (Revised Estimate), and GDP by Industry, Second Quarter 2022 and Annual Update". *BEA Wire*, 29 September 2022. https://www.bea.gov/news/blog/2022-09-29/gross-domestic-productthird-estimate-corporate-profits-revised-estimate-and.

▶ BMWK (Federal Ministry for Economic Affairs and Climate Action). 2022. "€5 Billion Aid Programme Launched for Energy-Intensive Industry", 14 July 2022. https://www.bmwk.de/Redaktion/EN/Pressemitteilungen/2022/07/20220714-5-billion-euros-aid-programme-launchedfor-energy-intensive-industry.html.

▶ Bruyn, Sander de, Chris Jongsma, Bettina Kampman, Benjamin Görlach, and Jan-Erik Thie. 2020. *Energy-Intensive Industries: Challenges and Opportunities in Energy Transition*. European Parliament. https://www.europarl.europa.eu/RegData/etudes/STUD/2020/652717/IPOL_STU(2020)652717_EN.pdf.

▶ Charoensuthipan, Penchan. 2022. "Doubt Raised over Labour Plan". *Bangkok Post*, 10 April 2022. https://www.bangkokpost.com/thailand/special-reports/2296134/doubt-raised-over-labour-plan.

▶ Chen, C., I. Noble, J. Hellmann, J. Coffee, M. Murillo, and N. Chawla. 2015. "University of Notre Dame Global Adaptation Index", Country Index Technical Report. https://gain.nd.edu/assets/254377/nd_gain_technical_document_2015.pdf.

▶ Colijn, Bert, and Franziska Biehl. 2022. "Eurozone Labour Market: From Short-Time to Shortfalls". ING, 19 July 2022. https://think.ing.com/articles/eurozone-labour-market-from-shorttime-to-shortfalls.

▶ de Bel Air, Francois. 2019. *Demography, Migration, and Labour Market in Kuwait*. Gulf Labour Markets and Migration. https://gulfmigration.grc.net/media/pubs/exno/GLMM_EN_2019_03.pdf.

▶ DTM (Displacement Tracking Matrix). 2021. "Climate and Migration in East and the Horn of Africa: Spatial Analysis of Migrants' Flows Data", 16 August 2021. https://dtm.iom.int/reports/climate-and-migration-east-and-horn-africa-spatial-analysis-migrants'-flows-data.

▶ EBRD (European Bank of Reconstruction and Development). 2022. "Regional Economic Prospects". https://www.ebrd.com/what-we-do/economic-research-and-data/rep.html.

▶ ECLAC (Economic Commission for Latin America and the Caribbean). 2022. "Growth Projections for Latin America and the Caribbean 2022–2023". https://www.cepal.org/sites/default/files/pr/files/proyecciones_2022-2023_in.pdf.

▶ ECLAC and ILO. 2021. "Policies to Protect Labour Relations and Hiring Subsidies amid the COVID-19 Pandemic", Employment Situation in Latin America and the Caribbean No. 25 (LC/TS.2021/163). https://repositorio.cepal.org/bitstream/handle/11362/47511/3/S2100694_en.pdf.

▶ European Commission. 2022. "State Aid: Commission Approves €450 Million German Measure to Replace Electricity Generation amid Russian Natural Gas Shortages", 30 September 2022.https://ec.europa.eu/commission/presscorner/detail/en/IP_22_5919.

▶ GASTAT (General Authority of Statistics). 2022. "Labor Market Statistics, Q2 2022". Kingdom of Saudi Arabia. https://www.stats.gov.sa/en/814.

▶ Gatti, Roberta, Daniel Lederman, Asif M. Islam, Christina A. Wood, Rachel Yuting Fan, Rana Lotfi, Mennatallah Emam Mousa, and Ha Nguyen. 2022. "Reality Check: Forecasting Growth in the Middle East and North Africa in Times of Uncertainty", MENA Economic Update. World Bank. https://openknowledge.worldbank.org/handle/10986/37246.

▶ Heijmans, Philip. 2022. "Singapore Aims to Clear Foreign Labor Crunch in 'Few Months'". *Bloomberg*, 2 March 2022. https://www.bloomberg.com/news/articles/2022-03-02/singapore-aimsto-clear-foreign-worker-shortage-in-few-months#xj4y7vzkg.

▶ Hollinger, Peggy, Sarah White, Madeleine Speed, and Marton Dunai. 2022. "Will the Energy Crisis Crush European Industry?" *Financial Times*, 18 October 2022. https://www.ft.com/content/75ed449d-e9fd-41de-96bd-c92d316651da.

▶ ILO. 2018a. "The Employment Impact of Climate Change Adaptation", Input Document for the G20 Climate Sustainability Working Group. https://www.ilo.org/wcmsp5/groups/public/---ed_emp/documents/publication/wcms_645572.pdf.

▶ ———. 2018b. *World Employment and Social Outlook 2018: Greening with Jobs*. https://www.ilo. org/global/publications/books/WCMS_628654/lang--en/index.htm.

▶ ———. 2019. *Working on a Warmer Planet: The Effect of Heat Stress on Labour Productivity and Decent Work*. https://www.ilo.org/wcmsp5/groups/public/---dgreports/---dcomm/---publ/documents/publication/wcms_711919.pdf.

▶ ———. 2020a. *Asia–Pacific Employment and Social Outlook 2020: Navigating the Crisis towards a Human-Centred Future of Work*. https://www.ilo.org/asia/publications/WCMS_764084/lang--en/index.htm.

▶ ———. 2020b. "Protecting Migrant Workers during the COVID-19 Pandemic: Recommendations for Policy-Makers and Constituents", ILO Policy Brief. https://www.ilo.org/wcmsp5/groups/public/---ed_protect/---protrav/---migrant/documents/publication/wcms_743268.pdf.

▶ ———. 2022a. *World Employment and Social Outlook: Trends 2022*. https://www.ilo.org/global/research/global-reports/weso/trends2022/WCMS_834081/lang--en/index.htm.

▶ ———. 2022b. "Advancing Social Justice and Decent Work in Rural Economies", ILO Policy Brief. https://www.ilo.org/wcmsp5/groups/public/---ed_dialogue/---sector/documents/briefingnote/wcms_858195.pdf.

▶ ———. 2022c. *Weak Growth and the Global Crisis Are Holding Back the Recovery of the Employment in Latin America and the Caribbean*. https://www.ilo.org/wcmsp5/groups/public/---americas/---rolima/documents/

publication/wcms_854778.pdf.

▶ ———. 2022d. *Global Employment Trends for Youth 2022: Investing in Transforming Futures for Young People*. https://www.ilo.org/global/publications/books/WCMS_853321/lang--en/index.htm.

▶ ———. 2022e. "Employment in Myanmar in the First Half of 2022: A Rapid Assessment", ILO Brief. https://www.ilo.org/asia/publications/issue-briefs/WCMS_852682/lang--en/index.htm.

▶ ———. 2022f. *Asia–Pacific Employment and Social Outlook 2022: Rethinking Sectoral Strategies for a Human-Centred Future of Work*. https://www.ilo.org/asia/publications/WCMS_862410/lang--en/index.htm.

▶ ———. 2022g. *ILO Monitor on the World of Work. 10th Edition. Multiple Crises Threaten the Global Labour Market Recovery*. https://www.ilo.org/wcmsp5/groups/public/---dgreports/---dcomm/---publ/documents/briefingnote/wcms_859255.pdf.

▶ ———. 2022h. "The Impact of the Ukraine Crisis on the World of Work: Initial Assessments", ILO Briefing Note. https://www.ilo.org/europe/publications/WCMS_844295/lang--en/index.htm.

▶ ———. Forthcoming. "Resumption of Labour Migration and Regional Cooperation: Thematic Background Paper for the 15th ASEAN Forum on Migrant Labour".

▶ IMF (International Monetary Fund). 2022a. *World Economic Outlook, Update: Gloomy and More Uncertain*. https://www.imf.org/en/Publications/WEO/Issues/2022/07/26/world-economic-outlookupdate-july-2022.

▶ ———. 2022b. *World Economic Outlook: Countering the Cost-of-Living Crisis*. https://www.imf.org/en/Publications/WEO/Issues/2022/10/11/world-economic-outlook-october-2022.

▶ ———. 2022c. *Regional Economic Outlook, Sub-Saharan Africa: Living on the Edge*. https://www.imf.org/en/Publications/REO/SSA/Issues/2022/10/14/regional-economic-outlook-for-sub-saharanafrica-october-2022.

▶ ———. 2022d. *World Economic Outlook: War Sets Back the Global Recovery*. https://www.imf.org/en/Publications/WEO/Issues/2022/04/19/world-economic-outlook-april-2022.

▶ INE (Instituto Nacional de Estadística). 2022. "INEbase: Industry, Energy and Construction". https://www.ine.es/dyngs/INEbase/en/categoria.htm?c=Estadistica_P&cid=1254735570688.

▶ IRENA (International Renewable Energy Agency). 2020. "Energy Innovation for a Green Recovery in Africa", 14 September 2020. https://www.irena.org/newsroom/articles/2020/Sep/Energy-Innovation-for-a-Green-Recovery-in-Africa.

▶ Lee, Liz, Rozanna Latiff, and Mei Mei Chu. 2022. "Malaysia Firms Turn Down Orders as Migrant Labour Shortage Hits". *Reuters*, 13 June 2022. https://www.reuters.com/world/asia-pacific/malaysia-firms-turn-down-orders-migrant-labour-shortage-hits-2022-06-13/.

▶ MacDonald, Fiona. 2022. "One of the World's Wealthiest Oil Exporters Is Becoming Unlivable". *Bloomberg*, 16 January 2022. https://www.bloomberg.com/news/articles/2022-01-16/kuwait-awealthy-oil-exporter-is-becoming-unlivable.

▶ ManpowerGroup. 2022a. "The United States' Talent Shortage". https://go.manpowergroup.com/hubfs/Talent%20Shortage%202022/MPG_2022_TS_Infographic-US.pdf.

▶ ———. 2022b. "Canada's 2022 Talent Shortage". https://go.manpowergroup.com/hubfs/Talent%20Shortage%202022/MPG_2022_TS_Infographic-Canada.pdf.

▶ Mati, Amine, and Sidra Rehman. 2022. "Saudi Arabia to Grow at Fastest Pace in a Decade". IMF, 17 August 2022. https://www.imf.org/en/News/Articles/2022/08/09/CF-Saudi-Arabia-to-grow-atfastest-pace.

▶ PSA (Planning and Statistics Authority). 2020. "Qatar Census 2020: Economic Characteristics of the Population". State of Qatar. https://www.psa.gov.qa/en/statistics1/StatisticsSite/Census/Census2020/res/Pages/economic.aspx.

▶ Stemmler, Henry. 2022. "The Effects of COVID-19 on Businesses: Key versus Non-key Firms", ILO Working Paper No. 77. https://www.ilo.org/wcmsp5/groups/public/---dgreports/---inst/documents/publication/wcms_855012.pdf.

▶ UNCTAD (United Nations Conference on Trade and Development). 2022. *Trade and Development Report 2022. Development Prospects in a Fractured World: Global Disorder and Regional Responses*. https://unctad.org/system/files/official-document/tdr2022_en.pdf.

▶ UNDESA (United Nations Department of Economic and Social Affairs). 2022. *World Population Prospects 2022.*

▶ UNHCR (United Nations High Commissioner for Refugees). 2022. "Operational Data Portal: Ukraine Refugee Situation". https://data.unhcr.org/en/situations/ukraine.

▶ US Bureau of Labor Statistics. 2022. "Economic News Release: Job Openings and Labor Turnover Summary", 30 November 2022. https://www.bls.gov/news.release/jolts.nr0.htm.

▶ Warren, Marcus. 2022. "Regional Economic Prospects, September 2022: A Cold Winter Ahead. Confronting the Energy Crisis". EBRD, 28 September 2022. https://www.ebrd.com/news/2022/reduced-gas-supplies-and-inflation-to-slow-growth-further-in-ebrd-regions.html.

▶ World Bank. 2020. *Convergence: Five Critical Steps toward Integrating Lagging and Leading Areas in the Middle East and North Africa*. https://openknowledge.worldbank.org/handle/10986/33187.

▶ ———. 2022a. "The World Bank in Africa: Overview", 13 April 2022. https://www.worldbank.org/en/region/afr/overview.

▶ ———. 2022b. *Global Economic Prospects, June 2022.* https://openknowledge.worldbank.org/handle/10986/37224.

▶ ———. 2022c. *G5 Sahel Region Country Climate and Development Report.* https://openknowledge.worldbank.org/handle/10986/37620.

▶ ———. 2022d. "Uneven Recovery in Latin America and the Caribbean: Are Women Being Left Behind?" Working Paper. https://openknowledge.worldbank.org/handle/10986/37685.

▶ ———. 2022e. *Gulf Economic Update: Achieving Climate Change Pledges.* https://www.worldbank.org/en/country/gcc/publication/gulf-economic-update-achieving-climate-change-pledges.

▶ ———. 2022f. *Reforms for Recovery: East Asia and Pacific Economic Update, October 2022.* https://www.worldbank.org/en/publication/east-asia-and-pacific-economic-update#5.

▶ ———. 2022g. "South Asia: Overview", 6 October 2022. https://www.worldbank.org/en/region/sar/overview.

▶ ———. 2022h. *South Asia Economic Focus. Reshaping Norms: A New Way Forward.* https://www.worldbank.org/en/region/sar/publication/south-asia-economic-focus.

▶ ———. 2022i. *Europe and Central Asia Economic Update: Social Protection for Recovery.* https://www.worldbank.org/en/region/eca/publication/europe-and-central-asia-economic-update.

▶ ———. 2022j. *Europe and Central Asia Economic Update, Fall 2022: Social Protection for Recovery.* https://openknowledge.worldbank.org/handle/10986/38098.

第3章

全球生产力趋势：依靠数字经济恢复增长？

▶ 全球生产力低增长环境下的宏观经济挑战

持续的生产力增长对于增加收入和维持福祉水平至关重要，这也是公正过渡的关键。如果建立了适当的劳动力市场制度，每名工人和每小时工作产出的增加就会转化为更高的工资，从长期来看通常会带来更高的就业增长率。[①]生产力的稳定增长为政府提供了实施社会和经济政策的必要空间，可以减少不平等，为公民提供机会，并为其带来更多非金钱方面的福祉，如缩短工作时间、加强职业安全和健康以及提供广泛的社会保护。更高的生产力水平还可以推动向净零经

---

① 参见Semmler and Chen（2018），Autor and Salomons（2017），Benigno，Ricci and Surico（2015），Nordhaus（2005）and Walsh（2004），等等。

济的公正过渡，为环境保护和脱碳措施提供资源。[①]因此，需要建立良好的宏观经济和制度环境，在这种环境中促进生产力增长，并以社会公正的方式分享生产力增长所带来的好处，在这方面，决策者和社会伙伴有着共同的利益。

生产力增长本身并不是目的。更高的生产力只是意味着，平均而言，每名工人能提供更多的经济产出。[②]包括环境可持续性在内的许多其他方面的福祉并未被纳入劳动生产率测算标准；需要遵守各类体制机制，如国际劳工标准和社会对话等，才能使生产力增长带来的好处在全社会得到公平和广泛的分配。生产力不增长或增长缓慢，将限制分享增长收益的可能性。因此，低生产力增长会阻碍社会正义（见第1章）。

目前，在世界大部分地区都观察到了生产力增速下降的长期趋势，这给政策制定者带来了挑战。生产力增长放缓始于20世纪80年代初的第二次石油价格冲击，最初只出现在发达国家（地区），但现在已成为所有区域和所有收入组别国家（地区）面临的重大问题（见图3.2和图3.3）。关于是何种因素导致了这种长期下降，一直存在争议，生产力增速的普遍下降被称为悖论，因为一方面新技术在快速发展且可得可用，另一方面生产力增速却在下降。在全球范围内，从1990年到2009年全球金融与经济危机期间，劳动生产率增长略有加快，一些新兴和发展中经济体在物质生活水平方面缩小了与发达经济体的差距（见OECD，2015；图3.1、图3.2和图3.3）。然而，今天几乎所有主要经济体都面临着生产力放缓的问题（Goldin et al.，即将出版）。

提高劳动生产率是影响国家发展道路的重要因素。新兴市场国家的生产力增速历来较高，这些国家在减少贫困和改善其他社会指标方面取得了很大成功。事实表明，至少自2010年以来，新兴市场国家的生产力增速开始下降，导致过去十年全球在提高及均衡生活水平方面不尽如人意（Dieppe，2021；见图3.3和图3.4）。显然，更高的生产力增速本身并不能自动改善社会福祉。高劳动生产率本身既不等同于，也不是社会正义或可持续发展的充分条件，因为对于社会正义和可持续发展而言，本章未关注重点的一些其他因素发挥着重要作用，如关于健康、性别平等和可持续消费的联合国可持续发展目标。[③]

2022年宏观经济环境发生了根本性变化，2023年的前景相当黯淡。目前，全球宏观经济环境正在急剧变化，劳动生产率的增长率不断下降。如果接下来十年全球生产力增长仍然持续低迷，那么可能会加剧本已严峻的宏观经济形势（ILO，2022a）。虽然大多数国家仍在努力应对新冠疫情的经济和社会影响，调整疫情相关措施，但几个宏观经济关键指标已经发生了改变。

第一，一系列不利因素引发了持续的通货膨胀压力（OECD，2022）。疫情防控措施限制了人员和货物的流动，扰乱了供应链，给企业带来了额外的合规成本。例如，中国是成品、半成品和零部件的重要供应国，由于疫情导致人员和货物流动受阻，对中国本身和世界其他地区都产生了影响。第二，由于俄乌冲突以及相关的地缘政治紧张局势和经济制裁，能源和粮食价格飙升，某些大宗商品短缺，导致多个行

---

① 经济发展和环境污染遵循环境库兹涅茨曲线，污染在经济发展水平较低时加重，达到一定阈值后开始下降。持续的生产力增长对于达到这一阈值以及使经济增长不以破坏环境为代价（包括经济脱碳）都至关重要。有关这些问题的深入讨论，参见Chen，Ma and Valdmanis（2021），Wang，Zhu and Zhang（2021），Wang，Assenova and Hertwich（2021），以及Badulescu et al.（2020）。

② 除非另有说明，本章中的"劳动生产率"一般是指工人的人均GDP。专栏3.1详细讨论了不同的生产力测算标准及其含义与局限性。

③ https://www.ilo.org/global/topics/sdg-2030/targets/lang--en/index.htm.联合国可持续发展目标8.2明确提到了生产力目标："通过多样化经营、技术升级和创新，包括通过关注高附加值和劳动密集型行业，实现更高水平的经济生产力"。生产力也是可持续发展目标2下关于消除饥饿（具体目标2.3）的重要内容，其中提到，到2030年，将脆弱的小规模粮食生产者的农业生产力和收入翻一番。

业出现生产延误，如建筑业。第三，为应对通货膨胀压力，世界各国央行开始收紧货币政策，提高短期利率。这让各国央行陷入两难境地：如果采取货币紧缩政策降低通胀，代价是企业、家庭和政府的融资成本上升，这可能会导致严重的经济衰退。而以更高的利率提高融资成本也意味着企业投资的机会成本增加，有些投资可能没有回报。第四，发达经济体的某些行业已经开始出现劳动力短缺，如医疗卫生、旅游、航空运输和物流业。在这些服务行业中，有的因为工资低、缺乏体面的工作条件以及人口老龄化，越来越难以吸引和招到工人。此类劳动力短缺限制了各国扩大商品和服务总供应的能力，可能会加剧通货膨胀。

此外，政府和企业承诺在相对较短的时间内大幅减少温室气体排放。实现这些目标需要对新生产工艺和新基础设施进行大规模投资，但是这些投资在中短期内不会有多少明显的经济回报。缓解气候变化政策能够产生哪些近期宏观经济影响，对于这方面的预期，尚未达成有效共识（IMF，2022）。一些估计预测，2050年后缓解气候变化政策将带来巨大的宏观经济利益，而另一些则预测，在产生经济利益之前，全球GDP增长将以每年至少0.15~0.25个百分点的速度下降（IMF，2022）。[①]无论绿色过渡给未来带来的是宏观经济利益，还是高昂代价，现在都需要大量投资，[②]在生产力低增长环境中，这个数量级的资金分配可能会变得越来越难。另一个引人注目的事实是，在过去30年里，国际经济危机似乎变得更加频繁。反复出现的负面冲击将拉平世界的增长轨迹，阻碍劳动生产率的提高，在此过程中，经济制度是否变得更容易受到这些冲击的影响？这个问题有待继续观察。

上述因素已经导致**经济增长放缓，预计2023年全年经济增长都将保持低迷状态**（IMF，2022；OECD，2022）。主权债务融资、企业信贷和抵押贷款的成本将变得更高，历史性的低息环境可能不复存在，通货膨胀不断加速，提高薪酬的诉求越来越多（工资增加至少可以补偿工人的实际工资损失），这些新情况给企业、家庭、工人和政府都带来了重大挑战。能源和粮食价格急剧上涨可能造成人们生活困难，尤其是低收入家庭，还有可能使世界上最贫穷的经济体面临更加严重的粮食安全风险（OECD，2022）。更高的劳动生产率增长可以促进工资上涨，缓解企业和工人面临的通胀压力。

这些事态发展再次引起人们对以下事实的关注：许多经济体的生产力增速很低，有些经济体甚至存在几十年来生产力一直下降的情况。在当前的市场环境下，对企业而言，生产力低增长意味着它们的生存将变得越来越难；对工人而言，这意味着他们获得更高收入、改善家庭物质条件的机会变得越来越少。如果大规模经济转型只能带来极其有限的生产力提高，那么政府就不可能推动这样的转型。

本章回顾并讨论了世界各地劳动生产率增长的长期趋势。这里提供的经验证据表明，许多国家和地区正在努力促进和保持较高的劳动生产率增长率。生产力在几十年前开始放缓，当时这只是存在于发达经济体的一种现象，而现在几乎影响到了所有国家和地区。

一方面，数字技术发展迅速且可用性越来越强；另一方面，生产力在下降，许多人将此视为悖论。问题是否出在前沿领域？是否因为数字技术无法提供过去其他技术能够提供的经济利益规模？还是存在阻止生产力收益产生和广泛分配的其他障碍？关于这个问题，本章强调了**劳动力市场因素作为劳动生产率增长的关键驱动因素的重要性，对发达经济体和发展中经济体都是如此**。劳动力市场制度和劳动力市场政策不仅对加快生产力增长至关重要，而且对确保生产力收益一旦获得就能被公正分配也至关重要。在关于生产力的争论中，这类劳动力市场因素往往没有得到充分重视，因此应给予更多关注。

[①]　例如，参见https://www.oxfordmartin.ox.ac.uk/news/decarbonise-energy-to-save-trillions/。

[②]　例如，国际货币基金组织估计，在2050年之前，每年需要3万~6万亿美元的投资（Georgieva and Adrian，2022）。

技术和对技术的投资只有与对人的投资同步进行时，才能带来更高的生产力增长。共同努力，大力加强对适当技术和人员的投资，有望成为将生产力增长提高到过去水平的一种方式。对劳动力市场因素的分析还涉及履行国际劳工组织使命所需的核心政策，其中包括维护劳动力市场制度的根本作用，即创造更加公平、更加有效的劳动力市场。

▶ 全球生产力趋势和结构性转变

生产率是经济产出与经济投入的比率（见专栏3.1）。国家层面人均产出的增加是提高生活水平的重要因素。2021年，高收入国家（地区）普通工人的平均产出为10.4295万美元（按购买力平价计算），而低收入国家（地区）普通工人的人均产出为5705美元。这意味着高收入国家（地区）工人的生产力大约是低收入国家（地区）工人的18倍。1991年时这一差距为14倍，但在1991~2021年，高收入国家（地区）的人均产出增加了约3.3万美元（按购买力平价计算），而低收入国家（地区）仅增加了约800美元。也就是说，在这30年间，高收入国家（地区）的劳动生产率增长了46%，而低收入国家（地区）仅增长了16%。整体而言，中等收入国家（地区）在缩小生产力差距方面更为成功。1991年，高收入国家（地区）工人的生产力是中等偏上收入国家（地区）工人的5~6倍（2021年降至2.5倍），是中等偏下收入国家（地区）工人的7~8倍（2021年降至5倍）。

在类似条件下，从长远来看，经济发展水平较低的国家（地区）有望通过更高的生产力增速赶上发达经济体。[1]然而，数据显示的情况并非如此。选取更长的时间范围，同时比较1970~2020年不同地区的工人人均产出比率可以发现，许多发展中国家（地区）未能赶上更先进的地区。换句话说，发展中国家（地区）没有与发达国家（地区）趋同，至少没有大规模

趋同，它们追赶的步伐还不够快。帕特尔、桑德弗尔和萨勃拉曼尼亚（Patel, Sandefur and Subramanian, 2021）的研究表明，与收入较高的国家（地区）相比，低收入国家（地区）的人均增长在1995年后略有加快（贝塔收敛），但是根据他们的估算，一个典型的发展中国家（地区）需要约175年的时间才能缩小与一个典型发达经济体一半的生产力差距。以美国人均GDP为基准，证实了各地区之间缺乏生产力趋同（见图3.1）。

发展中国家（地区）未能缩小与发达经济体的生产力差距。图3.1（a）显示，在半个多世纪的时间里，只有少数几个区域的生产力勉强接近美国的水平。[2]该图还表明，一方面，中国自20世纪80年代以来，以及中东欧和中亚地区自21世纪头几年以来取得了显著的进步；另一方面，自20世纪80年代初以来，拉丁美洲的生产力水平距离美国越来越远。到20世纪90年代，西欧几乎赶上了美国，但此后又开始分化；目前西欧的劳动生产率比美国低了约25%。缩小生产力差距是一个巨大的挑战，举例而言，中国已成功将劳动生产率提高到接近发达经济体的水平，但如果中美两个经济体都以2012~2021年的平均增长率增长，中国还需要再花24年时间才能超过美国的劳动生产率水平（以2021年国际美元购买力平价衡量）。

---

① 经济增长方面的文献使用了贝塔收敛和西格玛收敛的概念。贝塔收敛分析贫穷国家或地区是否会赶上富裕国家或地区，并描述了国家或地区趋同的速度。西格玛收敛着眼于国家或地区之间的收入不平等或差异，并分析收入分配差距是否在缩小（例如，Furceri, 2005）。

② 这些区域划分不同于本章其他地方使用的国际劳工组织的区域和次区域划分。

▶ 专栏3.1 生产力：测算与关键概念

生产力反映了一定数量的投入产生的产出量。克鲁格曼（Paul Krugman，1992）有一句著名的论断："生产力并非一切，但从长远看，它几乎就是一切"。提高生产力对于促进企业可持续发展和体面劳动至关重要，这是所有以改善人民生活为主要目标的发展战略的核心要素（ILO，2020a）。

劳动生产率是与全要素生产率一起使用的最广泛的指标之一，[①]其水平和发展变化取决于是否有其他投入（例如，不同形式的资本），以及是否有将劳动力和资本结合以获得产出的技术。劳动生产率可以通过广泛可用的国民账户和劳动力市场变量直接测算。

虽然劳动生产率可以测算，但本章所使用的"劳动生产率"的定义并非没有局限性。我们根据产出的定义，采用了最标准的劳动生产率特征，但没有考虑生产过程所固有的潜在负外部性，如对环境的影响。有必要更好地评估没有市场价值或需要估计市场价值的无报酬家务和其他工作的贡献，这和许多（公共）服务部门的情况一样。此外，如果没有自然界提供的基本投入，许多经济活动都是不可行的。这些"生态系统服务"通常被低估或不被重视，因此被过度使用（所谓的"公地悲剧"）。重视这种"自然资本"已成为积极研究和制定国际标准的主题；联合国正在带头建设一个完全一体化的经济和环境账户制度。[②]

上述问题影响测算生产力的产出和投入这两个方面，我们认识到了这些问题的重要性。事实上，甚至有人指出经济放缓就是因为测算错误。[③]然而，拜恩、弗纳德和赖恩斯多夫（Byrne，Fernald and Reinsdorff，2016）以及西弗森（Syverson，2017）得出的结论是，对于全球金融与经济危机之后总体生产力增长的放缓，只有很少一部分可以归因于测算错误。目前的共识似乎是，测算错误本身不足以解释所有的生产力之谜（European Commission，2020）。

国际社会正在加大力度收集数据并对数据做出估算，以便今后开展更有力的分析。

①有关不同测算方法及相关注意事项的进一步讨论，包括技术方面的讨论，请参阅附录E。②请参阅https://seea.un.org/。③请参阅西弗森（Syverson，2017）和费尔德斯坦（Feldstein，2017）对测算错误问题的深入探讨，包括特别难以测算的服务部门的价格和附加值（例如，免费在线服务）。

考虑到发达经济体的生产力增速几十年来一直停滞不前，甚至出现了下降，这种缺乏趋同性的情况更令人惊讶。 从这个意义上讲，许多发展中国家（地区）未能赶上或至少未能缩小生产力差距，不能用发达经济体生产力增长强劲来解释（见图3.2；OECD，2015，2019a；Dieppe，2021）。生产力差距长期存在于高收入国家（地区）和低收入国家（地区）之间，这一事实的背景是生产力增速普遍低于过去。事实上，1953~2021年，七国集团（G7）国家的总生产力增长放缓显而易见。20世纪90年代生产力增长有过短暂的反弹，但整体呈下降趋势，在某些情况下甚至接近于零。帕特尔、桑德尔和萨勃拉曼亚（Patel，Sandefur and Subramanian，2021）指出，20世纪90年代中期至2019年，全球都出现了生产力缓慢趋同的证据。但是，如图3.1和以下的讨论所示，这种发展主要是因为一些中等收入国家（地区）取得的成功，因此并不能改变这一事实，即现在几乎所有国家（地区）的劳动生产率增长率都非常低。

全球层面的情况要更加复杂一些。 从1990年到2009年全球金融与经济危机爆发，全球劳动生产率加速提高。这是因为几个新兴市场经济体生产力增长强劲，抵消了七国集团和经济合作与发展组织（经合组织，OECD）国家增长放缓的影响。然而，即使是这些曾经生产力增长较快的新兴市场和发展中国家（地区），现在也面临生产力增长停滞甚至放缓的问题。正如

▶ **图3.1   不同区域和不同收入组别国家（地区）的劳动生产率趋同**

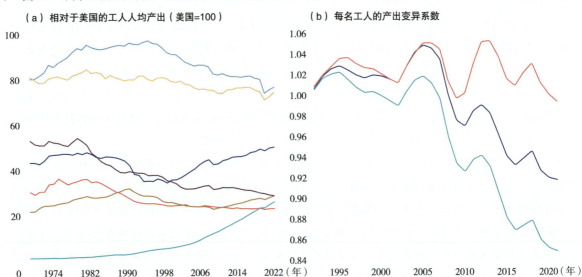

（a）相对于美国的工人人均产出（美国=100）

（b）每名工人的产出变异系数

西欧　　大洋洲　　拉丁美洲
中东欧和中亚　　亚洲
中国　　非洲

世界　　低收入和高收入国家（地区）
中等收入和高收入国家（地区）

注：按购买力平价计算，工人的人均产出以其人均GDP衡量。各地理区域和国家（地区）收入组别的数据是通过计算每个组别中各国（地区）工人的加权平均产出而获得的。所使用的国家（地区）权重是每个国家（地区）在每组中的实际GDP占比。变异系数是衡量所示三个收入组别国家（地区）中每个国家（地区）的劳动生产率相对分散程度的指标。该图显示了变异系数的三年滚动平均值。随着时间的推移而下降，表明样本中所有国家（地区）的劳动生产率水平正在相互接近（西格玛趋同）。就整个世界而言，在该时期的最后几年可以观察到这种趋同，但这主要是由中等收入国家（地区）的发展推动的。

资料来源：世界大型企业联合会［图3.1（a）］，以及国际劳工组织劳工统计数据库，国际劳工组织模型估算，2022年11月［图3.1（b）］。世界大型企业联合会的区域划分与国际劳工组织的区域划分并不一致。有关世界大型企业联合会数据集中每个区域的国家（地区）列表，请参阅https：//www.conference-board.org/data/economydatabase/total-economy-database-methodology。

中国和印度的情况所表明的那样，这种停滞在全球金融与经济危机之后不久就开始了。尽管中国以往的劳动生产率增速曾明显高于七国集团国家，但最近开始大幅放缓，而且放缓速度甚至快于七国集团国家。此外，并不是所有的新兴市场和发展中国家（地区）都在1990~2010年经历了生产力的大幅增长。例如，巴西经历了与发达经济体类似的下行之路，只在全球金融与经济危机前后有过短暂的上行。自20世纪80年代以来，与发达经济体相比，新兴市场和发展中国家（地区）的劳动生产率增长更加不稳定、不均衡，而发达经济体的生产力增速放缓却相对一致（Dieppe，2021）。

如图3.2和图3.3所示，劳动生产率增长放缓在过去十年中无处不在，目前正困扰着整个世界。其中一个原因可能是，发达经济体的停滞对欠发达经济体的生产力前景产生了负面影响，尤其是在欠发达经济体因国际财政和货币冲击而耗尽政策空间的情况下。

大多数区域的劳动生产率增长在21世纪头十年表现相对较好，但在过去十年里大幅下降。北非是过去十年间劳动生产率增幅高于过去二十年的唯一区域，但是北非在过去二十年里的整体表现并不好，生产力增长远低于2%。在过去十年中，国际劳工组织所有其他区域的生产力增长都遭受了重大挫折。发达经济体增长持续放缓，北欧、南欧、西欧和美国的增长率逐步下降，这一点在图3.3中清晰可见。只有少数几个国家（地区）过去十年的生产力高于过去二十年的水平；中国以及南亚和东亚很多国家都出现过生产力增速持续较快的时期，而东欧、中亚和西亚在这方面只取得了部分进展。

▶ **图3.2　长期劳动生产率增长：七国集团国家与巴西、中国和印度**

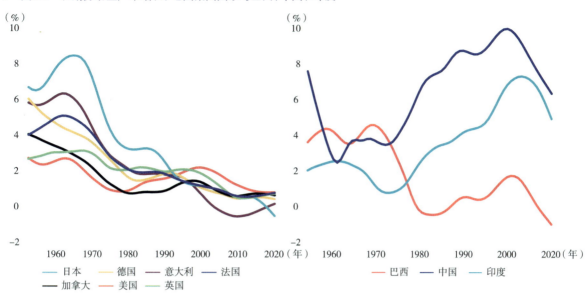

注：图中显示的增长率已使用HP滤波器（Hodrick–Prescott filter，用来分解趋势和周期的最重要的统计工具之一）进行了平滑处理。这种去趋势技术对序列的终点很敏感。然而，这并不影响趋势的整体方向。由于新冠危机对趋势动态的强烈干扰，2020~2022年被排除在外。

资料来源：世界大型企业联合会。

▶ **图3.3　国际劳工组织不同区域和国家不同时期的平均劳动生产率增长率**

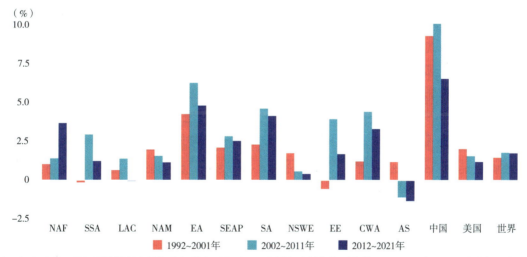

注：每个地理区域组别的增长率是每个组别中国家（地区）增长率的加权平均值。NAF=北非；SSA=撒哈拉以南非洲；LAC=拉丁美洲和加勒比地区；NAM=北美；EA=东亚；SEAP=东南亚和太平洋地区；SA=南亚；NSWE=北欧、南欧和西欧；EE=东欧；CWA=中亚和西亚；AS=阿拉伯国家。

资料来源：作者基于国际劳工组织劳工统计数据库，国际劳工组织模型估算（2022年11月）计算所得。

　　生产力增长是促进经济和社会福祉最重要的动力之一。夏普和法德（Sharpe and Mobasher Fard，2022）对生产力和社会福祉之间的双向联系进行了分析，指出生产力增长以及由此带来的更高的个人和政府收入，有助于提高物质福祉的客观衡量标准，对发展中国家（地区）而言尤其如此。为工人（通过实际工资的形式）和为资本所有者（通过更高利润）带来实际收入增长，是生产力增长增进福祉的最重要渠道。实际收入增长反过来又提高了税收收入，这些收入可以用于公共基础设施和服务以及转移支付。然而，近几十年来，生产力增长和社会福祉之间的联系一直在减弱，这既是由于生产力增长放缓，也是由于生产力与工资中位数脱钩（Sharpe and Mobasher Fard，2022）。同一项研究发现，社会福祉也是生产力增长的重要动力。例如，更高的福祉水平与更高的社会资本相关，这会促进人们对社会的信任。事实证明，信任与生产力呈正相关。健康计划增加了工人福利，也可以提高生产力。

图3.4体现了生产力与社会福祉在各个方面的具体联系，显示了劳动生产率与非正式就业和工作贫困发生率之间的负相关关系。生产力和非正式性之间可能存在双向因果关系，但企业层面的低生产力意味着更高的单位成本，这就限制了企业提高工资和改善工作条件的潜力，使非正式性永久化。此外，非正式行业的企业可能会因遵守正式化要求而获得较低的净收益（OECD and ILO，2019）。因此，提高生产力在促进正式就业的所有战略中都发挥着核心作用，为此，需要在教育、创新、商业环境和城市规划等关键领域采取行动。

生产力增长是降低总体贫困率的关键因素，这是一个公认的事实。[1]如图3.4（b）所示，工作贫困随着劳动生产率的提高而减少。范登堡（Vandenberg，2004）发现，在发展中国家（地区）的中小型企业中，生产力较低往往会导致企业主和工人收入较低，从而导致工作贫困。除了采取扩大企业规模的措施外，加强工人权利、改善工人处境（包括通过协同工作的做法）有望成为提高生产力的具有成本效益的方

式。[2]生产力增长对低收入国家（地区）消除贫困至关重要。奥塞尼、麦吉和达巴伦（Oseni，McGee and Dabalen，2014）指出，尼日利亚农业生产力的提高大大降低了在职贫困的可能性，证实了生产力、发展和社会正义目标之间的重要联系。

宏观经济层面的劳动生产率增长是企业和工业部门内部经济因素相互作用的结果。经济体生产力增长背后的因素可以大致概括为：（1）资本深化，即工人人均使用的机器和设备投资更多；（2）技术创新，即更高精尖的生产方式，包括采用更好的管理技术的工艺创新；（3）劳动力构成，即更熟练的劳动力（Dieppe，2021）。经济的部门构成也在决定特定国家或区域的总生产力增长方面发挥着重要作用：将工人重新分配到生产力更高的部门或行业，可以加快整个经济体的劳动生产率增长；相反，如果许多工人涌入低生产力行业，整个经济体的劳动生产率增长就会下降。换句话说，一个经济体的结构构成在一定程度上可以影响整个经济体的劳动生产率增长，因此结构转型可能是生产力增速放缓的原因之一。

在结构转型发挥重要作用的发展中国家（地区），对就业行业转移进行监测尤为重要（ILO，2022b）。工业化，尤其是一国制造业、采矿业和建筑业的扩张，是最常见的发展道路。在这种发展模式下，通常需要将工人从低生产力的活动，如自给自足的农业或家庭手工作业，重新分配到生产力较高的行业，如工业化制造业。生产力较高的行业通常会支付更高的工资，也可以提供更好的工作条件。此外，这一过程往往会推动工人从非正式工作过渡到正式工作。

---

① 例如，参见兰德曼（Landmann，2004），他声称"在贫困持续存在的地方，总是如此，因为社会未能有效地解决失业、低生产力和收入不平等问题"。
② 关于生产性就业和体面劳动以及实现这些目标的政策讨论，参见Betcherman（2015）。

图3.4 劳动生产率、非正式性和工作贫困

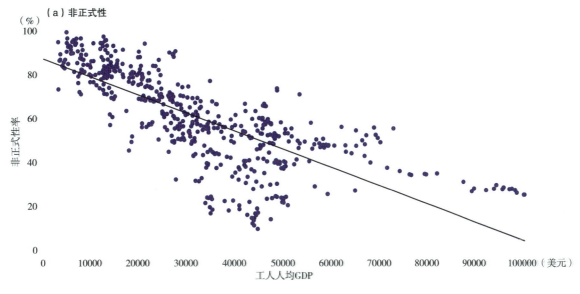

（a）非正式性

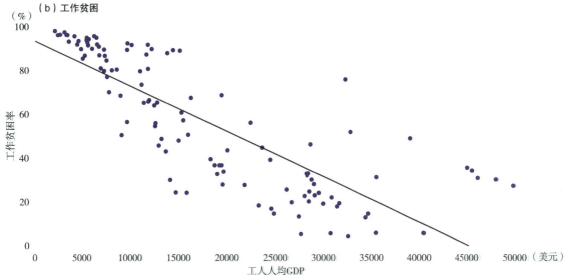

（b）工作贫困

注：劳动生产率以2017年国际美元购买力平价表示。非正式性和工作贫困率以占总就业的百分比表示。使用汇总年度国家（地区）指标和劳动生产率数据获得散点图。由于数据有限，这两个样本包括不同的国家（地区）和时间段。劳动生产率分布在第99个和第1个百分位之外的异常值已被排除。

资料来源：作者根据国际劳工组织劳工统计数据库数据计算所得。

经济学中的增长核算技术考察的是一国（或其他经济单位）的整体劳动生产率增长，试图说明三大要素对劳动生产率增长的贡献，这三大要素包括（1）资本深化（通过剔除资本增加所导致的增长量的方式）；（2）劳动力构成（劳动力年龄、性别和教育的变化）；（3）增长"余值"（通常与技术变革和创新相关）。[①]进行增长核算需要有一国资本形成及其长期劳动力构成的数据。利用这种方法，可以分析三大要素（资本深化、劳动力构成和技术进步）对劳动生产率增长的贡献。通过增长核算，我们能够以最有效的方式确定劳动生产率增长的历史来源。

戈登和赛义德（Gordo and Sayed，2019）的研究表明，1950~2015年，约20%~40%的美国劳动生产率增长归因于技术进步，约50%~60%归因于资本深化，约7%~21%归因于劳动力构成（每个要素在此时间段内的贡献程度不尽相同）。从估算结果来看，欧盟十国的情况与美国类似，但相比美国，1950~1970年，欧盟技术进步对劳动生产率提高的贡献更大（估计超过了60%）。[①]从1950年到1970年的这二十年里，技术进步极大地推动了欧盟的劳动生产率增长，但是在21世纪头十年，这种推动作用大大减弱。

受各种冲击影响，全球投资表现疲软。在经合组织经济体出现重大衰退之后，缓慢的投资增长开始困扰着世界许多其他地区，体现最为明显的就是最大的新兴市场和大宗商品出口国（OECD，2019a；Kose et al.，2017）。图3.5显示，实物资本存量投资与劳动生产率增长高度相关。图3.5（a）中的点描绘了图3.5（b）中每个地区和每一时间跨度的相应平均生产力增长和平均投资水平。图3.5（b）比较了每个地区每个时期的投资强度，测算方式是固定资本形成总额在GDP中的占比。在发达经济体（西欧和美国），生产力放缓显然伴随着投资活动的减少。在其他地区，情况更加复杂，一些地区的投资强度停滞不前或开始减弱，另一些地区的投资强度则有所增加。

▶ 图3.5　劳动生产率和投资

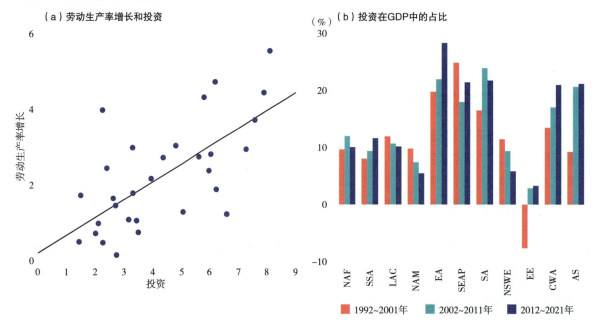

（a）劳动生产率增长和投资

（b）投资在GDP中的占比

注：图（a）展示了图3.3所示的相同地区和相同子时期的平均劳动生产率和实物资本存量增长率的散点图。图(b)中的条形图显示了相同子时期和地区的平均投资强度水平（投资与GDP之比，均为实际值）。分区投资强度是对各区域国家（地区）投资强度进行加权求和后得到的。NAF=北非；SSA=撒哈拉以南非洲；LAC=拉丁美洲和加勒比地区；NAM=北美；EA=东亚；SEAP=东南亚和太平洋地区；SA=南亚；NSWE=北欧、南欧和西欧；EE=东欧；CWA=中亚和西亚；AS=阿拉伯国家。

资料来源：作者根据佩恩世界表10.0（Penn World Table 10.0）计算所得。

---

① 欧盟十国包括2004年之前加入欧盟的所有欧盟成员国。这些数据是为了大致了解增长核算中通常使用的三个要素的大小。不同文献中的研究对这些要素的估算略有不同，主要取决于所用劳动生产率的确切定义、所考虑的增长因素以及估算所使用的基本数据集。我们提供的数据与弗纳德和因克拉（Fernald and Inklaar，2020）的数据一致，这两位学者使用不同的数据集，深入分析了不同增长核算方法下劳动生产率增长的不同情况。

投资持续疲软，一方面可能是因为过去二十年危机频发所产生的滞后效应（见专栏3.2关于新冠危机影响的探讨），另一方面可能是因为经济不确定性的增加。人们讨论了导致不确定性增加的各种因素，包括全球贸易和外国直接投资下降、政治风险加剧和主要经济体的宏观经济负面溢出效应。

▶ **专栏3.2 新冠疫情的影响**

新冠疫情不仅导致大量国家陷入衰退，还可能导致许多国家的劳动生产率增长进一步下降。为遏制病毒传播而实施的各种政策措施也对经济产生了负面影响。尽管有证据表明经济衰退在短期内使得工人向生产力较高的行业转移（Stewart，2022），但人们仍然担心经济衰退对中长期的潜在负面影响。哈努谢克和沃斯曼（Hanushek and Woessmann，2020）强调，除非采取追赶措施，否则受疫情期间停课影响的学生的终生收入可能会减少3%。这两位研究者估计，在学校停课程度最严重的国家，教育中断可能会导致生产力下降，进而转化为较低的长期产出水平。这可能会加剧发展中国家（地区）在全球通用技能方面已经存在的问题，进一步扩大发展中国家（地区）与发达国家（地区）之间日益严重的学校教育差距（Gust，Hanushek and Woessmann，2022；Dieppe，2021）。

经合组织（2021）强调："新冠疫情期间采取的政策措施可能保护了有发展能力的、生产力高的企业，同时避免了破产浪潮可能引发的系统性风险，但是也有可能存在让无发展能力的企业（"僵尸企业"）继续生存的风险。"[①]"僵尸企业"的退出时间被过度延长，可能会阻止资本和劳动力向新的商业机会转移，从而在长期内阻碍总生产力的增长。[②]最后，危机对经济结构的潜在疤痕效应是一个广泛争论的问题，可能会影响劳动生产率增长的未来前景。[③]欧洲中央银行（2021）的一份报告估计，全球潜在产出水平在疫情期间下降，芬兰银行（2021）声称，危机可能会在就业、资本存量和生产力等领域留下比预期更持久的伤疤。德弗里斯、埃鲁姆班和范·阿尔克（De Vries，Erumban and Van Ark，2021）指出，新冠疫情危机后的生产力增长并没有明显偏离疫情前的放缓趋势；他们还表示，未来的生长率增长取决于以下因素：相对于新冠危机对劳动力市场和商业活力的潜在疤痕效应，数字密集型行业生产力增长势头的强弱。总之，新冠危机滞后效应可能表现为劳动力参与率持续下降、投资水平较低以及资源重新配置放缓（Sanchez-Martinez and Christensen，2022）。在危机之前，这些方面的表现已经不佳，而危机进一步恶化了相关情况。在GDP增长率仍低于危机前水平的低收入和中低收入国家（地区），情况可能尤其严重。

①有关"僵尸企业"的定义和分类，请参见Banerjee and Hofmann（2020）。②大多数分析师认为，一旦金融支持措施最终取消，企业破产申请数量将激增。最近来自美国的数据表明，小企业破产申请有史以来最高的周增长出现在2022年3月（Chutchian，2022），这可能对就业损失和其他方面产生影响，后果不容忽视。③滞后效应与危机时期长期较低的总需求密切相关，这给经济中的供给方留下了永久性的伤疤。长期总需求将面临不足（发达经济体尤其如此），这可能是劳动生产率增长停滞的另一个主要原因，萨默斯（Summers，2015）是最早提出这一观点的人之一。

经济的结构性构成也对生产力增长有影响。不同经济部门的劳动生产率增长有所不同（Baumol and Bowen，1966）。如果劳动生产率增长的跨部门差异在较长时间内持续存在，不断增加的就业份额将集中在低生产力行业，最终拖累总生产力增长。这种发展被称为"鲍莫尔成本病"（Baumol，1967），部分原因是发达经济体生产力增长逐渐放缓。诺德豪斯

（Nordhaus，2008）分析了美国鲍莫尔成本病的不同变异和机制，并计算了行业转移趋于降低整体生产力增长的程度。哈特维希（Hartwig，2011）以同样的方式考察了欧盟的情况，也发现了结构性变化对劳动生产率增长的负面影响。杜尔耐克尔和桑切斯－马丁内兹（Duernecker，and Sanchez-Martinez，2022）证实了哈特维希的研究结果，同时还进行了基于模型的检查，以分析结构性变化对欧盟未来生产力情况的负面影响。

大多数国家在发展的初始阶段主要以农业为基础，随后逐渐发生结构性转变，这种转变在不同的国家和时期以不同的速度进行，首先从农业转向制造业，然后从制造业转向服务业。但是，一些分析人士对这种传统的发展道路提出了质疑，指出一些国家正在绕过传统的从第一产业向第二产业的转变，直接迅速发展为以服务为基础（Hallward-Driemeier and Nayyar，2018）。这一过程不一定会损害劳动生产率增长，因为有人认为快速增长的服务业像制造业一样，也会导致国家之间的经济趋同（Hallward-Driemeier and Nayyar，2018）。因此，服务业在

新兴经济体和发达经济体中的占比逐渐增加，是分析生产力增长放缓的一个关键考虑因素。将总生产力增长分解为各部门的增长率贡献，并强调服务部门的生产力表现，同时区分私营部门和公共部门服务、企业对企业和企业对消费者服务，有助于理解结构性变化在整个经济体生产力增长中所起的作用。

针对不同国家的比较分析表明，1992~2018年促进每名工人实际产出增长的最重要的因素是经济部门层面的内在生产力增长。[①]这意味着，大部分劳动生产率增长可以归因于与经济部门构成变化无关的因素，部门层面的生产力增长的驱动力，如技术进步和技能发展，才是劳动生产率增长的主要因素。各国之间存在一定程度的差异，在一些新兴市场和发展中国家，在发展过程中，部门转移主要体现为向生产力水平较高的部门转移，这种转移对生产力增长做出了较大的积极贡献；而在一些低收入经济体，转移表现为向生产力增长较低的部门转移，这种转移给生产力增长带来了消极影响。

▶ 技术和劳动力市场之间的联系

全要素生产率增长通常被理解为技术进步，从长远来看，全要素生产率增长是生产力提高的主要驱动力之一。资本扩张（资本深化），即对实物资产的投资，使工人的生产力更高，也是生产力提高的主要驱动力。需要指出的是，技术进步和资本扩张似乎都对经济放缓有重要影响（Gordon and Sayed，2019；OECD，2015）。研究发现，劳动力市场构成对经济放缓的影响小于技术进步和资本扩张这两个要素，这在一定程度上是人为因素所致，因为许多研究对劳动力贡献的解释是狭隘的，即将劳动力构成定义为受教育程度（小学、中学和高等教育），而

忽视了劳动力构成的许多其他重要方面，如培训、在职学习和经验。

投资、技术进步和劳动力构成这三个要素广义上被视为"人力资本"，这三者不可分割。投资需要变成"某种东西"，某种实物形式的资本；资本需要由技术熟练的工人运营或管理。在劳动力和组织结构不发生重大变化的情况下，是否真的能在整个经济范围内实现技术进步，这是值得怀疑的。因此，对新技术和对人的投资必须被视为一枚硬币的两面。创新往往并不仅仅源于实物资产。

人工智能（AI）等新型数字技术可以在恢

---

① 关于这些分解的图示和深入讨论，见附录F。

复生产力增长方面发挥重要作用（ILO，2022c）。人工智能与其他数字技术相结合，有望在节省劳动力的自动化方面释放巨大潜力，从而提高生产力（见专栏3.3）。经合组织（2020）认为数字化在提高生产力方面具有巨大潜力，但也承认在整体层面上通过数字化提高生产力的目标尚未实现。有人担心数字化与人工智能相结合可能导致自动化加速，从而取代劳动力。持这种观点的代表性学者有阿恩茨、格雷戈里和谢尔拉恩（Arntz，Gregory and Zierahn，2016），布林约尔松和迈克菲（Brynjolfsson and McAfee，2014），弗雷和奥斯本（Frey and Osborne，2017），以及布林约尔松和米切尔（Brynjolfsson and Mitchell，2017）。人们普遍认为，自动化取代劳动力应该会带来更快的劳动生产率增长。然而，在数字技术不断普及、人工智能飞速发展的情况下，生产力增长仍然在放缓，这已经成为现代"生产力之谜"（例如，可参见Brynjolfsson，Rock and Syverson，2019；European Commission，2020）。

▶ 专栏3.3 生产力增长和自动化

以往必须由工人开展的工作活动，现在可以由数字技术取而代之，这是数字技术推动生产力增长的一个重要机制。长期以来，人们一直认为计算机主要是自动执行程序性的工作（Autor，Levy and Murnane，2003）。这种观点也延伸到对人工智能的分析上，即人工智能作为一种资本形式，可以补充或替代（不同类型的）劳动。按照阿齐默鲁和奥特尔（Acemoglu and Autor，2011）以及奥特尔（Autor，2013）和其他人提出的"劳动力市场工作方法"，微观层面的经济产出是由"工作"（Task）产生的，"劳动力工作"（labour tasks）和"资本工作"（capital tasks）之间的边界随着技术能力的发展而不断变化。工人的职业及其实际工作可以被视为各种任务的结合。在每个特定的时间点，由哪个生产要素（资本或劳动力）执行哪项工作取决于这两个要素的相对经济成本。基于奥特尔、利维和默南（Autor，Levy and Murnane，2003）的机器工作替代框架，奥特尔（Autor，2013）认为，最容易受到机器替代影响的工作是那些程序性或可编码的工作。弗雷和奥斯本（Frey and Osborne，2013）的观点与之呼应，这两位学者认为，通过资本，机器可以替代认知方面和操作方面的程序性工作，这一点显而易见，但这种替代的潜力需要扩展到人工智能背景下的非程序性的认知工作。作者预测，任何工作（即使是非程序性的）都可以通过资本执行，只要这些工作不受"工程瓶颈"（engineering bottlenecks）的制约。弗雷与奥斯本将工作大致分为三类：感知和操纵工作（或非结构化问题）、创造性智力工作和社会智力工作。从这篇文献可以清楚地看出，程序性工作最适合自动化，从事此类工作的工人最有可能被机器取代。在工作模型的基础上，我们可以得出两个经验启示。首先，大量使用劳动力来执行程序性工作的行业和职业将对计算机资本进行相对较大的投资（Autor，Levy and Murnane，2003；Autor，2013）。这些行业的资本投资和计算机采用率应该比其他行业更高。其次，将工作从劳动力转移到资本应该会带来更高的劳动生产率。

数字技术有可能加强人与技术之间的联系。 许多人工智能创新都基于"知道如何以不同"或"更好"或"更有效率的方式做事"的广泛理念，因此具有组织性。[①] 其中一些理念可能以无形资产（如专利或软件）的形式在可衡量的经济价值中体现。但是，这种专有技术往往存在于资产负债表之外，以算法（不可申请专利）的形式存在，或者体现为研究费用（不被视为

---

① 有关更广泛的创新类型及其对劳动力市场的影响，包括与性别相关的内容，参阅国际劳工组织（2017）研究的第2章和第4章。

资产），因为它们主要是对人或人的能力的投资。越来越多的经济学文献认为，在生产力增长过程中，无形资产、专利和其他类型的专有技术起到了重要作用，例如企业的培训和管理能力。

对专有技术的投资，无论是对机器，还是对无形资产的投资，只有在工人受过相关教育且拥有利用这些资产的技能的情况下，才能对生产力产生积极影响。 即使对新机器进行了节省劳动力的投资，也只有当企业拥有或找到拥有新机器操作技能的工人时，企业层面的生产力才能提高。在整个经济层面上，如果被取代的工人长期处于停工或失业状态，并且无法在经济中以任何其他生产性方式工作，那么物质福祉将不会因为生产力增长更快而增加。因此，正如前面所讨论的那样，作为生产力驱动力的技术变革与对人力资本（特别是技能和教育）的投资有着内在联系。

劳动力技能，以及使劳动力技能更加适应当前与未来技术转型的需求，对于提高产出的质量和数量至关重要。 就技能不匹配而言，即就劳动力技能不足以满足劳动力市场需求而言，国际劳工组织的估算表明，教育不足是低收入和中等收入国家（地区）面临的重大挑战，这在很大程度上解释了这些国家（地区）为何难以追上高收入国家（地区）的生产力水平（参见ILO，2019；图3.6）。缩小技能差距可能会大幅提高生产力。例如，古斯特、哈努谢克和沃斯曼（Gust, Hanushek and Woessmann, 2022）估计，由于缺乏通用基本技能而损失的全球经济产出现值超过700万亿美元，按净现值计算，相当于全球GDP的11%。之所以会出现这种损失，是因为技能不足，而技能升级在确保提高生产力方面发挥着关键作用。在经合组织经济体中，技能的有效使用与总生产力之间的正相关关系已得到明确证实。[①]

对于实施和推广新技术以及提高生产力而言，工人技能升级（技能提高）和（或）使他们适应新的流程和工具（掌握新技能）起着至

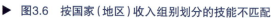

▶ **图3.6　按国家（地区）收入组别划分的技能不匹配**

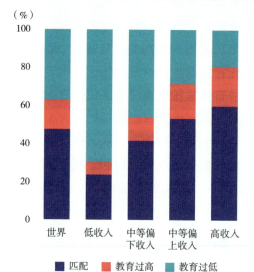

资料来源：斯托夫斯卡（Stoevska, 2021）研究的数据。

关重要的作用。技能发展和教育一样，是创造和保存人力资本的最重要支柱。技能发展既包括传统领域，如管理实践、组织行为和工作经验，也包括近来表现突出的领域，如认知、社会情感和手工技能（ILO，2022d）。在一个经济体中，技能的普遍可获得性及其匹配效率非常重要。技能不匹配会严重拖累生产力增长（Adalet McGowan and Andrews, 2015）。研究发现，技能条件高于或低于需求都与总体生产力增长较低有关。（稀缺性的）高技能劳动力有可能被一家企业低效雇用，也有可能困在生产力较低的企业。后一种情况表明，工人能够轻松地在企业、行业和职业之间过渡，以改善自己的职业和雇主的前景，这一点很重要。国际劳工组织（2021a）分析了工人对新冠疫情冲击和技术冲击所做的反应，揭示了他们在同一职业之内和不同职业之间流动的程度。

新技术只能逐步提高整个经济体的生产力，因为这些技术需要组织性变革的支持。 布林约尔松、罗克和塞弗森（Brynjolfsson, Rock and Syverson, 2019）指出，具有广泛潜在应用范围且因此具有通用技术资格的技术需要相当长的时间，才能对经济和社会产生较为明显的影

---

① https://www.oecd-ilibrary.org/sites/5ac9bb58-en/index.html?itemId=/content/component/5ac9bb58-en.

响。[①]潜在的结构调整越深刻、越广泛,技术发明与其产生效果之间的时间间隔就越长。创新和创新测试、寻找商业机会、足够的投资,以及为了有效利用新技术而实施的最终流程调整都需要时间。

范·阿尔克(Van Ark,2016)本人及其与弗莱明(Van Ark and Fleming,2022)就更广泛的数字技术提出了类似的论点。他们将"安装阶段"与"部署阶段"区分开来。在第一阶段,少数几家企业开发和应用技术;通常会出现"赢家通吃"的局面,此时技术尚未在整个经济体系中传播。在第二阶段,新技术发展出通用性,能够以较低的成本获得,从而导致突破性的经济和社会变革。这一阶段可能实现生产力增长。范·阿尔克(Van Ark,2016)分析了1999年至2014年期间工业化经济体的情况,发现信息和通信技术(ICT,简称信通技术)价格迅速下降,信通技术投资转向信通技术服务,支持信通技术的知识型资产持续增加。然而,很多数字技术,特别是与人工智能有关的技术,似乎仍然处于安装阶段,即使在工业化国家也是如此。

通过研究部分发达经济体的情况,德弗里斯、埃鲁姆班和范·阿尔克(De Vries,Erumban and Van Ark,2021)指出,在总体经济层面上,确实是数字技术使用最密集的部门对生产力增长做出了最大贡献。在他们考察的四个发达经济体中,数字技术使用最少行业的绝对和相对表现都最差。范·阿尔克和弗莱明(Van Ark and Fleming,2022)指出,在所有行业实现更高的数字密集度主要取决于以下因素:(1)向生产力落后的行业传播新的数字技术;(2)提高企业吸收人工智能技术的能力;(3)将资金回报再分配给高技能劳动力和无形资本,而不是实物资本;(4)扩大新技术带来的利益,使其具有包容性。

劳动力市场制度不仅帮助劳动力根据新技术要求调整自己的技能,还能推动技术变革,直接加快生产力增长。例如,通过提高生产力,职业安全和总体健康结果得到改善,进而大大促进了经济发展。[②]儿童的健康状态会影响他们的受教育状况,也会对他们未来的劳动力参与率和生产力造成长期影响(Bloom,Kuhn and Prettner,2019)。加都罗等(Katsuro et al.,2010)的研究表明,职业健康和安全以及社会健康保护方面的问题对食品行业工人的生产能力产生了负面影响,导致工人人均产出减少。污染和气候变化也与生产力存在负相关关系,这主要是因为工人健康恶化所致,例如热应激的影响((Zivin and Neidell,2012;ILO,2019b)。

劳动力市场制度提供的就业保护也与生产力表现挂钩。根据某些法律的规定,企业裁员需要付出高昂成本,如遣散费或提前通知期等,此类规定会影响劳动力市场的流动状态,让企业和员工保持特定的雇佣关系。一些学者认为,如果就业保护程度超过某一水平,那么企业之间的劳动力重新分配和工作流动可能会受到阻碍,从而导致技能不匹配;此外,在这种保护之下,投资可能流向低回报、低风险的项目,而能够节约成本的创新却无法获得投资(Miranda et al.,2018)。还有人提出,过于苛刻的解雇条件可能会加强在职工人的议价能力,减弱雇主在提高生产力方面进行投资的动力(Caballero and Hammour,1996)。另外,缩小劳动力市场保护的范围可能会带来更好的经济结果,包括生产力的提高,这一观点基于这样的假设:在不减少生产性投资、不妨碍工人获得奖励和福利的情况下增加就业(Fedotenkov,Kvedaras and Sanchez-Martinez,2022)。

与上述观点相反,另一些观点认为劳工保护与生产力之间存在正相关的关系,也就是说,通过更持久和更可预测的关系来激励雇主和工人,鼓励特定工作领域的人力资本积累。根据经合组织编制的就业保护立法(EPL)指标展开的实证分析表明,分散但有组织、有协调的

---

① 作者提到了人工智能技术。

② 参见Weil(2006),Bloom and Canning(2008),Kumar and Kober(2012)以及Saha(2013)等。

制度往往能带来更高的生产力，在这种制度之下，经济部门层面的协议将设定广泛的框架条件，企业层面的谈判将做出详细规定，同时辅以强有力的协调（OECD，2019b）。[①]同样，巴萨尼尼和恩斯特（Bassanini and Ernst，2002）认为，就业保护和劳资关系协调制度能让工人和企业的目标保持一致，从而激励企业资助培训活动，积累特定能力，这在整体上有助于提高工人的生产力。总体而言，一定程度的工作保护可以提高企业的生产力，即通过限制过度流动，激励企业和员工进行相关投资，提高工作场所的生产力（El-Ganainy et al.，2021）。

已证明最低工资制度有助于提高企业和整个经济层面的劳动生产率。[②]在微观层面上，效率工资理论表明，为了获得更高的工资，工人会更加投入，付出更多努力（Akerlof，1982）。乔吉亚迪斯（Georgiadis，2013）提供了英国方面的相关情况，而库（Ku，2020）以及科维洛、德塞兰诺和佩尔西科（Coviello，Deserranno and Persico，2022）则提供了美国方面的情况，他们还强调了制定合理的最低工资政策的重要性。[③]此外，雇员与雇主在一起长时间工作，可以共同积累宝贵经验，积极参与提高生产力的培训（Arulampalam，Booth and Bryan，2004）。整体而言，在最低工资制度的激励下，生产力更高的企业可以取代生产力较低的企业，而生存下来的企业将变得更有效率。[④]所有这些都可以在刺激劳动生产率增长方面发挥决定性作用。

包括教育在内的提高人力资本的其他制度因素通常被视为生产力的关键驱动因素。从广义上讲，从教育中获得的人力资本可以定义为人们身上体现的综合知识、技能和其他个人特质，这些特征使人们更具生产力（OECD，2019c）。对人力资本的投资包括正式教育（幼儿教育、正规学校系统教育以及成人培训与教育计划），以及非正式的在职学习和工作经验。人力资本是造成各国生产力差异的关键因素（OECD，2019c）。人力资本积累对经合组织国家有显著影响；此外，在更广泛的国家样本中，也观察到了人力资本所带来的积极的社会回报。然而，教育对生产力增长的最终影响，在很大程度上取决于教育质量以及教育质量与劳动力市场技能相匹配的程度。[⑤]

在低收入经济体，加大教育投资将带来更多益处。在低收入国家，个人对教育进行最优投资时面临重大障碍，主要原因是机会成本较高。此外，个人教育水平一般远低于社会最优水平，因为相比高收入国家（地区），低收入国家（地区）存在更大的知识溢出正效应。教育不平等加剧将导致发展中国家（地区）生产力增长下降，因此，平等的受教育机会对生产力增长至关重要（Valero，2021）。不断加剧的收入不平等也可能减少有效的人力资本资源，因为这种不平等损害了弱势个体的教育机会，使整个经济层面的可用人力资本存量减少（Cingano，2014）。

生产力增长将带来共同繁荣和包容性，实现这一目标需要制定关键的劳动力市场政策，并建立相关制度，确保收入增益得到公平分享。在实现目标的过程中，起着关键作用的政策和制度包括加强教育及提高技能的政策、一般卫生政策（除职业安全和健康之外）、工作中的基本原则和权利、最低工资，以及与社会对话和集体谈判有关的劳动力市场制度。[⑥]例如，消

[①]　https：//www.oecd.org/els/emp/oecdindicatorsofemploymentprotection.htm. 另外，费多滕科夫、克韦达拉斯和桑切斯·马丁内斯（Fedotenkov，Kvedaras and Sanchez-Martinez，2022）指出，就业保护立法指标对劳动生产率增长的影响取决于特定部门的技能构成；指标对短期和长期生产力增长影响的表现也存在差异。

[②]　https：//www.ilo.org/global/topics/wages/minimum-wages/monitoring/WCMS_438881/lang--en/index.htm.

[③]　例如，遵循国际劳工组织的最低工资政策指导：https：//www.ilo.org/global/publications/books/WCMS_570376/ lang--en/index. htm。

[④]　参见Rizov，Croucher and Lange（2016），Riley and Bondibene（2015）and Mayneris，Poncet and Zhang（2014）；等等。

[⑤]　例如，国际劳工组织（2020b）关注教育回报率，指出教育与技能不匹配反映在各国青年不同的教育回报率上。这一发现源于各国不同的教育质量标准以及不同的劳动力市场背景。

[⑥]　下一节将讨论积极的劳动力市场政策，这些政策也能促进劳动力市场良好运作，推动生产力提高。

除职业选择障碍（包括防止基于族裔或性别的歧视）可以对生产力产生积极影响，同时确保尊重工作中的基本原则和权利（（El-Ganainy et al.，2021）。

推动生产力增长与工人报酬提高同步，确保工人从生产力增长中获益。研究指出，在很多国家（地区），生产力增长与工人工资之间的差距越来越大。[①]导致这种脱钩的关键决定因素是技术类型和资本作为生产要素的转变，此外还有资本货物价格相对下降、自动化技术以及全球化背景下资本流动性加强（包括离岸机会的增多）等因素的影响（Fossen，Samaan and Sorgner，2022）。许多发达国家（地区）的劳动力市场制度逐渐受到侵蚀，特别是工会成员减少，损害了集体谈判协议的质量，削弱了工人的议价能力。这些变化导致劳动收入占比减少。[②]有人认为，因果关系也可以反向成立，即实际工资的增加可以带来生产力的提高，因为工资增加可能是总需求上升的一个重要动力（ILO，2012）。

企业层面生产力收益分配的变化大大加剧了劳动力市场上企业的垄断程度，削弱了工人的议价能力，降低了相对于生产力的工资（El-Ganainy et al.，2021）。格林斯彭、斯坦斯伯里和萨默斯（Greenspon，Stansbury and Summers，2021）发现，在美国和加拿大，尽管生产力和工资水平随着时间的推移而存在差异，但生产力增速和工人薪酬的增量显示出强烈的正相关关系。这些研究结果表明，促进生产力增速

逐步提高的政策和（或）趋势往往会增加中产阶级的收入，即使诸如劳动力市场制度质量之类的其他因素可能使生产力和工资增长相背离（Productivity Institute，2021）。

需要在加快生产力增长的目标与潜在工人成本之间进行权衡。机械化和计算机化导致工人工作强度增加，丧失工作场所自主权，这已被确定为加重劳动力健康压力的一大来源（Gallie，2012；Gallie and Ying，2013；Isham，Mair and Jackson，2020）。此外，通信技术在促进生产力增长的同时，模糊了工作和家庭生活之间的界限，降低了人们的幸福感。就这一点而言，包容性生产力增长的概念变得极其重要：首先，实现生产力增长是首要任务；其次，生产力增长收益应在资本所有者和工人之间平均分配，从而提高所有人的物质福祉。[③]

劳动力市场制度不能直接控制人口方面的因素，这些因素可能会减缓或加快劳动生产率提高。尤其需要指出的是，大多数发达经济体和一些新兴市场正在经历人口结构转型，即处于人口迅速老龄化的过程之中，这必然会影响经济增长，中国就是其中最突出的例子（见图3.7）。导致老龄化对劳动生产率增长产生影响的潜在因素包括：技能不匹配或技能贬值的情况增多，导致填补职位空缺的难度增加；企业层面的创业、开拓和创新率较低；年龄较大的劳动人口采用新技术的速度较慢，减缓了技术传播的速度。[④]

波普拉夫斯基-里贝罗（Poplawski-Ribeiro，

---

① 国际劳工组织（2020c），等等。

② 更多详细信息，请参阅https://www.ilo.org/wcmsp5/groups/public/---dgreports/---stat/documents/publication/wcms_712232.pdf。

③ 经合组织（2018）强调了恶性循环带来的风险，即技能较少、机会较少的个人永远只能从事非生产性且通常不稳定的工作。这反过来又降低了总生产力，扩大了不平等。经合组织的报告强调了包容性增长作为确保总生产力增长的一种手段的重要性，并探讨了实现这一目标的不同政策选择。

④ 考察老龄化对创业影响的研究实例包括Karahan，Pugsley and Şahin（2019）；Liang，Wang and Lazear（2018）；Bornstein（2020）；Engbom（2019）。证实老龄化对生产力增长最终负面影响的研究包括Decker et al.（2014）和Alon et al.（2018）。达尼埃莱、塔胡和伦布克（Daniele，Tahu and Lembcke，2020）在一项针对经合组织地区关于技能损害作用的研究中发现，老龄化与生产力增长之间的负关联在知识密集型服务中最为强烈。关于知识扩散，戴维斯、桥本和田畑（Davis，Hashimoto and Tabata，2022）提供了一个理论模型，在该模型中，劳动年龄人口的收缩会导致企业内部和企业之间的知识溢出降低，从而导致生产力增长降低。维维安尼等（Viviani et al.，2021）对发展中国家（地区）和发达国家（地区）的微观研究进行了系统考察，指出老年工人和年轻工人的生产力没有差异，因为老年工人的表现比年轻工人好，但缺勤率更高。老龄化影响生产力的另一个间接渠道是消费者生命周期中消费篮子的变化。对服务的需求随着年龄的增长而增加，从而加速向以服务为基础的经济体的结构转型。由于服务业的劳动生产力增长总体较低，这削弱了整个经济的生产力增长（Vollrath，2020）。附录F详细阐述了部门结构变革的作用。

2020）提供了全面的实证分析，指出近几十年来，老龄化是发达经济体和转型经济体全要素生产率增长放缓的一个重要原因。梅斯塔斯、马伦和鲍威尔（Maestas, Mullen and Powell, 2016）着眼于劳动生产率的增长。他们的研究表明，在美国，60岁以上人口占比增加，会大大降低劳动生产率和工人的时薪。在针对欧洲的数据的可比分析中，艾亚尔、埃贝克和邵（Aiyar, Ebeke and Shao, 2016）指出，劳动力老龄化之所以降低了劳动生产率增速，主要是因为对全要素生产率增长的负面影响，而不是因为对实物资本投资的负面影响。[①] 老龄化是

否通过影响投资而对劳动生产率增长产生净影响？这一点尚不明确，因为老龄化一方面可能会导致劳动力稀缺所致的资本深化（Acemoglu and Restrepo, 2017），另一方面可能会导致储蓄过剩和投资机会减少（Jimeno, 2019）。

图3.7显示，其他经济体也出现了与美国、德国类似的劳动年龄人口趋势。预计巴西和中国的劳动年龄人口将出现严重的空心化，而印度和印度尼西亚的劳动年龄人口也在下降，尽管下降的速度有所放缓。另外，与非洲大部分地区一样，尼日利亚的人口趋势良好，预计将继续推动经济增长。[②]

▶ 图3.7　1980~2030年世界部分人口最多国家的劳动年龄人口轨迹（占总人口的百分比）

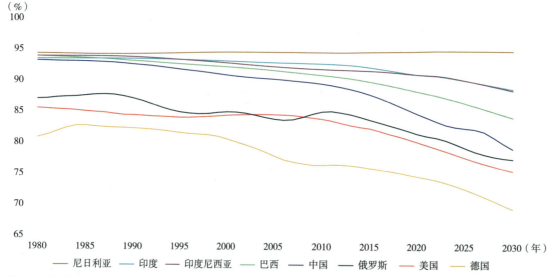

注：此处劳动年龄人口定义为15~64岁年龄段的人口。
资料来源：作者根据联合国人口司《世界人口展望2022》计算所得。

▶ 生产力下降的因素还有哪些?

我们已经讨论了影响企业经营环境，进而影响劳动生产率增长潜力的其他几个因素，具体包括市场结构、有形基础设施、制度框架和治理质量等（Dieppe, 2021；ILO, 2021b）。

[①] 最大的负面影响预计将发生在西班牙、意大利、葡萄牙、希腊和爱尔兰等国，这些国家的劳动力预计将迅速老龄化，而且这些国家还面临着沉重的债务负担。

[②] 预计非洲将经历大规模的人口扩张，这将带来城市化率大幅上升。尽管基于密度和网络效应，城市化对生产力增长的积极贡献在世界其他地区得到了充分的证明，但对非洲的预期影响尚不清楚。例如，有证据表明，绝大多数非洲城市人口都从事非正式工作，住房不足。因此，发展功能良好的城市是使这些人口趋势推动生产力增长和提高福祉的关键（Page et al., 2020）。

新技术传播不足是生产力悖论背后的一个主要因素（Ernst，2022A）。首先，近年来出现了少数"超级明星"公司，它们攫取了最多的生产力增长红利（Autor et al.，2020）。这就解释了生产力低增长、增长收益分配不均和收入不平等不断扩大的问题。其次，非生产性企业的低离职率拖累了行业层面的平均生产力增长，因为这些企业持有的资源本可以在其他地方更有效率地使用。这方面的问题可能因新冠危机而加剧，因为许多国家实施了支持措施，使本来会退出市场的公司得以继续生存。[1]最后，缺乏对新技能和无形资产的必要的补充投资。

关于数字技术在发展中国家的作用，有证据表明，发展中国家（地区）的创新投资和网络、应用及传播新技术知识的能力有了显著改善，但这种进步仍然高度集中于某些地区；此外，占主导地位的农业部门和众多中小微中企业尚未实现生产力的持续提高。与技术前沿经济体美国相比，与亚洲"四小龙"和其他充满活力的新兴市场（如巴西、中国和印度）相比，撒哈拉以南非洲的劳动生产率已经失去了优势（Dosso，2022）。阻碍发展中国家（地区）将技术进步转化为劳动生产率提高的两个主要障碍是：（1）劳动力市场的高度非正式性；（2）金融市场和机构表现不佳，制约企业做出创新投资决策（Andrade，Cosentino and Sagazio，2022）。通信技术的使用、技术采用、技能可得性和外部知识获得程度阻碍了所有收入组别国家（地区）的生产力增长。这些因素都是各类创新的强大动力，对当地企业的生产力有重大影响（Dosso，2022）。

市场集中造成了进入壁垒，阻碍了新技术利益的更广泛传播。新技术带来的利益似乎仅被经济中相对较小的一部分群体所享受，这种技术狭隘性和竞争性导致了具有浪费性的"一窝蜂"活动（Brynjolfsson，Rock and Syverson，2019）。少数参与者主导着数字经济的几个市场，企业的性质和现有的网络效应可能会导致（天然性的）垄断。[2]由于市场力量造成扭曲，行业集中可能会导致福利损失（例如，见De Loecker and Eeckhout，2017；Gutierrez and Philippon，2017）。

其他研究指出，在发达经济体，同一行业的前沿公司和普通公司之间存在着巨大的生产力差异（Andrews，Criscuolo and Gal，2016；Furman and Orszag，2015）。同样，在美国，大多数行业表现最好和表现最差公司之间的利润率差距也在扩大（McAfee and Brynjolfsson，2008）。这表明，某些企业可以提高生产力，获得收益，但其他为数众多的企业却无法获得同样的收益。少数超级明星公司正在攫取市场份额（Autor et al.，2020；Tambe et al.，2020），这对工人也产生了影响，因为美国工人的收入越来越多地与公司层面的生产力差异联系在一起（Song et al.，2018）。

如上所述，衡量人工智能资本的主要困难在于这类资本通常是无形的。无形资产是劳动生产率增长的重要驱动力。[3]这一点尤其适用于处于经济发展后期阶段的国家，因为由于众所周知的规模收益递减现象，积累传统投入（如实物资本投资）所产生的生产力收益越来越低。罗斯（Roth，2019）深入研究了相关文献并得出结论，经济学中关于无形资产作用的探讨大都承认了无形资产在发达经济体向完全成熟的知识经济体转型中的重要性。罗斯的研究结果还表明，为了充分获得通信技术和人工智能投资带来的红利，企业需要追加无形资产投资。此外，这些文献也强调了完备的公共无形资产基础设施的重要性。[4]

无形资产投资是劳动生产率增长的重要驱

---

① 经合组织国家关于企业退出率的最新证据表明，这种不利情况已经发生：https://stats.oecd.org/Index.aspx?DataSetCode=SSIS_BSC_ISIC4。

② 媒体经常提到的"FAANG"是指五家著名的科技公司：脸书、亚马逊、苹果、网飞和谷歌。

③ 关于无形资产及其重要性的最新经济文献的全面概述，包括具体定义以及正确的解释方法，见Haskel and Westlake（2018）。

④ 公共无形资产范围广泛，涉及公共部门信息、商标、专门知识和为私人活动提供公共空间的价值等。

动力，但其成效取决于无形资产的类型和所在的具体部门（European Commission，2020）。国民账户中的一些资产，如研发和软件，仍然是制造业劳动生产率增长的关键，而包括经济能力在内的非国民账户无形资产对服务业更为重要。鉴于服务业在发达经济体中占主导地位，这一结果凸显了投资于非国民账户无形资产并对其进行适当核算的重要性。同样，尼贝尔、奥马霍尼和扎姆（Niebel，O'Mahony and Saam，2017）根据部门数据得出了结论：在制造业和金融业，无形资产对劳动生产率增长的贡献通常最高，根据估算，这两个行业无形资产的产出弹性为0.1~0.2。

从劳动生产率增长的复苏速度来看，投资于无形资产可以加快疫后复苏。欧盟委员会（European Commission，2022）做了估算，考察大衰退前几年无形和有形资产投资对劳动生产率增长的影响，确定这些投资是否使行业更具韧性。参与这项研究的作者发现，从长期来看，无形资产和有形资产的投资强度与更高的生产力增长相关。在无形资产中，研发与劳动生产率及全要素生产率增长之间存在统计上的显著关系。

数字技术提高生产力的潜力可能被高估，低生产力增长可能成为新常态。 预计数字技术将促进生产力增长的一个主要论点是，这些技术有可能使当前由劳动力完成的程序性工作自动化（见专栏3.3）。目前尚不清楚这种转型的实际发生程度。学者们发现了一些来自美国的证据（见Autor，Levy and Murnane，2003），但这些证据并不确凿。此外，在国家层面和特定职业领域，工作任务的程序性存在很大的跨国差异（见Lewandowski，Park and Schotte，2020；Lewandowski et al.，2022）。处于不同发展阶段国家之间的工作任务的差异如此之大，远非职业结构本身的差异所能解释。在发达国家（地区），非程序性认知分析工作和非程序性认知人际工作的占比最大，通常手工任务工作占比最小，而新兴和发展中经济体的情况则正好相反，这并不奇怪。最不发达和最发达国家（地区）的程序性认知工作最少，东欧和南欧国家最多，这表明程序性认知工作重要性与国家发展水平呈倒U型关系。

与以前的工业化浪潮相比，进一步数字化给生产力增长带来的红利似乎是有限的。戈登（Gordon，2013，2017）、戈登和赛义德（Gordon and Sayed，2020）以及其他人的研究表明，目前经济放缓的主要原因是20世纪以来重大创新的红利正在减少，如电力和内燃机。在研究者看来，过去颠覆性技术进步带来的"低垂的果实"已被摘取，现在的创新只能带来较低的边际回报。

▶ 政策选项

持续提高生产力，实现共同繁荣应该是政策制定者和社会合作伙伴的核心关注点。本章的分析表明，几十年前，生产力增长放缓还只是存在于发达经济体的现象，而现在已成为全球关注的问题。经济放缓的原因仍在争论中，各国特定的国情也在此中发挥着作用。在这种情况下，不可能找到一种单一的、放之四海而皆准的政策方法。经济放缓目前在全球范围内普遍存在，而且在许多国家已成为持续性现象，这表明结构性问题可能正在抑制更强劲的生产力增长。

更高的生产力增长是过去可能实现的事情。因此，政策制定者可以把重点放在已知能够加快生产力增长的领域，例如创造友好的商业环境、加大生产能力方面的公共和私人投资等，推动技术开发和传播，进而改善或促进商品和服务的可持续生产或消费，最终提高民众的生活水平。最后，支持对人进行投资的政策（各种形式的人力资本），让人们看到了将生产力增长提高到前所未有更高水平的前景。这类政策尝试通过就业生涯中的（再）教育和（再）培训，从战略上提高劳动力素质，拓展资源获取渠道，使人们能够建立和维持自己的人力资本。

本节讨论的其他政策选项包括政策机制和制度安排，这些机制和安排有助于切实有效地解决上述政策领域的问题。

创造有利于生产力可持续增长的环境

为可持续发展的企业提供有利的环境至关重要。生产力的提高最终需要落实在企业层面，由企业通过改善工作环境和生产流程实现。这意味着政策制定者会积极寻求改善商业环境，以便企业有动力做出改变以提高生产力。在最高政策层面，各国政府需要提供一个宏观经济、法律和制度框架，使私营企业能够蓬勃发展。营造这样的环境需要有可强制执行的财产权、反腐败法和竞争法，这些政策法规能够共同保证经济主体公平地进入市场，同时防止卖方垄断、买方垄断和寡头的形成。

法律和体制框架应由维护法治的独立而有效的法院来维持。要保持稳定的宏观经济环境，就需要维持低通胀，并且有相应的宏观经济政策来应对冲击。如果不能维持这样一个基本框架，就很难创造稳定的市场，也很难促进可持续的企业发展，在发展中国家（地区）尤其如此；需要制定必要的激励措施，推动企业进入稳定的市场并在这些市场中运营，才能创造生产性就业机会。就此而言，实施适度的宏观而审慎的监管，对于提高生产力和创造体面劳动至关重要（Ernst，2019）。

税收政策是实现具有包容性的生产力增长的基本要素。在今天的数字化和机器人化时代，税收已严重偏向于加重劳动力负担。因此，政府税收应该在减少不平等和保持长期生产力增长之间找到适当的平衡。最近的证据表明，这一政策权衡可能未被充分重视（Merola，2022）。例如，阿西莫格鲁、马内拉和雷斯特雷波（Acemoglu，Manera and Restrepo，2020）认为，与劳动力相比，美国目前对机器和设备征收的税收太少，这种做法鼓励了过度自动化，减少了就业机会，而且也没有提高生产力。

需要推动对包括技术在内的生产资料的私人投资，并对交通和数字设施等公共基础设施进行足够的投资。例如，实现智能手机网络覆盖和互联网接入，对于创造和维护便利的商业环境非常重要。如果只有一小部分人口和企业能使用硬件、数字设备和互联网，那么就会出现数字鸿沟。某些群体可能因性别或收入等人口特征而无法参与数字经济，或在参与数字经济时受到限制。数字鸿沟也可能发生在同一经济体的不同地理区域，特别是在农村和城市地区之间，解决该问题需要实施具有针对性的政策措施。从更广泛的角度来看，需要防止金融创新成为新的经济不稳定和波动之源。

金融稳定和金融资源获得具有关键作用。中小企业需要获得信贷或股权，因为它们进入全球金融市场的机会非常有限，甚至根本没有机会进入。得益于数字技术的最新进展，现在有了新的金融解决方案，高科技金融服务公司涌现，"金融科技"兴起。金融数字化应用有望改善发展中国家和地区（包括农村地区）的融资选择，因为这些国家和地区的金融机构往往不太发达。

应促进新技术在不同企业、不同国家的开发、传播、实施和采用。[①] 本章认为，到目前为止，数字技术已取得许多进步，但尚未转化为能被人口广泛分享的显著的生产力增长。虽然具体原因尚不清楚，但人们可以关注某些政策领域，例如促进公司之间的公平竞争，避免技术、数据和数字基础设施方面的垄断。在监管方面，应促进中期内数字技术及其利益在企业和个人层面的传播；应防止数字技术被滥用而出现信息不对称；还应支持以人为本的技术使用，以提高人民福祉。

需要做出更多努力，支持劳动力队伍和坚实的劳动力市场制度中的人力资本发展。政府应与社会伙伴、雇主和工人密切合作，确保教

---

① 这一建议适用于所有类型的技术，但本章主要讨论与数字技术有关的问题。

育系统和技能培训符合企业需求，从而加快生产力增长。在推动新技术使用和促进新生产工艺提高生产力方面，劳动力素质起着极为重要的作用。需要对教育和培训系统进行投资，以建设和维持可就业的、有效的劳动力队伍，除此之外，还需要实施积极的劳动力市场政策，此类政策可以提高劳动力市场效率，而且已被证明具有改善技能和增加知识溢出等作用，因此有助于提高生产力（Goulas and Zervoyianni，2018；Escudero，2018；Escudero et al.，2019）。数字化转型的特点意味着，劳动力市场政策还应充分考虑劳动力市场转型的灵活性，使人才能够在不同企业之间流动，并确保工人获得足够的社会保护（Petropoulos，2022）。

从更广泛的社会正义角度来看，保持人口健康的力度已被证明是导致各国工人人均收入差异的一个原因。这一结论说明，需要实施公共卫生措施，使其成为加快生产力增长的补充手段（Bloom et al.，2022）。此外，消除工作中的暴力、骚扰和歧视也可能提高生产力，因为这些不道德的行为会对工人的心理健康产生负面影响（例如，见ILO，2022e）。

适当的失业保险制度也很重要，这可以为求职者提供必要的收入支持，有助于他们找到与其技能和愿望相匹配的工作。失业救济金应当对求职者有鼓励作用，支持其将时间花在寻找与技能相符的工作上。最近的研究表明，延长失业保险福利可以显著提高就业匹配度，进而提高生产力（Acemoglu and Shimer，1999，2000；Farooq，Kugler and Muratori，2020）。

构建有利于体面劳动和公正过渡的生产力生态系统

在确保政策有效实施的政策机制方面，国际劳工组织提出了"体面劳动生产力生态系统"框架，以消除目前的生产力增长障碍。[①]企业及其员工处于同一"生态系统"中，生产力增长的驱动因素和体面劳动在几个层面上相互关联。相关政策需要针对特定的行业和职业需求，以帮助企业和员工获得必要的能力，成功实现技术转型。企业员工可能不具备必要的技能，企业本身往往也缺乏必要的管理经验，可以通过与类似或相关部门的竞争对手开展更多互动交流来获得这些经验（Bender et al.，2018；Bloom et al.，2019）。因此，如果管理人员流动率低，就会阻碍企业采取更有成效的管理做法（Bloom et al.，2020）。此外，要实现更快的生产力增长，就要帮助小微企业向正式企业过渡，使其实现并保持最低限度的有效规模和经济可行性。

在促进生产力提高方面，社会对话起着举足轻重的作用。[②]个人之间和企业之间存在巨大的生产力差异，生产力增长与工资增长之间的差距在日益扩大，这两个问题对工人造成了严重伤害，而社会对话在弥合这些差距方面起着至关重要的作用。也有证据表明，**改善基层劳资关系质量有助于防止低效转型**，进而提高企业生产力。事实证明，要求在转型、制订投资计划或裁员时必须咨询劳资委员会的规定可以减少劳动力流动。劳资委员会还可以开展行业层面的交涉，防止寻租行为，在这方面，已经证实劳资委员会可以提高企业层面的生产力并加快新技术的引入（El-Ganainy et al.，2021）。工会和集体谈判对生产力的总体影响尚不明确，还需要继续探讨（ILO，2022f；Doucouliagos，Freeman and Laroche，2017）。但是，如果在企业层面加强有组织的劳工发言权，将有助于更快、更公平地引进新技术，这反过来又可以改善生产力和就业的长期前景，具体可以采取加大工人培训激励措施力度、支持劳动力转型等方式。

还应特别注意旨在**减少非正式就业发生率**的政策所发挥的作用。非正式经济的低生产力是拖累总生产力增长的主要因素之一，而且还

---

① https：//www.ilo.org/empent/Projects/productivity-ecosystems/lang--en/index.htm.

② 近期哥伦比亚的事例很好地说明了社会对话和集体谈判如何极大地提高了生产力：https：//www.ilo.org/global/about-the-ilo/multimedia/features/colombia/collective-bargaining/lang--en/index.htm。

导致贫困持续存在。改善非正式经济的主要政策包括出台正式企业激励措施，提供国家发展银行或政府支持的贷款融资渠道，培养企业主和工人的技能（以改善资源分配和管理方法，提高劳动生产率），确保便捷公平的税收，采取反腐败政策，提供稳定友好的商业环境以及简化注册程序等（El-Ganainy et al.，2021）。

加强促进生产力和体面劳动的制度安排

中央协调机构可以发挥重要作用，引导私营部门提高生产力（Mazzucato，2013，2022）。公共机构可以为企业提供降低交易成本的重要服务。例如，这些机构可以提供信息，在不同行为者之间进行协调，帮助制定标准，并通过采购政策促进标准的应用，同时确保提供相关技能和培训。对于那些被视为具有社会意义但风险巨大的项目，公共机构还可以帮助降低投资风险。对正在进行大规模结构调整的发展中国家和地区而言，此类协调机构尤为重要（Salazar-Xirinachs，Nübler and Kozul-Wright，2014）。

就最基本层面而言，生产力促进组织可以为企业和工人提供必要信息，帮助其在投资和教育方面做出明智决定。国际劳工组织指出，国家生产力促进组织具有重要作用，应承担促进生产力增长的使命。这样的组织应该是独立机构（政府、雇主或工人都不是此类机构的主导者），可以引导国家和地区政策包含促进生产力增长的措施。一般而言，这些组织会开展经济和统计分析并公布相关结果，以影响国家政策，鼓励国家寻求可持续经济增长的改革。国家生产力促进组织可以向利益攸关方征询意见，但必须保持客观和中立。

生产力促进组织还可以帮助促进制定标准和简化公共采购政策。行业标准是协调企业及其投资、降低企业活动交易成本的重要工具。在软性法律和行业协议不充足的情况下，公共行为者可以介入协议谈判或提供相关帮助。行业标准对数字经济的演化发展尤为重要，因为在数字经济中，国际标准和法规起着关键作用，可以确保数字服务的无摩擦贸易。然而，国际标准与数字贸易的结合仍需要加强，特别是在坚持对平台工人适用国际劳工标准方面，如果没有这一点，数字化转型的回报可能仍然集中在少数参与者身上（ILO，2018）。

技能发展和职业培训在提高经济生产力方面发挥着突出作用，认可工人在工作中获得的专业经验也同样重要。制定适当的教育课程仍然是许多国家面临的挑战。综合课程开发过程需要社会伙伴、商业和教育机构的参与，这是有效培养相关技能的关键所在（Nübler，2014）。例如，德国实施双元制职业培训体系，其职业课程要根据雇主的要求定期修订，同时整合新的课程内容。在韩国，公共和私营机构密切合作，确保雇员接受适当的培训和基础广泛的普通教育，以帮助该国适应快速的结构调整进程（Cheon，2014）。让私营部门拥有提供技能和培训的主动权，对于确保所提供内容的相关性和及时性非常重要。

促进技能预期和职业导向方面的制度发展，可以帮助工人和企业适应不断变化的经济机会。例如，新加坡推行"技能创前程"计划，帮助工人利用以往的职业经验和正式培训经历，更快找到新的工作。需要采取新方法，更加重视人们在以往积累的职业经验，以支持富有成效的职业过渡（McKinsey，2022）。公共认证标准与新的数字形式（微型）证书可构成加强终身学习的一项有效策略。

在过去十年中，许多国家在一般研发方面的公共支出有所下降，尽管这类支出在开发前沿技术方面发挥了重要作用。**主权财富基金（SWF）应得到更多关注，近年来出现了大量利用主权财富基金管理国家资源的情况**（Thatcher and Vlandas，2022）。到目前为止，大多数主权财富基金在管理国内外投资时，采取一种被动的立场。但是，鉴于这些基金的规模如此之大，有些国家尝试将至少部分资金用于更积极的投资战略，特别是在支持创新项目方面。例如，沙特阿拉伯于2017年成立了"未来投资倡议研究所"，部分资金来自其公共投资基金，目的是投资于可持续发展方面的风险较高的重大项目。同样，来自新加坡、马来西亚和阿布扎比的主权财富基金也在硅谷投资，支持创新型数字公司发展，促进本国经济多样化（WIPO，2020）。总体而言，如果这类基金采取更积极的立场，就可以调动足够的资源，推动经济体实现转型，帮助经济体实现其可持续发展目标，同时改善生产基础（Ernst，2022a）。

最后，当前向绿色经济过渡的进程具有大幅提高生产力的潜力，特别是在发展中国家（地区）。许多发展中国家（地区）拥有大片自然栖息地，这对生态重建和调节全球气候至关重要。国际治理机制开始重视这些形式的自然资本，这将使这些国家（地区）获得额外的资金，有助于它们为技术升级和环境资源保护提供资金（Ernst，2022b；Ernst，Schörling and Achtnich，2022）。如果没有这些机制，很多国家（地区）倾向于用开采矿物和采伐林木的方式来处理自然资源，这些方式不会带来成功的结构转型。2022年召开的《联合国气候变化框架公约》第27次缔约方大会做出了建立和运营"损失和损害基金"的决定，迈出了建设国际治理机制的重要一步。该基金应扩大到自然资本评估，例如采取为生态系统服务付费的方式，这种方式可以产生额外的资金，而"损失和损害基金"只是重新分配现有资源（Dasgupta，2021）。如上所述，与主权财富基金或国家发展委员会相结合，这样的治理创新可以为私营部门发展提供额外资源，正如卢旺达发展委员会所建议的那样。与前文讨论的公正过渡政策相结合，追求以自然为基础的解决办法，有望为可持续经济发展带来重大利好（ILO and UNEP，2022）。

参考文献

▶ Acemoglu, D., and D.H. Autor. 2011. "Skills, Tasks and Technologies: Implications for Employment and Earnings". In *Handbook of Labor Economics*, edited by Orley Ashenfelter and David Card, Vol. 4B, 1043–1171. Amsterdam: Elsevier.

▶ Acemoglu, D., A. Manera, and P. Restrepo. 2020. "Does the US Tax Code Favour Automation?" NBER Working Paper 27052.

▶ Acemoglu, D., and P. Restrepo. 2017. "Secular Stagnation? The Effect of Aging on Economic Growth in the Age of Automation". *American Economic Review: Papers & Proceedings* 107 (5): 174–179.

▶ Acemoglu, D., and R. Shimer. 1999. "Efficient Unemployment Insurance". *Journal of Political Economy* 107 (5): 893–928.

▶ ——. 2000. "Productivity Gains from Unemployment Insurance". *European Economic Review* 44 (7): 1195–1224.

▶ Adalet McGowan, M., and D. Andrews. 2015. "Labour Market Mismatch and Labour Productivity: Evidence from PIAAC Data", OECD Economics Department Working Paper No. 1209. https://doi.org/10.1787/5js1pzx1r2kb-en.

▶ Aiyar, S., C. Ebeke, and X. Shao. 2016. "The Impact of Workforce Aging on European Productivity", IMF Working Paper WP/16/238. https://www.imf.org/external/pubs/ft/wp/2016/ wp16238.pdf.

▶ Akerlof, G. 1982. "Labor Contracts as Partial Gift Exchange". *Quarterly Journal of Economics* 97: 543–569.

▶ Alon, T., D. Berger, R. Dent, and B. Pugsley. 2018. "Older and Slower: The Startup Deficit's Lasting Effects on Aggregate Productivity Growth". *Journal of Monetary Economics* 93: 68–85.

▶ Andrade, R.B., L. Cosentino, and G. Sagazio. 2022. "Improving Productivity through Innovation Policy in Brazil". In *Global Innovation Index 2022, 15th Edition: What Is the Future of Innovation Driven Growth?* WIPO.

▶ Andrews, D., C. Criscuolo, and P. Gal. 2016. "The Best versus the Rest: The Global Productivity Slowdown, Divergence across Firms and the Role of Public Policy", OECD Productivity Working Papers No. 5. https://doi.org/10.1787/63629cc9-en.

▶ Arntz, Melanie, Terry Gregory, and Ulrich Zierahn. 2016. "The Risk of Automation for Jobs in OECD Countries", OECD Social, Employment and Migration Working Papers 189. https:// www.oecd-ilibrary.org/social-issues-migration-health/the-risk-of-automation-for-jobs-in-oecd-countries_5jlz9h56dvq7-en.

▶ Arulampalam, W., A. Booth, and M. Bryan. 2004. "Training and the Minimum Wage". *Economic Journal* 114: C86–C94.

▶ Autor, D.H. 2013. "The 'Task Approach' to Labor Markets: An Overview". *Journal for Labour Market Research* 46: 185–199.

▶ Autor, D.H., D. Dorn, D., L.F. Katz, C. Patterson, and J. Van Reenen. 2020. "The Fall of the Labor Share and the Rise of Superstar Firms". *Quarterly Journal of Economics* 135 (2): 645–709, https://doi. org/10.1093/qje/qjaa004.

▶ Autor, D.H., F. Levy, and R.J. Murnane. 2003. "The Skill Content of Recent Technological Change: An Empirical Exploration". *Quarterly Journal of Economics* 118 (4): 1279–1333.

▶ Autor, D.H., and A. Salomons. 2017. "Does Productivity Growth Threaten Employment?" Paper prepared for the ECB Forum on Central Banking, 19 June 2017. https://www.ecb.europa.eu/pub/ conferences/shared/pdf/20170626_ecb_forum/D_Autor_A_Salomons_Does_productivity_growth_ threaten_employment.pdf .

▶ Badulescu, D., A. Badulescu, R. Simut, D. Bac, Elena-Ana Iancu, and N. Iancu. 2020. "Exploring Environmental Kuznets Curve: An Investigation on EU Economies". *Technological and Economic Development of Economy* 26 (1): 1–20.

▶ Banerjee, R.N., and B. Hofmann. 2020. "Corporate Zombies: Anatomy and Life Cycle", BIS Working Paper No. 882. https://www.bis.org/publ/work882.htm.

▶ Bank of Finland. 2021. "The Depths of the COVID-19 Crisis, and the Recovery", Bank of Finland Bulletin 6/2020.

▶ Barro, R.J. 1999. "Notes on Growth Accounting". *Journal of Economic Growth* 4 (2): 119–137.

▶ Bassanini, A., and E. Ernst. 2002. "Labour Market Regulation, Industrial Relations and Technological Regimes: A Tale of Comparative Advantage". *Industrial and Corporate Change* 11 (3): 391–426.

▶ Baumol, William J. 1967. "Macroeconomics of Unbalanced Growth: The Anatomy of Urban Crisis". *American Economic Review* 57 (3): 415–426.

▶ Baumol, William J., and William G. Bowen. 1966. *Performing Arts, the Economic Dilemma: A Study of Problems Common to Theater, Opera, Music and Dance.* Cambridge, MA: MIT Press.

▶ Bender, S., N. Bloom, D. Card, J. Van Reenen, and S. Wolter. 2018. "Management Practices, Workforce Selection, and Productivity". *Journal of Labor Economics* 36 (S1): S371–S409.

▶ Benigno, P., L.A. Ricci, and P. Surico. 2015. "Unemployment and Productivity in the Long Run: The Role of Macroeconomic Volatility". *Review of Economics and Statistics* 97 (3): 698–709.

▶ Betcherman, Gordon. 2015. "Promoting Productive Employment and Decent Jobs: What Should Be Done about Informal Employment?" Paper prepared for the Expert Group Meeting on Social Development and Agenda 2030, New York, NY, 21–23 October 2015. https://www.un.org/esa/ socdev/egms/docs/2015/sd-agenda2030/BetchermanPaper.pdf .

▶ Bloom, D., and D. Canning. 2008. "Population Health and Economic Growth", Commission on Growth and Development Working Paper No. 24.

▶ Bloom, D., R. Kotschy, K. Prettner, D. Canning, and J. Schünemann. 2022. "Health and Economic Growth: Reconciling the Micro and Macro Evidence", CESifo Working Paper No. 9806. https://papers.ssrn.com/sol3/papers.cfm?abstract_id=4148203.

▶ Bloom, D., M. Kuhn, and K. Prettner. 2019. "Health and Economic Growth". *Oxford Research Encyclopedias: Economics and Finance*, 25 February 2019.

▶ Bloom, N., E. Brynjolfsson, L. Foster, R. Jarmin, M. Patnaik, I. Saporta-Eksten, and J. Van Reenen. 2019. "What Drives Differences in Management Practices?" *American Economic Review* 109 (5): 1648–1683. https://doi.org/10.1257/aer.20170491.

▶ Bloom, N., A. Mahajan, D. McKenzie, and J. Roberts. 2020. "Do Management Interventions Last? Evidence from India". *American Economic Journal: Applied Economics* 12 (2): 198–219.

▶ Bornstein, G. 2020. "Entry and Profits in an Aging Economy: The Role of Consumer Inertia".Mimeo.

▶ Brynjolfsson, Erik, and Andrew McAfee. 2014. *The Second Machine Age: Work, Progress, and Prosperity in a Time of Brilliant Technologies.* New York, NY: W.W. Norton.

▶ Brynjolfsson, Erik, and Tom Mitchell. 2017. "What Can Machine Learning Do? Workforce Implications". *Science* 358 (6370): 1530–1534.

▶ Brynjolfsson, Erik, D. Rock, and C. Syverson. 2019. "Artificial Intelligence and the Modern Productivity Paradox: A Clash of Expectations and Statistics." In *The Economics of Artificial Intelligence: An Agenda*, edited by Ajay Agrawal, Joshua Gans and Avi Goldfarb. Chicago, IL: University of Chicago Press.

▶ Byrne, D., J. Fernald, and M.B. Reinsdorff. 2016. "Does the United States Have a Productivity Slowdown or a Measurement Problem?" *Brookings Papers on Economic Activity*, 10–11 March 2016, 109–157.

▶ Caballero, R.J., and M.L. Hammour. 1996. "On the Timing and Efficiency of Creative Destruction". *Quarterly Journal of Economics* 111 (3): 805–852.

▶ Chen, X., W. Ma, and V. Valdmanis. 2021. "Can Labor Productivity Growth Reduce Carbon Emission? Evidence from OECD Countries and China". *Management of Environmental Quality* 33 (3): 644–656.

▶ Cheon, B.Y. 2014. "Skills Development Strategies 7 and the High Road to Development in the Republic of Korea". In *Transforming Economies: Making Industrial Policy Work for Growth, Jobs and Development*, edited by José Manuel Salazar-Xirinachs, Irmgard Nübler and Richard Kozul-Wright. ILO.

▶ Chutchian, Maria. 2022. "Bankruptcy Filings Are Creeping Back Up in 2022". *Reuters*, 5 April 2022. https://www.reuters.com/legal/transactional/bankruptcy-filings-are-creeping-back-up-early-2022-2022-04-05/.

▶ Cingano, F. 2014. "Trends in Income Inequality and Its Impact on Economic Growth", OECD Social, Employment and Migration Working Paper No. 163. http://dx.doi.org/10.1787/5jxrjncwxv6j-en.

▶ Coviello, D., E. Deserranno, and N. Persico. 2022. "Minimum Wage and Individual Worker Productivity: Evidence from a Large US Retailer". *Journal of Political Economy* 130 (9): 2315–2360.

▶ Daniele, F., H. Taku, and A.C. Lembcke. 2020. "Ageing and Productivity Growth in OECD Regions: Combatting the Economic Impact of Ageing through Productivity Growth?" In *Ageing and Fiscal Challenges across Levels of Government*. OECD. https://www.oecd-ilibrary.org/sites/dc2ae16d-en/ index.html?itemId=/content/component/dc2ae16d-en.

▶ Davis, C., Ken-Ichi Hashimoto, and K. Tabata. 2022. "Demographic Structure, Knowledge Diffusion, and Endogenous Productivity Growth". *Journal of Macroeconomics* 71: 103396.

▶ Dasgupta, P. 2021. *The Economics of Biodiversity: The Dasgupta Review.* London: HM Treasury.

▶ Decker, R., J. Haltiwanger, R. Jarmin, and J. Miranda. 2014. "The Role of Entrepreneurship in US Job Creation and Economic Dynamism". *Journal of Economic Perspectives* 28 (3): 3–24.

▶ De Loecker, J., and J. Eeckhout. 2017. "The Rise of Market Power and the Macroeconomic Implications", NBER Working Paper No. 23687. https://www.nber.org/papers/w23687.

▶ De Vries, K., A. Erumban, and B. Van Ark. 2021. "Productivity and the Pandemic: Short-Term Disruptions and Long-Term Implications. The Impact of the COVID-19 Pandemic on Productivity Dynamics by Industry".

International Economics and Economic Policy 18: 541–570.

▶ Dieppe, A., ed. 2021. *Global Productivity: Trends, Drivers, and Policies*. World Bank. https://www. worldbank.org/en/research/publication/global-productivity.

▶ Dosso, M. 2022. "Building Place-Based Innovation Capabilities for Productivity in Sub-Saharan Africa". In *Global Innovation Index 2022, 15th Edition: What Is the Future of Innovation Driven Growth?* WIPO.

▶ Doucouliagos, H., R.B. Freeman, and P. Laroche. 2017. "Unions and Productivity Growth". In *The Economics of Trade Unions*, edited by Hristos Doucouliagos, Richard B. Freeman and Patrice Laroche. London: Routledge.

▶ Duernecker, G., and M. Sanchez-Martinez. 2022. "Structural Change and Productivity Growth in Europe – Past, Present and Future". *European Economic Review* 104329.

▶ El-Ganainy, Asmaa, Ekkehard Ernst, Rossana Merola, Richard Rogerson, and Martin Schindler. 2021. "Labor Markets". In *How to Achieve Inclusive Growth*, edited by Valerie Cerra, Barry Eichengreen, Asmaa El-Ganainy and Martin Schindler. Oxford: Oxford University Press. https://doi. org/10.1093/oso/9780192846938.003.0003.

▶ Engbom, N. 2019. "Firm and Worker Dynamics in an Aging Labor Market", Federal Reserve Bank of Minneapolis Working Paper 756.

▶ Ernst, E. 2019. "Finance and Jobs: How Financial Markets and Prudential Regulation Shape Unemployment Dynamics". *Journal of Risk and Financial Management* 12 (1): 20. https://doi. org/10.3390/jrfm12010020.

▶ ——. 2022a. "The AI Trilemma: Saving the Planet without Ruining Our Jobs". *Frontiers in Artificial Intelligence*, 19 October 2022. https://doi.org/10.3389/frai.2022.886561.

▶ ——. 2022b. "How Much Is an Elephant Worth? Valuing Natural Capital to Protect Nature and Improve Wellbeing". *OECD Development Matters*, 5 January 2022. https://oecd-development-matters.org/2022/01/05/how-much-is-an-elephant-worth-valuing-natural-capital-to-protect-nature-and-improve-wellbeing/.

▶ Ernst, E., M. Schöling, and L. Achtnich. 2022. "How to Transition to a Green Economy". *UN Today*, 22 November 2022. https://untoday.org/how-to-transition-to-a-green-economy/.

▶ Escudero, V. 2018. "Are Active Labour Market Policies Effective in Activating and Integrating Low-Skilled Individuals? An International Comparison". *IZA Journal of Labor Policy* 7:4.

▶ Escudero, V., J. Kluve, E. Lopez Mourelo, and C. Pignatti. 2019. "Active Labour Market Programmes in Latin America and the Caribbean: Evidence from a Meta-analysis". *Journal of Development Studies* 55 (12): 2644–2661.

▶ European Central Bank. 2021. "Scarring Effects of the COVID-19 Pandemic on the Global Economy: Reviewing Recent Evidence", ECB Economic Bulletin 7/2021.

▶ European Commission. 2020. *Productivity in Europe: Trends and Drivers in a Service-Based Economy*. JRC Technical Report, JRC119785. https://publications.jrc.ec.europa.eu/repository/ handle/JRC119785.

▶ ——. 2022. "Science, Research and Innovation Performance of the EU: 2022". In *Industrial Performance and Investment in Intangible Assets during Crises*.

▶ Farooq, A., A. Kugler, and U. Muratori. 2020. "Do Unemployment Insurance Benefits Improve Match Quality? Evidence from Recent U.S. Recessions", NBER Working Paper No. 27574. https://www.nber.org/system/files/working_papers/w27574/revisions/w27574.rev0.pdf.

▶ Fedotenkov, I., V. Kvedaras, and M. Sanchez-Martinez. 2022. "Employment Protection and Labour Productivity Growth in the EU: Skill-Specific Effects during and after the Great Recession", JRC Working Paper in Economics and Finance 2022/4, JRC129023. https://joint-research-centre. ec.europa.eu/system/files/2022-05/JRC129023.pdf.

▶ Feldstein, Martin. 2017. "Underestimating the Real Growth of GDP, Personal Income, and Productivity". *Journal of Economic Perspectives* 31 (2): 145–164.

▶ Fernald, J., and R. Inklaar. 2020. "Does Disappointing European Productivity Growth Reflect a Slowing Trend? Weighing the Evidence and Assessing the Future", Federal Reserve Bank of San Francisco Working Paper 2020-22. https://www.frbsf.org/economic-research/wp-content/uploads/ sites/4/wp2020-22.pdf.

▶ Fossen, Frank M., Daniel Samaan, and Alina Sorgner. 2022. "How Are Patented AI, Software and Robot Technologies Related to Wage Changes in the United States?" *Frontiers*, 14 June 2022. https://www.frontiersin.org/articles/10.3389/frai.2022.869282/full.

▶ Frey, Carl Benedikt, and Michael A. Osborne. 2017. "The Future of Employment: How Susceptible Are Jobs to Computerisation?" *Technological Forecasting and Social Change* 114 (January): 254–280.

▶ Furceri, D. 2005. "β and σ-Convergence: A Mathematical Relation of Causality". *Economics Letters* 89 (2): 212–215.

▶ Furman, J., and P. Orszag. 2015. "A Firm-Level Perspective on the Role of Rents in the Rise in Inequality." Paper presented at Columbia University's "A Just Society" Centennial Event in Honor of Joseph Stiglitz, New York, NY, 16 October 2015.

▶ Gallie, D. 2012. "Skills, Job Control and the Quality of Work: The Evidence from Britain". *Economic and Social Review* 43 (3): 325–341.

▶ Gallie, D., and Z. Ying. 2013. "Job Control, Work Intensity, and Work Stress". In *Economic Crisis, Quality of Work, and Social Integration: The European Experience*, edited by D. Gallie. Oxford: Oxford University Press.

▶ Georgiadis, A. 2013. "Efficiency Wages and the Economic Effects of the Minimum Wage: Evidence from a Low-Wage Labour Market". *Oxford Bulletin of Economics and Statistics* 75 (6): 962–979.

▶ Georgieva, Kristalina, and Tobias Adrian. 2022. "Public Sector Must Play Major Role in Catalyzing Climate Finance". *IMF Blog*, 18 August 2022. https://www.imf.org/en/Blogs/Articles/2022/08/18/ public-sector-must-play-major-role-in-catalyzing-private-climate-finance.

▶ Goldin, I., P. Koutroumpis, F. Lafond, and J. Winkler. Forthcoming. "Why Is Productivity Slowing Down?" *Journal of Economic Literature*.

▶ Gordon, R.J. 2013. "U.S. Productivity Growth: The Slowdown Has Returned after a Temporary Revival". *International Productivity Monitor* 25: 13–19. https://ideas.repec.org/a/sls/ipmsls/ v25y20132.html.

▶ ——. 2017. *The Rise and Fall of American Growth: The U.S. Standard of Living since the Civil War*. Princeton, NJ: Princeton University Press.

▶ Gordon, R.J., and H. Sayed. 2019. "The Industry Anatomy of the Transatlantic Productivity Growth Slowdown: Europe Chasing the American Frontier". *International Productivity Monitor* 37: 3–38.

▶ ——. 2020. "Transatlantic Technologies: The Role of ICT in the Evolution of U.S. and European Productivity Growth". *International Productivity Monitor* 38: 50–80. https://ideas.repec.org/a/sls/ ipmsls/v38y20203.html.

▶ Goulas, E., and A. Zervoyianni, A. 2018. "Active Labour-Market Policies and Output Growth: Is There a Causal Relationship?" *Economic Modelling* 73: 1–14.

▶ Greenspon, J., A. Stansbury, and L.H. Summers. 2021. "Productivity and Pay in the United States and Canada". *International Productivity Monitor* 41: 3–30.

▶ Gust, S., A. Hanushek, and L. Woessmann. 2022. "Global Universal Basic Skills: Current Deficits and Implications for World Development", RISE Working Paper 22/114. https://riseprogramme. org/sites/default/files/publications/Global_Universal_Basic_Skills.pdf.

▶ Gutierrez, G., and T. Philippon. 2017. "Declining Competition and Investment in the U.S." NBER Working Paper No. 23583. https://www.nber.org/system/files/working_papers/w23583/w23583. pdf.

▶ Hallward-Driemeier, Mary, and Gaurav Nayyar. 2018. *Trouble in the Making? The Future of Manufacturing-Led Development*. World Bank. https://www.worldbank.org/en/topic/ competitiveness/publication/trouble-in-the-making-the-future-of-manufacturing-led-development.

▶ Hanushek, E., and L. Woessmann. 2020. "The Economic Impacts of Learning Losses", OECD Education Working Paper 225. https://www.oecd.org/education/The-economic-impacts-of-coronavirus-covid-19-learning-losses. pdf.

▶ Hartwig, J. 2011. "Testing the Baumol–Nordhaus Model with EU KLEMS Data". *Review of Income and Wealth* 57 (3): 471–489.

▶ Haskel, Jonathan, and Stian Westlake. 2018. *Capitalism without Capital: The Rise of the Intangible Economy*. Princeton, NJ: Princeton University Press.

▶ ILO. 2012. "Wage-Led or Profit-Led Supply: Wages, Productivity and Investment", Conditions of Work and Employment Series No. 36. https://www.ilo.org/travail/info/publications/WCMS_187309/ lang--en/index.htm.

▶ ——. 2017. *World Employment Social Outlook. Sustainable Enterprises and Jobs: Formal Enterprises and Decent Jobs.* https://www.ilo.org/wcmsp5/groups/public/---dgreports/---dcomm/---publ/ documents/publication/wcms_579893.pdf.

▶ ——. 2018. *Digital Labour Platforms and the Future of Work: Towards Decent Work in the Online World.* https://www.ilo.org/wcmsp5/groups/public/---dgreports/---dcomm/---publ/documents/ publication/wcms_645337.pdf.

▶ ——. 2019. *Skills and Jobs Mismatches in Low- and Middle-Income Countries.* https://www.ilo.org/ wcmsp5/groups/public/---ed_emp/documents/publication/wcms_726816.pdf.

▶ ——. 2020a. *Driving Up Productivity: A Guide for Employer and Business Membership Organizations.* https://www.ilo.org/actemp/publications/WCMS_758749/lang--en/index.htm.

▶ ——. 2020b. *Global Employment Trends for Youth 2020: Technology and the Future of Jobs.* https:// www. ilo.org/global/publications/books/WCMS_737648/lang--en/index.htm.

▶ ——. 2020c. *Global Wage Report 2020–21: Wages and Minimum Wages in the Time of COVID-19.* https:// www.ilo.org/global/research/global-reports/global-wage-report/2020/lang--en/index.htm.

▶ ——. 2021a. "Who Moves and Who Stays? Labour Market Transitions under Automation and Health-Related Restrictions", ILO Research Brief. https://www.ilo.org/global/research/publications/ WCMS_829500/lang--en/index. htm.

▶ ——. 2021b. "Decent Work and Productivity". Governing Body, 341st Session. https://www.ilo. org/wcmsp5/

groups/public/---ed_norm/---relconf/documents/meetingdocument/wcms_769282.pdf.

▶ ——. 2022a. *World Employment and Social Outlook: Trends 2022*. https://www.ilo.org/global/ research/ global-reports/weso/trends2022/WCMS_834081/lang--en/index.htm.

▶ ——. 2022b. *Productivity Growth, Diversification and Structural Change in the Arab States*. https:// www. ilo.org/actemp/publications/WCMS_840588/lang--en/index.htm.

▶ ——. 2022c. *Digital Transition, Technological Change and Productive Development Policies in LAC: Challenges and Opportunities*. https://www.ilo.org/americas/publicaciones/WCMS_849272/lang--en/index.htm.

▶ ——. 2022d. "Using Online Vacancy and Job Applicants' Data to Study Skills Dynamics", ILO Working Paper 75. https://www.ilo.org/wcmsp5/groups/public/---dgreports/---inst/documents/ publication/wcms_853821.pdf.

▶ ——. 2022e. *Violence and Harassment at Work: A Practical Guide for Employers*. https://www.ilo. org/wcmsp5/ groups/public/---ed_dialogue/---act_emp/documents/publication/wcms_857915.pdf.

▶ ——. 2022f. *Social Dialogue Report 2022*. https://www.ilo.org/global/research/global-reports/ social-dialogue/2022/lang--en/index.htm.

▶ ILO and UNEP (United Nations Environment Programme). 2022. *Decent Work in Nature-Based Solutions 2022*. https://www.ilo.org/wcmsp5/groups/public/---ed_emp/documents/publication/ wcms_863035.pdf.

▶ IMF. 2022. *World Economic Outlook: Countering the Cost-of-Living Crisis*. https://www.imf.org/en/ Publications/WEO/Issues/2022/10/11/world-economic-outlook-october-2022.

▶ Isham, A., S. Mair, and T. Jackson. 2020. "Well-Being and Productivity: A Review of the Literature", CUSP Working Paper No 22.

▶ Jimeno, J.F., 2019. "Fewer Babies and More Robots: Economic Growth in a New Era of Demographic and Technological Changes". *Journal of the Spanish Economic Association* 10: 93–114. https://doi.org/10.1007/s13209-019-0190-z.

▶ Karahan, F., B. Pugsley, and A. Şhin, A. 2019. "Demographic Origins of the Startup Deficit", Federal Reserve Bank of New York Staff Report No. 888. https://www.newyorkfed.org/ medialibrary/media/research/staff_reports/ sr888.pdf.

▶ Katsuro, P., C.T. Gadziray, M. Taruwona, and S. Mupararano. 2010. "Impact of Occupational Health and Safety on Worker Productivity: A Case of Zimbabwe Food Industry". *African Journal of Business Management* 4 (13): 2644–2651.

▶ Kose, M.A., F. Ohnsorge, S. Ye Lei, and E. Islamaj. 2017. "Weakness in Investment Growth: Causes, Implications and Policy Responses", CAMA Working Paper 19/2017. https://cama. crawford.anu.edu.au/sites/default/ files/publication/cama_crawford_anu_edu_au/2017-03/19_2017_kose_ohnsorge_ye_islamaj_0.pdf.

▶ Krugman, Paul. 1992. *The Age of Diminished Expectations: U.S. Economic Policy in the 1990s*. Cambridge, MA: MIT Press.

▶ Ku, H. 2020. "Does Minimum Wage Increase Labor Productivity? Evidence from Piece Rate Workers", IZA Discussion Paper No. 13369. https://docs.iza.org/dp13369.pdf.

▶ Kumar, A., and B. Kober. 2012. "Education, Health, and Cross-Country Productivity Differences". *Economic Letters* 117 (1): 14–17.

▶ Landmann, O. 2004. "Employment, Productivity and Output Growth", ILO Employment Strategy Papers

2004/17. https://www.ilo.org/empelm/pubs/WCMS_114299/lang--en/index.htm.

▶ Lewandowski, P., A. Park, W. Hardy, and Y. Du. 2022. "Technology, Skills, and Globalization: Explaining International Differences in Routine and Nonroutine Work Using Survey Data". *World Bank Economic Review* 36 (3): 687–708.

▶ Lewandowski, P., A. Park, and S. Schotte, S. 2020. "The Global Distribution of Routine and Non-routine Work", IZA Discussion Paper No. 13384. https://docs.iza.org/dp13384.pdf.

▶ Liang, J., H. Wang, and E.P. Lazear. 2018. "Demographics and Entrepreneurship". *Journal of Political Economy* 126 (S1): S140–S196.

▶ Maestas, N., K.J. Mullen, and D. Powell. 2016. "The Effect of Population Aging on Economic Growth, the Labor Force and Productivity", NBER Working Paper 22452. https://www.nber.org/ papers/w22452.

▶ Mayneris, F., S. Poncet, and T. Zhang. 2014. "The Cleansing Effect of Minimum Wage: Minimum Wage Rules, Firm Dynamics and Aggregate Productivity in China", CEPII Working Paper No. 2014-16. http://www.cepii.fr/ PDF_PUB/wp/2014/wp2014-16.pdf.

▶ Mazzucato, M. 2013. *The Entrepreneurial State: Debunking Public vs. Private Sector Myths*. London: Anthem Press.

▶ ——. 2022. *Mission Economy: A Moonshot Guide to Changing Capitalism*. London: Penguin.

▶ McAfee, A., and E. Brynjolfsson. 2008. "Investing in the IT that Makes a Competitive Difference". *Harvard Business Review* 86 (7): 98–107.

▶ McKinsey. 2022. "Human Capital at Work: The Value of Experience", 2 June 2022. https://www. mckinsey. com/capabilities/people-and-organizational-performance/our-insights/human-capital-at-work-the-value-of-experience.

▶ Merola, R. 2022. "Inclusive Growth in the Era of Automation and AI: How Can Taxation Help?" *Frontiers of Artificial Intelligence* 5: 867832.

▶ Miranda, Javier, John Haltiwanger, Ron Jarmin, and Ryan Decker. 2018. "Leaving Money on the Table: Declining Responsiveness and the Productivity Slowdown". *Vox EU*, 12 July 2018. https:// cepr.org/voxeu/columns/ leaving-money-table-declining-responsiveness-and-productivity-slowdown.

▶ Niebel, T., M. O'Mahony, and M. Saam. 2017. "The Contribution of Intangible Assets to Sectoral Productivity Growth in the EU". *Review of Income and Wealth* 63 (1): 49–67.

▶ Nordhaus, W.D. 2005. "The Sources of the Productivity Rebound and the Manufacturing Employment Puzzle", NBER Working Paper No. 11354.

▶ ——. 2008. "Baumol's Diseases: A Macroeconomic Perspective". *B.E. Journal of Macroeconomics* 8 (1): 1–39.

▶ Nübler, I. 2014. "Social Policy and Productive Transformation: Linking Education with Industrial Policy". Paper prepared for the UNRISD Conference, New Directions in Social Policy: Alternatives from and for the Global South, Geneva, 7–8 April 2014.

▶ OECD. 2015. *The Future of Productivity*.

▶ ——. 2018. *The Productivity–Inclusiveness Nexus*. https://doi.org/10.1787/9789264292932-en.

▶ ——. 2019a. "Rethink Policy for a Changing World!" *OECD Economic Outlook*, November 2019. https:// www.oecd.org/economic-outlook/november-2019/.

▶——. 2019b. "A New Macroeconomic Measure of Human Capital with Strong Empirical Links to Productivity", Economics Department Working Paper No. 1575. https://www.oecd.org/ officialdocuments/publicdisplaydocumentpdf/?cote=ECO/WKP(2019)45&docLanguage=En.

▶——. 2019c. "The Role of Collective Bargaining Systems for Labour Market Performance". In *Negotiating Our Way Up: Collective Bargaining in a Changing World of Work*. https://doi. org/10.1787/1fd2da34-en.

▶——. 2020. *OECD Digital Economy Outlook 2020*. https://www.oecd.org/digital/oecd-digital-economy-outlook-2020-bb167041-en.htm.

▶——. 2021. "Business Dynamism during the COVID-19 Pandemic: Which Policies for an Inclusive Recovery?" OECD Policy Responses to Coronavirus (COVID-19), 18 February 2021.

▶ https://www.oecd.org/coronavirus/policy-responses/business-dynamism-during-the-covid-19-pandemic-which-policies-for-an-inclusive-recovery-f08af011/.

▶——. 2022. "Paying the Price of War". *OECD Economic Outlook*, September 2022. https://www.oecd.org/ economic-outlook/september-2022/.

▶ OECD and ILO. 2019. "Informality in the Development Process". In *Tackling Vulnerability in the Informal Economy*. https://doi.org/10.1787/939b7bcd-en.

▶ O'Mahony, M., and M.P. Timmer. 2009. "Output, Input and Productivity Measures at the Industry Level: The EU KLEMS Database". *Economic Journal* 119 (538): F374–F403.

▶ Oseni, G., K. McGee, and A. Dabalen. 2014. "Can Agricultural Households Farm Their Way out of Poverty?" World Bank Policy Research Working Paper 7093. https://documents.worldbank. org/en/publication/documents-reports/documentdetail/909941468096548521/can-agricultural-households-farm-their-way-out-of-poverty.

▶ Page, J., J. Gutman, P. Madden, and D. Gandhi. 2020. "Urban Economic Growth in Africa: A Framework for Analyzing Constraints to Agglomeration", Africa Growth Initiative Working Paper No. 24. https://www.brookings. edu/research/urban-economic-growth-in-africa-a-framework-for-analyzing-constraints-to-agglomeration/.

▶ Patel, D., J. Sandefur, and A. Subramanian. 2021. "The New Era of Unconditional Convergence". *Journal of Development Economics* 152 (September): 102687.

▶ Petropoulos, G. 2022. "The ICT Revolution and the Future of Innovation and Productivity". In *Global Innovation Index 2022, 15th Edition: What Is the Future of Innovation Driven growth?* WIPO.

▶ Poplawski-Ribeiro, M. 2020. "Labour Force Ageing and Productivity Growth". *Applied Economics Letters* 27 (6): 498–502.

▶ Productivity Institute. 2021. "Editors' Overview". *International Productivity Monitor* 40: 1–2. https://www. productivity.ac.uk/wp-content/uploads/2021/06/2.-IPM_40_EditorsOverview.pdf.

▶ Riley, R., and C.R. Bondibene. 2015. "Raising the Standard: Minimum Wages and Firm Productivity", National Institute of Economic and Social Research Discussion Paper No 449. https://www.niesr.ac.uk/wp-content/ uploads/2021/10/Minimum-wages-and-firm-productivity-NIESR-DP-449-4.pdf.

▶ Rizov, M., R. Croucher, and T. Lange. 2016. "The UK National Minimum Wage's Impact on Productivity". *British Journal of Management* 24 (4): 819–835. https://doi.org/10.1111/1467-8551.12171.

▶ Roth, F. 2019. "Intangible Capital and Labour Productivity Growth: A Review of the Literature", Hamburg Discussion Papers in International Economics No. 4. https://www.econstor.eu/ bitstream/10419/207163/1/hdpie-no04.

pdf.

▶ Saha, S. 2013. "Impact of Health on Productivity Growth in India". *International Journal of Economics, Finance and Management* 2 (4): 303–312.

▶ Salazar-Xirinachs, J., I. Nübler, and R. Kozul-Wright. 2014. *Transforming Economies: Making Industrial Policy Work for Growth, Jobs and Development*. ILO. https://www.ilo.org/global/ publications/ilo-bookstore/order-online/books/WCMS_242878/lang--en/index.htm.

▶ Sanchez-Martinez, M., and M. Christensen. 2022. "Medium-to-Long Term Macroeconomic Effects of the COVID Crisis: An Investigation with RHOMOLO", JRC Working Papers on Territorial Modelling and Analysis No. 11/2022, JRC126447. https://joint-research-centre.ec.europa.eu/ publications/medium-long-term-macroeconomic-effects-covid-crisis-investigation-rhomolo_en.

▶ Semmler, W., and P. Chen. 2018. "Short and Long Effects of Productivity on Unemployment". *Open Economies Review* 29: 853–878.

▶ Sharpe, A., and S. Mobasher Fard. 2022. "The Current State of Research on the Two-Way Linkages between Productivity and Well-Being", ILO Working Paper 56. https://www.ilo.org/ wcmsp5/groups/public/---dgreports/---inst/documents/publication/wcms_839845.pdf.

▶ Solow, R. 1957. "Technical Change and the Aggregate Production Function". *Review of Economics and Statistics* 39 (3): 312–320.

▶ Song, J., D.J. Price, F. Guvenen, N. Bloom, and T. von Wachter, T. 2018. "Firming Up Inequality". *Quarterly Journal of Economics* 134 (1): 1–50. https://doi.org/10.1093/qje/qjy025.

▶ Stewart, Jay. 2022. "Why Was Labor Productivity Growth So High during the COVID-19 Pandemic? The Role of Labor Composition", BLS Working Paper 545. https://www.bls.gov/osmr/ research-papers/2022/pdf/ec220010.pdf.

▶ Stoevska, Valentina. 2021. "Only Half of Workers Worldwide Hold Jobs Corresponding to Their Level of Education". ILOSTAT, 17 September 2021. https://ilostat.ilo.org/only-half-of-workers-worldwide-hold-jobs-corresponding-to-their-level-of-education/.

▶ Summers, Lawrence H. 2015. "Demand Side Secular Stagnation". *American Economic Review* 105 (5): 60–65.

▶ Syverson, Chad. 2017. "Challenges to Mismeasurement Explanations for the US Productivity Slowdown". *Journal of Economic Perspectives* 31 (2): 165–186. https://doi.org/10.1257/jep.31.2.165.

▶ Tambe, P., L. Hitt, D. Rock, and E. Brynjolfsson. 2020. "Digital Capital and Superstar Firms", NBER Working Paper 28285. https://www.nber.org/system/files/working_papers/w28285/w28285.pdf.

▶ Thatcher, M., and T. Vlandas. 2022. *Foreign States in Domestic Markets: Sovereign Wealth Funds and the West*. Oxford: Oxford University Press.

▶ Valero, A. 2021. "Education and Economic Growth", Centre for Economic Performance Discussion Paper No. 1764. https://files.eric.ed.gov/fulltext/ED614082.pdf.

▶ Van Ark, B. 2016. "The Productivity Paradox of the New Digital Economy". *International Productivity Monitor* 31: 3–18.

▶ Van Ark, B., and M. Fleming. 2022. "Will the Fourth Industrial Revolution Deliver as Promised?" In *Global*

Innovation Index 2022, 15th Edition: What Is the Future of Innovation Driven Growth? WIPO.

▶ Vandenberg, P. 2004. "Productivity, Decent Employment and Poverty: Conceptual and Practical Issues Related to Small Enterprises", SEED Working Paper No. 67. https://www.ilo.org/wcmsp5/ groups/public/---ed_emp/---emp_ent/documents/publication/wcms_103462.pdf.

▶ Viviani, C.A., G. Bravo, M. Lavalliere, P.M. Arezes, M. Martinez, I. Dianat, S. Braganca, and H.I. Castellucci. 2021. "Productivity in Older versus Younger Workers: A Systematic Literature Review". *Work* 68 (3): 577–618.

▶ Vollrath, D. 2020. *Fully Grown: Why a Stagnant Economy Is a Sign of Success.* Chicago, IL: University of Chicago Press.

▶ Walsh, C.E. 2004. "The Productivity and Jobs Connection: The Long and the Short Run of It", FRBSF Economic Letter 2004-18.

▶ Wang, K., Y. Zhu, and J. Zhang. 2021. "Decoupling Economic Development from Municipal Solid Waste Generation in China's Cities: Assessment and Prediction Based on Tapio Method and EKC Models". *Waste Management* 133: 37–48.

▶ Wang, R., V.A. Assenova, and E.G. Hertwich. 2021. "Energy System Decarbonization and Productivity Gains Reduced the Coupling of CO_2 Emissions and Economic Growth in 73 Countries between 1970 and 2016". *One Earth* 4 (11): 1614–1624.

▶ Weil, D. 2006. "Accounting for the Effect of Health on Economic Growth", NBER Working Paper No. 11455. https://www.nber.org/system/files/working_papers/w11455/w11455.pdf.

▶ WIPO (World Intellectual Property Organization). 2020. "Sovereign Wealth Funds and Innovation Investing in an Era of Mounting Uncertainty". In *Global Innovation Index 2020.*

▶ 附录

▶ 附录A　按区域和收入水平划分的国家（地区）分组

非洲	美洲	亚洲和太平洋地区	欧洲和中亚
北非	**拉丁美洲和加勒比地区**	**东亚**	**北欧、南欧和西欧**
阿尔及利亚	阿根廷	中国	阿尔巴尼亚
埃及	巴哈马	中国香港	奥地利
利比亚	巴巴多斯	中国澳门	比利时
摩洛哥	伯利兹	中国台湾	波黑
苏丹	玻利维亚	日本	海峡群岛
突尼斯	巴西	朝鲜	克罗地亚
西撒哈拉	智利	韩国	丹麦
	哥伦比亚	蒙古	爱沙尼亚
撒哈拉以南非洲	哥斯达黎加		芬兰
安哥拉	古巴	**东南亚**	法国
贝宁	多米尼加共和国	文莱	德国
博茨瓦纳	厄瓜多尔	柬埔寨	希腊
布基纳法索	萨尔瓦多	印度尼西亚	冰岛
布隆迪	危地马拉	老挝	爱尔兰
佛得角	圭亚那	马来西亚	意大利
喀麦隆	海地	缅甸	拉脱维亚
中非共和国	洪都拉斯	菲律宾	立陶宛
乍得	牙买加	新加坡	卢森堡
科摩罗	墨西哥	泰国	马耳他
刚果（布）	尼加拉瓜	东帝汶	黑山
科特迪瓦	巴拿马	越南	荷兰
刚果（金）	巴拉圭		北马其顿
吉布提	秘鲁	**太平洋地区**	挪威
赤道几内亚	波多黎各	澳大利亚	葡萄牙
厄立特里亚	圣卢西亚	斐济	塞尔维亚
斯威士兰	圣文森特和格林纳丁斯	法属波利尼西亚	斯洛文尼亚
埃塞俄比亚	苏里南	关岛	西班牙
加蓬	特立尼达和多巴哥	新喀里多尼亚	瑞典
冈比亚	美属维尔京群岛	新西兰	瑞士
加纳	乌拉圭	巴布亚新几内亚	英国
几内亚	委内瑞拉	萨摩亚	
几内亚比绍		所罗门群岛	**东欧**
肯尼亚	**北美洲**	汤加	白俄罗斯
莱索托	加拿大	瓦努阿图	保加利亚
利比里亚	美国		捷克
马达加斯加		**南亚**	匈牙利
马拉维	**阿拉伯国家**	阿富汗	波兰
马里		孟加拉国	摩尔多瓦
毛里塔尼亚	巴林	不丹	罗马尼亚
毛里求斯	伊拉克	印度	俄罗斯联邦
莫桑比克	约旦	伊朗	斯洛伐克
纳米比亚	科威特	马尔代夫	乌克兰
尼日尔	黎巴嫩	尼泊尔	
尼日利亚	巴勒斯坦被占领土	巴基斯坦	**中亚和西亚**
卢旺达	阿曼	斯里兰卡	亚美尼亚
圣多美和普林西比	卡塔尔		阿塞拜疆
塞内加尔	沙特阿拉伯		塞浦路斯
塞拉利昂	叙利亚		格鲁吉亚
索马里	阿联酋		以色列
南非	也门		哈萨克斯坦
南苏丹			吉尔吉斯斯坦
多哥			塔吉克斯坦
乌干达			土耳其
坦桑尼亚			土库曼斯坦
赞比亚			乌兹别克斯坦
津巴布韦			

高收入国家（地区）	中等偏上收入国家（地区）	中等偏下收入国家（地区）	低收入国家（地区）
澳大利亚	阿尔巴尼亚	安哥拉	阿富汗
奥地利	阿尔及利亚	孟加拉国	布基纳法索
巴哈马	阿根廷	贝宁	布隆迪
巴林	亚美尼亚	不丹	中非共和国
巴巴多斯	阿塞拜疆	玻利维亚	乍得
比利时	白俄罗斯	佛得角	朝鲜
文莱	伯利兹	柬埔寨	刚果（金）
加拿大	波黑	喀麦隆	厄立特里亚
海峡群岛	博茨瓦纳	科摩罗	埃塞俄比亚
智利	巴西	刚果（布）	冈比亚
克罗地亚	保加利亚	科特迪瓦	几内亚
塞浦路斯	中国	吉布提	几内亚比绍
捷克	哥伦比亚	埃及	利比里亚
丹麦	哥斯达黎加	萨尔瓦多	马达加斯加
爱沙尼亚	古巴	斯威士兰	马拉维
芬兰	多米尼加共和国	加纳	马里
法国	厄瓜多尔	海地	莫桑比克
法属波利尼西亚	赤道几内亚	洪都拉斯	尼日尔
德国	斐济	印度	卢旺达
希腊	加蓬	印度尼西亚	塞拉利昂
关岛	格鲁吉亚	伊朗	索马里
中国香港	危地马拉	肯尼亚	南苏丹
匈牙利	圭亚那	吉尔吉斯斯坦	苏丹
冰岛	伊拉克	老挝	叙利亚
爱尔兰	牙买加	黎巴嫩	多哥
以色列	约旦	莱索托	乌干达
意大利	哈萨克斯坦	毛里塔尼亚	也门
日本	利比亚	蒙古	赞比亚
科威特	马来西亚	摩洛哥	
拉脱维亚	马尔代夫	缅甸	
立陶宛	毛里求斯	尼泊尔	
卢森堡	墨西哥	尼加拉瓜	
中国澳门	黑山	尼日利亚	
马耳他	纳米比亚	巴勒斯坦被占领土	
荷兰	北马其顿	巴基斯坦	
新喀里多尼亚	巴拉圭	巴布亚新几内亚	
新西兰	秘鲁	菲律宾	
挪威	摩尔多瓦	萨摩亚	
阿曼	俄罗斯联邦	圣多美和普林西比	
巴拿马	圣卢西亚	塞内加尔	
波兰	圣文森特和格林纳丁斯	所罗门群岛	
葡萄牙	塞尔维亚	塔吉克斯坦	
波多黎各	南非	东帝汶	
卡塔尔	斯里兰卡	突尼斯	
韩国	苏里南	乌克兰	
罗马尼亚	泰国	坦桑尼亚	
沙特阿拉伯	汤加	乌兹别克斯坦	
新加坡	土耳其	瓦努阿图	
斯洛伐克	土库曼斯坦	越南	
斯洛文尼亚	委内瑞拉	西撒哈拉	
西班牙		津巴布韦	
瑞典			
瑞士			
中国台湾			
特立尼达和多巴哥			
阿联酋			
英国			
美国			
美属维尔京群岛			
乌拉圭			

▶ 附录B　国际劳工组织模型估算

《世界就业和社会展望》报告中的所有全球和区域劳动力市场估算值均来自国际劳工组织2022年11月的模型估算。国际劳工组织设计了一系列计量经济学模型，并对其进行积极维护，用于估算无法获得数据的国家（地区）和年份的劳动力市场指标。为数据缺失的国家（地区）估算劳动力市场指标的目的是获得平衡的面板数据集，以便每年都能计算出所覆盖国家（地区）范围相同的区域和全球总数据。通过这种方式，国际劳工组织能够分析全球和区域层面关键劳动力市场指标和相关趋势的估算值。此外，由此产生的国家（地区）层面的数据，包括所报告的数据和估算观察值，构成了一套独特的、具有国际可比性的劳动力市场指标数据集。

数据收集和评估

国际劳工组织模型估算一般涉及189个国家和地区，并根据性别和年龄适当分类。在运行模型以获得估算值之前，国际劳工组织统计部的劳动力市场信息专家与研究部合作，评估现有的国家（地区）报告数据，只选择被视为在各国之间具有充分可比性的观察值。国际劳工组织近年来致力于根据国家（地区）报告的微观数据编制统一指标，从而大大提高了观察值的可比性。尽管如此，仍有必要根据以下四个标准选择数据：（1）数据源类型；（2）区域覆盖范围；（3）年龄组覆盖范围；（4）方法上的缺陷或异常值的存在。

第一个标准是指为了将劳动力市场数据纳入特定模型，这些数据必须来自劳动力调查、家庭调查或人口普查（这种情况比较少见）。各个国家（地区）的劳动力调查大体相似，而且数据质量最高，因此从这些调查中获得的数据比从其他来源获得的数据更具可比性，在选择时将严格优先考虑基于劳动力调查的数据。然而，对于许多缺乏资源以开展劳动力调查的发展中国家（地区）而言，只能根据其他类型的家庭调查或人口普查来报告劳动力市场信息。因此，为了平衡数据可比性和数据覆盖面这两个相互冲突的目标，模型中包含了一些非劳动力调查的家庭调查数据，在少数情况下也包含基于人口普查的数据。

第二个标准是指只包括全国性（不受区域限制）的劳动力市场指标。只反映城市或农村地区的观察值不被纳入，因为农村和城市劳动力市场之间通常存在很大差异，仅使用农村或城市数据会出现与GDP等基准数据不一致的情况。不过，当数据明确细分为城市和农村地区时，相关性较强的特定地理区域的数据将被纳入。

第三个标准是指观察数据所涵盖的年龄组必须在各国之间有足够的通用性。各国报告不同年龄组的劳动力市场信息，所选年龄组可能会影响某一特定劳动力市场指标的观察值。

第四个标准仍然与如何从给定模型中排除数据有关，即是否存在方法上的缺陷，或者某个特定数据点是否明显为异常值。在这两种情况下，既要采用尽可能多的数据，也要注意数据中是否可能包含扭曲结果的观察值，做到在二者之间取得平衡。在这一过程中，需要特别注意现有元数据和获取所考虑数据点的基本方法。

如果出现了符合上述标准的、更为精确的数据来源，则放弃之前采用的输入数据，对历史估算值进行修正。

用于估算劳动力市场指标的一般方法

劳动力市场指标通过一系列模型估算而得，这些模型在观察到的劳动力市场指标和解释变量之间建立统计关系，这些关系用于估算缺失的观察值，并对指标进行预测。

潜在的统计关系很多，这些关系也被称为

"模型设定"，可用于预测劳动力市场指标。获得准确无偏估计数据的关键是在每种情况下都选择最佳的模型设定。国际劳工组织模型估算通常依赖一种被称为"交叉验证"的程序，该程序用于识别那些使估计的预期误差和方差最小化的模型。该过程包括使用随机数据子集重复计算多个候选模型设定：预测缺失的观察值，并为每次迭代计算预测误差。评估每个候选模型的基础是伪样本外均方根误差，尽管结果稳定性等其他指标的评估取决于模型。使用这种方法可以确定为某一给定劳动力市场指标提供最佳估计的统计关系。需要注意的是，实现此目的最合适的统计关系可能因国家（地区）而异。

新冠危机给全球劳动力市场带来异常严重的破坏。在这种情况下，国际劳工组织模型估算所依据的一系列模型不再适合估计和预测劳动力市场指标的演变，因此对估算方法进行了调整，并在建模过程中引入了针对新冠危机的解释变量。

国际劳工组织模型估算的基准是联合国《世界人口展望》2022年修订版，该报告提供了按5岁为组距进行分组的总人口估算值和预测值。劳动年龄人口包括年满15岁的所有人。

用于估算所有指标的模型遵循相同的基本方法，但由于基础数据的具体特征不同，各种模型之间存在差异。下面将对每种模型进行详细介绍。

用于估算劳动力市场指标的模型

劳动力估算

为了使年龄划分更加细致，对当前版本的劳动力参与率（LFPR）模型做了一些调整。为LFPR模型输入的基本数据是按性别和年龄组划分的单年劳动力参与率，后者包括四个年龄组（15~24岁、25~54岁、55~64岁和65岁及以上）。与前几年只有两个年龄组（15~24岁和25岁及

以上）相比，更多的年龄组使数据输入量显著增加。此外，新方法依然可以恢复25岁年龄组的估算值。基本的方法已经在伪样本外表现方面进行了广泛评估。不过，就特定类型的数据缺失模式而言，LFPR模型和失业率模型是本附录中仅有的两个不能自动执行模型设定搜索的模型。

线性插值用于填补可能采用这种程序的国家（地区）的缺失数据。鉴于劳动力参与率是一个非常持久的变量，执行该程序的过程中产生了低方差的准确估计，这并不奇怪。在所有其他情况下，都进行了加权多元估计。根据广泛的经济相似性和地理邻近性进行综合选择，所有国家（地区）被分为九个估算组。考虑到数据结构和所用输入数据在不同国家（地区）之间的异质性，该模型使用了具有国家（地区）固定效应的面板数据。回归由劳动力调查可用性似然的倒数加权。所使用的解释变量包括经济和人口统计变量。为了得出2020年的估计值，使用交叉验证方法选择能够将该特定年份的预测误差最小化的模型。测试模型包含了与新冠疫情演变相关的高频指标的年度平均值。另一个模型用于生成2021年恢复年度的估计值。除了模型选择的交叉验证程序外，还利用宏观经济和劳动力市场指标来估计平稳复苏情况，同时考虑2020年前的趋势。全球数据使用联合国《世界人口展望》中的基准人口和劳动力参与率计算而得。

通过对估算值进行重新平衡，确保从人口统计细目中所得到的隐含总比率与从劳动力调查或估算中所得到的总比率相匹配。

失业估算

该模型估算了按性别和年龄（15~24岁、25岁及以上）划分的完整失业率面板数据集。对于至少报告了一项观察值的国家（地区），[①] 使用涉及国家（地区）固定效应的回归。将三个模型与等权重相结合，以估算缺失值。模型是

---

① 为了便于说明，我们在此概括出这样一种情况：在特定的国家（地区）和特定年份，报告了某些人口群体的观察值，而其他群体的观察值却未报告。

根据伪样本外均方根误差和结果稳定性选择的（使用专家判断对两个分量进行加权）。对于没有报告观察值的国家（地区），在交叉验证的基础上选择模型。某一区域特定人口群体的平均失业率的演变，对该区域某一国家（地区）该特定群体失业率的演变具有很强的预测性。使用单独交叉验证方法，选择能使2020年预测误差最小化的模型。待选模型包括与新冠疫情演变相关的高频指标的年度平均值。另一个程序用于生成适用于2021年的估算匹配，该程序仍然使用交叉验证过程来选择模型。这些模型可以解释历史趋势，还能利用宏观经济指标，包括2020年的失业率动态。该程序表明，失业沿着2021年平稳复苏的历史趋势发展。

通过对估算值进行重新平衡，确保从人口统计细目中所得到的隐含总比率与从劳动力调查或估算中所得到的总比率相匹配。

就业缺口

该模型旨在提供15岁或15岁以上人口按性别划分的就业缺口率的总体估计。就业缺口率是针对数据缺失国家（地区）估算的目标变量，其计算方法如下：

$$就业缺口率 = \frac{失业人口 + 潜在劳动力 + 有就业意愿的非求职者}{劳动力 + 潜在劳动力 + 有就业意愿的非求职者}$$

其中，潜在劳动力和有就业意愿的非求职者包括：现在无法上岗工作但短期内可以上岗工作的正在找工作的人（无法上岗的求职者）、不找工作但目前可以上岗工作的人（可上岗的潜在求职者）和不找工作且无法上岗工作但愿意工作的人（有就业意愿的非求职者）。

对缺失数据的估算可通过四个独立的计量经济模型得出。第一个模型估算了2004~2019年间至少有一个年度数据点的国家（地区）的按性别划分的就业缺口率。第二个模型提供了那些在2004~2019年间没有就业缺口率数据的国家（地区）的估算值。第三个和第四个模型

分别提供了2020年新冠危机时期和2021~2022年复苏期的估算值。

以交叉验证为基础，从一组待选模型中选择了这四个不同的模型，所选模型在伪样本外模拟中的预测就业缺口率准确度最高。模型所做的预测用于估算按性别划分的就业缺口率的缺失观察值。将插值程序应用于预测，以确保模型估计值与实际观察值一致，估算数据与时间接近的实际观察值相一致。由于这些模型分别估算了总人口以及女性与男性的就业缺口率，因此女性与男性的汇总估算可能与总人口估算不一致。按比例调整了女性和男性的子分量，以匹配总人口估算值。

非正式就业

模型的目标变量是按性别划分的15岁及以上人口的非正式就业率。非正式就业估算包括有数据的国家（地区）所报告的观察值，也包括数据缺失国家（地区）的估算数据。用于模型的按性别划分的国家（地区）层面数据包括自营职业和非全职就业率。国家（地区）层面的数据包括不同贫困线以下人口的百分比、农业和工业就业的占比、城市化率，人均GDP的对数以及地理区域和经济发展水平的分类变量。

通过五个独立的计量经济模型，得出缺失数据的估算值。第一个模型得出2004~2019年间至少有一个年度数据点的国家（地区）的按性别划分的非正式就业占比。第二个模型得出那些在2004~2019年内没有数据的国家（地区）的非正式就业占比。第三个和第四个模型分别提供了2020年新冠危机时期和2021复苏期的估算值。最后一个模型估算了2022年的预测值。以交叉验证为基础，从一组待选模型中选择了这五个不同的模型，所选模型在伪样本外模拟中的预测非正式就业率准确度最高。模型所做的预测用于估算按性别划分的就业缺口率的缺失观察值。由于这些模型分别估算了总人口以及女性与男性的非正式就业率，因此女性与男性的汇总估算可能与总人口估算不一致。按比例调整了女性和男性的子分量，以匹配总人口

估算值。

与未就业、未受教育或培训的青年

模型的目标变量是未就业、未受教育或培训（NEET）的青年的占比：

$$NEET占比 = \frac{未就业、未受教育或培训的青年}{青年人口}$$

值得注意的是，根据定义，1减去NEET占比即为就业或参加某种教育或培训的青年的占比。NEET占比是衡量可持续发展目标落实情况的指标之一，特别是目标8（"促进持久、包容和可持续的经济增长，促进实现充分和生产性就业和人人获得体面工作"）。

该模型采用交叉验证和不确定性估算的原则，选择具有最佳伪样本外表现的回归模型，与失业率模型类似。NEET模型使用适当的分类变量作为回归中的对照，对所有人口统计组进行联合估计，因为这些统计组相互依赖（而且数据可用性在所有细分项目中大致相同）。该模型将失业、劳动力和就学率信息纳入回归（与其他变量一起使用，以反映经济和人口因素）。由此得出的估算值包括 NEET 占比和处于 NEET 状态的青年数量。

工时

每周工时与 15~64 岁人口的比率是估算数据缺失国家（地区）的目标变量。每周总工时由该比率乘以 15~64 岁人口的估算值得出。

对于截至2019年（包括2019年）的估算，回归方法使用 15~64 岁人口在总人口中的占比、就业人口比率以及与时间相关的就业不足率来预测缺失值。对于未观察到这一指标的国家（地区），其截点估计综合了区域平均值和收入组平均值。

使用国际劳工组织即时预测模型估算了截至第三季度（包括2022年第三季度）的工时。这是一种数据驱动的统计预测模型，可以实时或在很短的发布滞后时间内利用高频指标值来预测目标变量的当前值。国际劳工组织即时预测模型的具体目标变量是，与2019年第四季度相比，经季节调整后15~64岁人口的工时变化。欲深入了解方法说明，请参阅戈米斯等（Gomis et al.，2022）的研究。该模型估算了经季节调整后15~64岁人口的工时相对于基线的变化。此外，2019年第四季度的每周工时基准用于计算15~64岁人口经季节调整后的工时变化所代表的全职等效工作。该基准还用于计算针对15~64岁人口经季节调整后的平均工时序列。

国际劳工组织的即时预测模型的数据来源有多个：截至2022年第三季度的劳动力调查数据，以及最新的高频经济数据，如零售额、劳动力市场管理数据和信心调查数据。估算时还使用了"谷歌社区流动报告"中的最新手机数据和牛津大学公布的"新冠疫情政府响应严格性指数"（以下简称"牛津严格性指数"）的最新值。

根据实时可用数据，即时预测模型估算了上述指标与15~64岁人均工时之间的历史统计关系，并使用由此产生的系数来预测15~64岁人口的工时如何根据最新观察到的当前指标值进行调整。根据多个待选关系的预测准确性及其在拐点附近的表现，对这些关系进行评估，以构建加权平均即时预测。有些国家（地区）有经济活动高频数据，但要么没有目标变量数据，要么上述方法的效果不佳，对于这些国家（地区），使用国家（地区）面板估算系数和数据来得出估算值。

对其余国家（地区）采用间接方法：这涉及外推观察到或估计的（使用直接即时预测）针对15~64岁人口经季节调整后的工作小时数。这一推断是基于谷歌社区流动报告和牛津严格性指数中观察到的流动性下降，因为根据15~64岁人口经季节调整后工作小时数，流动性下降幅度相当且限制措施同样严格的国家（地区），可能会经历类似的工时下降。根据谷歌社区流动报告，使用了工作场所与"零售和娱乐"指数的平均值。使用主成分分析将严格性和流动性指数综合为一个单一变量。①对于没有限制措施数据的国家（地区），使用流动数据（如果可用）和新冠肺炎发病率最新数据来推断对15~64岁人口工时的影响。由于各国（地区）在统计新冠病毒感染病例方面的做法不同，"死亡患者"这一更具同质性的概念被用来表示疫情的局部强度。该变量是每个月的平均值，但数据是根据"我们的世界"在线数据存储库每天更新的。②最后，对于在估算时没有现成数据的少数国家（地区），使用区域平均值来估算目标变量。对2022年的模型进行了修改，以包括GDP增长估算和区域趋势数据，并考虑了工时的时间序列特性。

得出国际劳工组织即时预测模型估算值之后，分别估算了男性和女性每周工时与2019年第四季度的比率。使用国际劳工组织即时性别预测模型，得出15~64岁女性和男性相对于2019年第四季度（经季节调整后）女性和男性工时数变化的估算值。国家（地区）i、性别s和季度t的工时变化计算如下：

$$\text{相对于2019年第四季度的工时变化}_{(i,s,t)} = \frac{\dfrac{\text{工时}_{(i,s,t)}}{\text{15~64岁人口}_{(i,s,t)}}}{\dfrac{\text{工时}_{(i,s,Q4\,2019)}}{\text{15~64岁人口}_{(i,s,Q4\,2019)}}}$$

该模型中使用的数据包括对国家（地区）每周工时的性别合计比率的估算（见前文国际劳工组织的即时预测模型）、国家（地区）人口和经济特征以及区域虚拟变量。性别分解模型由四个独立的模型组成。首先，对于有至少一个季度工时数据的国家（地区），第一个模型进行了2020年第一季度至2021年第四季度的估算。其次，第二个模型对2020年第一季度至2021年第四季度期间没有工时数据的国家（地区）进行了估算。再次，第三个模型对2022年第一季度进行了估算。最后，第四个模型对2022年第二季度和第三季度进行了预测。③这

些按性别划分的模型是从一系列模型中选出的，依据是其预测女性和男性工时变化的准确度。接下来，使用所选模型的预测值来估算工时的缺失观察值。④鉴于这些模型分别估算了女性和男性的工时变化，因此对女性和男性进行的合计估算可能与即时预测模型的总人口估算不一致。为了得出一致的估算值，按比例调整了女性和男性的子分量，以符合根据即时预测模型估算的经季节调整后15~64岁人口的工时总损失。

出于分析目的，可以使用与2019年第四季度相比的每周工时变化来估算工时性别差距。性别差距的变化可以如此计算：国家（地区）层面的男性工时变化减去女性工时变化。最后，为了获得加权后的全球总值，将各国（地区）相对于2019年第四季度的性别差距变化进行汇总，权重由每个国家（地区）在相关季度的女性总工时给出。因此，对性别差距的全球总体估算可以计算如下：

$$\text{与2019第四季度}t\text{相比的全球工时性别差距变化} = \sum_{i=1}^{i=189} \left(\frac{\text{与2019第四季度}_{(i,t)}\text{相比男性工时的变化} - \text{与2019第四季度}_{(i,t)}\text{相比女性工时的变化}}{\dfrac{\text{女性工时}_{(i,t)}}{\sum\limits_{i=1}^{i=189}\text{女性工时}_{(i,t)}}} \right)$$

采用这种加权方案，可以避免因每个国家（地区）初始性别差距所导致的构成影响。

按身份、职业和经济活动划分的就业分布估算

按身份、职业和经济活动（行业）划分的就业分布是对总就业人口的估算，同时还按照性别进行了划分。第一步，进行跨国回归，以确定在数据完全缺失的国家（地区）中每个就业相关类别的占比。此步骤使用人口统计、人

---

① 在2021年和2022年，发达国家（地区）的一个虚拟变量也被用于解释工作场所流动性和严格性对工时的不同影响，并成为谷歌社区流动报告数据的去趋势程序。

② https://ourworldindata.org/coronavirus.

③ 之所以选择不同的时段，是因为报告的工作小时数观察结果的可用性不同。

④ 印度按性别划分的工时估算值是使用城市就业水平作为工时的指标得出的，因为最近的数据来自定期劳动力调查。

均收入、经济结构和模型特定指标等信息，对估计的分布情况具有较高的预测力。每个类别的指标如下：

▶ 身份指标来自盖洛普世界民意调查中雇主的工作指数；

▶ 职业指标是指某一特定职业的人最有可能从事的行业部门的增加值占比；

▶ 行业部门是指行业部门的增加值占比。

下一步将利用经济周期、经济结构和人口统计信息，估计每一类别占比的变化。最后，对估算值进行重新平衡，以确保单项占比的合计值达到100%。

所估算的行业部门根据国际劳工组织的特定分类计算，以确保联合国《所有经济活动的国际标准行业分类》（ISIC）第3版和第4版之间的最大一致性。行业A、B、C、F、G、I、K、O、P和Q对应分类第4版的分类。此外，还定义了以下综合性行业：

▶ "公用事业"由行业D、E组成；

▶ "运输、储存和通信"由行业H、J组成；

▶ "房地产、商业和行政活动"由行业L、M和N组成；

▶ "其他服务"由行业R、S、T和U组成。

所估算的职业原则上与国际劳工组织1988年和2008年国际标准职业分类（ISCO-88和ISCO-08）的主要类别相对应。然而，各国（地区）对自给农业职业的分类不一致，有时甚至一个国家（地区）内不同年份的自给农业职业分类也不一致。根据ISCO-08，自给农民应归入职业分类第6类，即熟练农业工人。然而，一些自给农业发生率较高的国家（地区）报告显示，第6类工人的占比较低，但第9类（初级职业）工人的占比较高。这意味着，在经济结构非常相似的国家（地区）之间，第6类和第9类职业的占比可能存在很大差异。由于无法确定第6类和第9类之间的错误分类程度，为了获得一致且具有国际可比性的分类，将第6类和第9类合并后一起估算。

按经济阶层划分的就业估算

按经济阶层划分的就业估算值专为一部分国家（地区）编制。除人口、社会和经济变量外，该模型还使用了从失业、身份和经济活动模型中得出的数据作为输入值。

该方法包括两个步骤。第一步，使用总人口的经济阶层（以及其他解释变量）估计工人的各种经济阶层。此步骤基于这样一个事实：经济阶层在总人口中的分布与劳动人口中的分布密切相关。总人口的经济阶层来自世界银行的PovcalNet数据库。[①]一般来说，经济阶层是根据消费来定义的，但在没有其他数据的特殊情况下，可以使用收入数据来定义。

获得第一步的估算值之后，第二步将估算既没有劳动人口经济阶层数据，也没有第一步估算值的观察数据。第二步通过交叉验证和随后的最佳表现模型选择，确保结果令人满意。

在当前版本的模型中，就业细分为五个不同的经济阶层：按购买力平价计算，每日0~1.90美元、每日1.90~3.20美元、每日3.20~5.50美元和每日5.50美元以上的工人。

用于预测劳动力市场指标的模型

国际劳工组织开发了预测模型，以估算和预测2022~2024年的工时、就业、失业和劳动力。第一步，对大约50个国家（地区）进行季度预测，直到2023年第四季度，这些国家（地区）至少在2022年部分时间内有季度劳动力市场指标。第二步，根据第一步对那些有数据可查的国家（地区）所做预测的年度平均值，对所有国家（地区）到2024年的年度预测值进行计算。基于第一步的预测具有纳入最新劳动力市场信息和最新高频数据的优势，这大大提高了2022年劳动力市场指标估算的准确性，也提高了短期表现。

第一步：季度预测

对失业率、就业人口比率、劳动力参与率和15~64岁人口工时比率的季度预测，除了经

---

① 2020~2022年的贫困数据来自世界银行贫困与不平等数据平台（PIP）：https://pip.worldbank.org/home。参见Mahler（2022）。

济增长预测外，还可以使用诸如信心指数之类的高频数据来测试模型组。该方法与估算工时的直接即时预测方法高度一致（Gomis et al.，2022）。使用上面描述的模型搜索规则来评估这些模型，包括将数据分成训练样本和评估样本。使用汉森和拉辛（Hansen and Racine，2012）所述的"刀切模型—平均"技术将模型进行组合，基本上可以生成使预测误差方差最小化的线性模型组。对15~64岁人口的人均工时的预测仅到2022年第四季度（现在的预测一直持续到第三季度），对所有其他指标的预测到2023年第四季度，包括按性别和年龄划分的指标。

就业人口比率和劳动力参与率受到新冠危机的严重影响。预测模型基于这样一种假设：这些比率趋向于回归其长期趋势。基本上人们会回到劳动力市场找工作。从技术上讲，预测基于误差修正模型，校正参数使用计量经济学规范估算，该规范包括实际历史序列和长期趋势之间的差距。[①]

第二步：年度预测

年度预测汇集了国家（地区）数据，采用向量误差校正模型。预测对象为五个不同指标：就业人口比率、劳动力参与率、失业率，每周工时与15~64岁人口的比率以及每名工人的每周工时。这种估算策略突出了目标变量：对工时预测了两次，劳动力也可以计算为失业与就业的总和。冗余数据被平均，减少了对单个参数的依赖。

使用三种不同的方法来得出预测值，然后将其合并为加权平均值。在所有三种方法中，预测的目标变量是上述指标的年度变化情况。第一种方法包含纠错元素，第二种和第三种方法不包含。第一种和第二种方法在全球范围内汇集国家（地区）数据，第三种方法根据相似性汇集国家（地区）数据。

[①] 长期趋势是使用HP滤波器估算的，该滤波器的平滑参数为3200，比通常用于按季度过滤时间序列的参数大1600，因此趋势的可变性较小。

参考文献

► Gomis, Roger, Paloma Carrillo, Steven Kapsos, Stefan Kühn, and Avichal Mahajan. 2022. "The ILO Nowcasting Model: Using High-Frequency Data to Track the Impact of the COVID-19 Pandemic on Labour Markets1". Statistical *Journal of the* IAOS 38 (3): 815–830. https://doi. org/10.3233/SJI-220055.

► Hansen, Bruce, and Jeffrey Racine. 2012. "Jackknife Model Averaging". *Journal of Econometrics* 167 (1): 38–46.

► Mahler, Daniel Gerszon, Nishant Yonzan, Ruth Hill, Christoph Lakner, Haoyu Wu, and Nobuo Yoshida. 2022. "Pandemic, Prices, and Poverty". *World Bank Blogs*, 13 April 2022. https://blogs. worldbank.org/opendata/pandemic-prices-and-poverty.

▶ 附录C　按国家(地区)收入组别和按区域或次区域划分的世界劳动力市场指标表

▶　表C1　世界

指标	组别	单位	2000年	2010年	2019年	2020年	2021年	2022年	2023年	2024年
劳动力	合计	百万人	2751.7	3159.0	3465.0	3411.5	3499.9	3564.7	3601.7	3640.5
	女性	百万人	1093.5	1251.5	1376.0	1346.7	1388.0	1416.8	1430.6	1444.4
	男性	百万人	1658.2	1907.6	2089.0	2064.8	2111.9	2147.8	2171.1	2196.1
	青年	百万人	558.8	557.7	493.7	472.7	484.8	493.8	497.5	501.5
劳动力参与率	合计	%	64.2	62.0	60.2	58.6	59.4	59.8	59.7	59.6
	女性	%	50.7	49.0	47.7	46.1	47.0	47.4	47.3	47.1
	男性	%	77.8	75.2	72.8	71.1	71.9	72.3	72.2	72.1
	青年	%	51.3	45.6	40.7	38.8	39.6	40.1	40.0	40.0
就业人口	合计	百万人	2584.6	2958.6	3273.1	3176.3	3283.5	3359.4	3393.4	3429.5
	女性	百万人	1025.6	1171.6	1298.8	1256.4	1301.5	1334.9	1347.1	1359.7
	男性	百万人	1559.0	1787.0	1974.3	1919.9	1982.0	2024.5	2046.3	2069.8
	青年	百万人	491.9	484.1	426.1	395.0	413.5	424.8	427.3	430.4
就业人口比率	合计	%	60.3	58.1	56.9	54.5	55.7	56.4	56.3	56.1
	女性	%	47.6	45.8	45.0	43.0	44.0	44.7	44.5	44.4
	男性	%	73.1	70.5	68.8	66.1	67.5	68.2	68.1	68.0
	青年	%	45.2	39.6	35.2	32.5	33.8	34.5	34.4	34.3
失业人口	合计	百万人	167.1	200.4	191.9	235.2	216.4	205.2	208.2	210.9
	女性	百万人	67.9	79.9	77.3	90.3	86.5	81.9	83.5	84.7
	男性	百万人	99.2	120.6	114.7	144.9	129.9	123.3	124.7	126.3
	青年	百万人	66.9	73.6	67.6	77.8	71.4	69.0	70.1	71.1
失业率	合计	%	6.1	6.3	5.5	6.9	6.2	5.8	5.8	5.8
	女性	%	6.2	6.4	5.6	6.7	6.2	5.8	5.8	5.9
	男性	%	6.0	6.3	5.5	7.0	6.1	5.7	5.7	5.7
	青年	%	12.0	13.2	13.7	16.4	14.7	14.0	14.1	14.2
就业缺口	合计	百万人		442.5	439.5	521.1	483.8	472.8		
	女性	百万人		219.9	219.6	250.2	238.5	234.8		
	男性	百万人		222.5	219.9	270.9	245.3	238.1		
就业缺口率	合计	%		13.0	11.8	14.1	12.8	12.3		
	女性	%		15.8	14.5	16.6	15.5	15.0		
	男性	%		11.1	10.0	12.4	11.0	10.5		
每名工人每周工时	合计	小时		43.2	42.1	40.0	41.1	41.4	41.3	41.3

（续）

指标	组别	单位	2000年	2010年	2019年	2020年	2021年	2022年	2023年	2024年
未就业、未受教育或培训的青年	合计	百万人		274.4	277.0	303.1	290.7	289.3		
	女性	百万人		189.7	185.1	193.2	191.0	191.4		
	男性	百万人		84.7	92.0	109.9	99.7	97.9		
未就业、未受教育或培训的青年的占比	合计	%		22.5	22.9	24.9	23.8	23.5		
	女性	%		31.9	31.6	32.8	32.2	32.1		
	男性	%		13.5	14.7	17.5	15.8	15.4		
非正式就业人口	合计	百万人		1783.0	1905.0	1844.0	1921.6	1961.0		
	女性	百万人		676.6	716.5	681.5	717.9	734.6		
	男性	百万人		1106.4	1188.5	1162.5	1203.7	1226.4		
非正式率	合计	%		60.3	58.2	58.1	58.5	58.4		
	女性	%		57.8	55.2	54.2	55.2	55.0		
	男性	%		61.9	60.2	60.5	60.7	60.6		
有偿带薪工人	合计	百万人	1146.3	1429.4	1754.3	1695.4	1755.2			
自营职业者	合计	百万人	1438.3	1529.2	1518.8	1481.0	1528.2			
有偿带薪工人占比	合计	%	44.4	48.3	53.6	53.4	53.5			
自营职业者占比	合计	%	55.6	51.7	46.4	46.6	46.5			
极端工作贫困（按购买力平价计算，每日不足1.90美元）	合计	百万人	666.9	405.9	218.8	228.3	220.6	214.3		
极端工作贫困占比（按购买力平价计算，每日不足1.90美元）	合计	%	25.8	13.+	6.7	7.24	67	6.4		

注："青年"指15~24岁的人。此外，"女性"和"男性"是指15岁以上的女性和男性。

▶   表C2   低收入国家（地区）

指标	组别	单位	2000年	2010年	2019年	2020年	2021年	2022年	2023年	2024年
劳动力	合计	百万人	150.5	199.1	255.1	260.1	269.5	279.3	288.5	297.9
	女性	百万人	66.4	86.0	110.9	112.7	117.1	120.4	124.3	128.3
	男性	百万人	84.1	113.0	144.2	147.3	152.4	158.9	164.1	169.6
	青年	百万人	42.3	55.0	66.1	67.0	68.9	71.3	73.4	75.4
劳动力参与率	合计	%	68.8	66.7	65.4	64.5	64.8	65.1	65.1	65.1
	女性	%	59.4	56.8	56.2	55.2	55.6	55.4	55.4	55.4
	男性	%	78.6	77.0	74.9	74.1	74.2	75.0	75.0	75.0
	青年	%	54.7	51.6	48.4	47.7	47.6	47.9	47.9	47.8
就业人口	合计	百万人	142.8	189.1	242.0	244.7	253.8	263.3	272.0	281.0
	女性	百万人	63.0	81.5	105.0	105.8	109.9	113.2	116.8	120.6
	男性	百万人	79.7	107.6	137.0	138.9	143.9	150.1	155.1	160.4
	青年	百万人	38.7	50.5	60.5	60.5	62.5	64.7	66.6	68.5
就业人口比率	合计	%	65.3	63.4	62.0	60.7	61.0	61.3	61.4	61.4
	女性	%	56.4	53.8	53.1	51.8	52.2	52.1	52.1	52.1
	男性	%	74.5	73.3	71.2	69.8	70.1	70.8	70.9	71.0
	青年	%	50.1	47.4	44.3	43.0	43.2	43.4	43.4	43.4
失业人口	合计	百万人	7.7	10.0	13.1	15.4	15.7	16.1	16.5	16.9
	女性	百万人	3.4	4.5	6.0	6.9	7.2	7.3	7.5	7.7
	男性	百万人	4.4	5.4	7.2	8.4	8.6	8.8	9.0	9.2
	青年	百万人	3.6	4.4	5.6	6.5	6.4	6.6	6.8	6.9
失业率	合计	%	5.1	5.0	5.2	5.9	5.8	5.8	5.7	5.7
	女性	%	5.1	5.3	5.4	6.1	6.1	6.0	6.0	6.0
	男性	%	5.2	4.8	5.0	5.7	5.6	5.5	5.5	5.4
	青年	%	8.4	8.1	8.5	9.7	9.3	9.3	9.3	9.2
就业缺口	合计	百万人		44.1	59.4	64.4	65.7	67.5		
	女性	百万人		24.9	33.2	35.9	36.8	37.6		
	男性	百万人		19.2	26.2	28.5	28.9	29.9		
就业缺口率	合计	%		18.9	19.7	20.8	20.6	20.4		
	女性	%		23.4	24.0	25.3	25.1	24.9		
	男性	%		15.1	16.0	17.0	16.7	16.6		
每名工人每周工时	合计	小时		35.4	35.6	34.2	34.5	35.2	35.2	35.4

（续）

指标	组别	单位	2000年	2010年	2019年	2020年	2021年	2022年	2023年	2024年
未就业、未受教育或培训的青年	合计	百万人		24.7	36.4	39.7	39.6	41.2		
	女性	百万人		16.6	23.7	25.2	25.7	27.1		
	男性	百万人		8.2	12.7	14.5	13.8	14.1		
未就业、未受教育或培训的青年的占比	合计	%		23.2	26.7	28.2	27.4	27.7		
	女性	%		31.3	35.0	36.1	35.9	36.7		
	男性	%		15.2	18.5	20.5	19.0	18.8		
非正式就业人口	合计	百万人		169.1	215.2	218.7	226.3	234.5		
	女性	百万人		75.9	96.6	96.3	100.8	103.7		
	男性	百万人		93.2	118.6	122.3	125.5	130.9		
非正式率	合计	%		89.4	88.9	89.4	89.2	89.1		
	女性	%		93.1	92.0	91.1	91.7	91.6		
	男性	%		86.6	86.5	88.1	87.2	87.2		
有偿带薪工人	合计	百万人	22.4	34.0	48.6	49.1	51.8			
自营职业者	合计	百万人	120.3	155.1	193.4	195.6	202.0			
有偿带薪工人占比	合计	%	15.7	18.0	20.1	20.1	20.4			
自营职业者占比	合计	%	84.3	82.0	79.9	79.9	79.6			
极端工作贫困（按购买力平价计算，每日不足1.90美元）	合计	百万人	81.3	86.2	92.7	95.0	97.7	101.6		
极端工作贫困占比（按购买力平价计算，每日不足1.90美元）	合计	%	56.9	45.6	38.3	38.8	38.5	38.6		

注："青年"是指15~24岁的人。此处，"女性"和"男性"是指15岁以上的女性和男性。

▶   **表C3   中等偏下收入国家（地区）**

指标	组别	单位	2000年	2010年	2019年	2020年	2021年	2022年	2023年	2024年
劳动力	合计	百万人	929.1	1127.7	1274.8	1267.9	1296.2	1331.4	1355.4	1380.8
	女性	百万人	298.8	366.9	411.2	405.5	416.3	431.2	439.9	448.6
	男性	百万人	630.3	760.8	863.6	862.4	879.8	900.2	915.5	932.2
	青年	百万人	220.1	225.3	206.9	200.4	204.5	209.4	211.9	214.2
劳动力参与率	合计	%	59.1	57.5	55.0	53.7	54.1	54.8	54.9	54.9
	女性	%	38.4	37.8	35.7	34.6	35.0	35.7	35.9	35.9
	男性	%	79.3	77.0	74.0	72.6	72.9	73.6	73.7	73.7
	青年	%	45.2	40.2	34.6	33.3	33.6	34.2	34.4	34.4
就业人口	合计	百万人	867.8	1056.7	1204.7	1174.1	1213.4	1249.4	1272.0	1295.5
	女性	百万人	278.6	342.8	388.3	377.8	390.1	404.5	412.6	420.6
	男性	百万人	589.2	713.8	816.4	796.3	823.3	844.8	859.4	875.0
	青年	百万人	191.6	193.8	175.0	162.3	171.2	176.1	177.9	179.5
就业人口比率	合计	%	55.2	53.9	52.0	49.8	50.6	51.4	51.5	51.6
	女性	%	35.8	35.3	33.7	32.3	32.8	33.5	33.6	33.7
	男性	%	74.2	72.3	69.9	67.1	68.2	69.0	69.2	69.2
	青年	%	39.3	34.6	29.3	26.9	28.2	28.8	28.9	28.8
失业人口	合计	百万人	61.3	71.0	70.1	93.8	82.8	82.0	83.3	85.3
	女性	百万人	20.2	24.0	22.9	27.7	26.2	26.7	27.3	28.0
	男性	百万人	41.1	47.0	47.2	66.1	56.5	55.4	56.1	57.3
	青年	百万人	28.5	31.5	31.8	38.1	33.3	33.4	33.9	34.7
失业率	合计	%	6.6	6.3	5.5	7.4	6.4	6.2	6.1	6.2
	女性	%	6.8	6.5	5.6	6.8	6.3	6.2	6.2	6.2
	男性	%	6.5	6.2	5.5	7.7	6.4	6.2	6.1	6.1
	青年	%	13.0	14.0	15.4	19.0	16.3	15.9	16.0	16.2
就业缺口	合计	百万人		167.9	168.5	209.2	189.4	189.4		
	女性	百万人		77.4	76.8	87.1	83.1	84.9		
	男性	百万人		90.5	91.7	122.0	106.2	104.5		
就业缺口率	合计	%		13.7	12.3	15.1	13.5	13.2		
	女性	%		18.4	16.5	18.7	17.6	17.3		
	男性	%		11.3	10.1	13.3	11.4	11.0		
每名工人每周工时	合计	小时		45.0	43.9	40.6	42.1	43.0	42.9	43.0

（续）

指标	组别	单位	2000年	2010年	2019年	2020年	2021年	2022年	2023年	2024年
未就业、未受教育或培训的青年	合计	百万人		151.2	163.6	176.9	171.4	171.1		
	女性	百万人		114.0	115.9	119.3	119.1	119.5		
	男性	百万人		37.1	47.7	57.6	52.4	51.5		
未就业、未受教育或培训的青年的占比	合计	%		27.0	27.4	29.4	28.2	28.0		
	女性	%		41.8	40.0	40.8	40.4	40.3		
	男性	%		12.9	15.5	18.6	16.7	16.3		
非正式就业人口	合计	百万人		874.0	982.0	957.6	992.8	1020.2		
	女性	百万人		288.2	315.7	302.8	316.8	328.4		
	男性	百万人		585.7	666.4	654.7	676.1	691.8		
非正式率	合计	%		82.7	81.5	81.6	81.8	81.7		
	女性	%		84.1	81.3	80.2	81.2	81.2		
	男性	%		82.1	81.6	82.2	82.1	81.9		
有偿带薪工人	合计	百万人	233.5	320.1	447.2	432.6	449.5			
自营职业者	合计	百万人	634.3	736.6	757.5	741.5	763.9			
有偿带薪工人占比	合计	%	26.9	30.3	37.1	36.8	37.0			
自营职业者占比	合计	%	73.1	69.7	62.9	63.2	63.0			
极端工作贫困（按购买力平价计算，每日不足1.90美元）	合计	百万人	308.1	213.1	115.6	122.5	112.6	102.2		
极端工作贫困占比（按购买力平价计算，每日不足1.90美元）	合计	%	35.5	20.2	9.6	10.4	9.3	8.2		

注："青年"是指15~24岁的人。此处，"女性"和"男性"是指15岁以上的女性和男性。

▶　表C4　中等偏上收入国家（地区）

指标	组别	单位	2000年	2010年	2019年	2020年	2021年	2022年	2023年	2024年
劳动力	合计	百万人	1134.2	1244.8	1303.3	1258.2	1305.2	1315.2	1315.5	1319.6
	女性	百万人	496.9	540.5	573.2	550.3	573.9	579.1	578.9	580.3
	男性	百万人	637.3	704.3	730.1	707.9	731.3	736.1	736.6	739.4
	青年	百万人	221.8	209.4	155.2	142.4	147.8	148.4	147.3	147.5
劳动力参与率	合计	%	70.6	67.0	64.9	62.2	64.1	64.2	63.7	63.5
	女性	%	61.3	57.7	56.6	54.0	55.9	56.0	55.6	55.3
	男性	%	80.0	76.4	73.3	70.6	72.5	72.5	72.0	71.8
	青年	%	59.5	52.0	46.7	43.2	45.0	45.2	44.8	44.6
就业人口	合计	百万人	1071.3	1173.5	1224.7	1172.9	1222.6	1236.8	1238.6	1242.6
	女性	百万人	469.1	510.1	538.9	513.8	537.2	544.8	545.0	546.3
	男性	百万人	602.2	663.5	685.8	659.1	685.3	692.0	693.5	696.3
	青年	百万人	197.0	183.7	132.2	118.5	123.9	125.9	125.3	125.4
就业人口比率	合计	%	66.7	63.2	61.0	58.0	60.1	60.4	60.0	59.8
	女性	%	57.9	54.5	53.2	50.4	52.3	52.7	52.4	52.1
	男性	%	75.6	72.0	68.8	65.7	67.9	68.1	67.8	67.6
	青年	%	52.9	45.6	39.8	35.9	37.8	38.4	38.1	38.0
失业人口	合计	百万人	62.9	71.3	78.6	85.3	82.6	78.4	76.9	77.0
	女性	百万人	27.8	30.5	34.3	36.5	36.7	34.3	33.8	33.9
	男性	百万人	35.1	40.8	44.3	48.8	46.0	44.1	43.1	43.1
	青年	百万人	24.7	25.6	23.0	23.9	23.8	22.4	22.1	22.0
失业率	合计	%	5.5	5.7	6.0	6.8	6.3	6.0	5.8	5.8
	女性	%	5.6	5.6	6.0	6.6	6.4	5.9	5.8	5.8
	男性	%	5.5	5.8	6.1	6.9	6.3	6.0	5.9	5.8
	青年	%	11.2	12.3	14.8	16.8	16.1	15.1	15.0	14.9
就业缺口	合计	百万人		153.0	155.0	175.4	165.3	160.1		
	女性	百万人		80.1	80.5	90.5	86.6	83.4		
	男性	百万人		72.9	74.4	85.0	78.8	76.6		
就业缺口率	合计	%		11.5	11.2	13.0	11.9	11.5		
	女性	%		13.6	13.0	15.0	13.9	13.3		
	男性	%		9.9	9.8	11.4	10.3	10.0		
每名工人每周工时	合计	小时		45.1	44.0	42.7	43.8	43.5	43.5	43.5

（续）

指标	组别	单位	2000年	2010年	2019年	2020年	2021年	2022年	2023年	2024年
未就业、未受教育或培训的青年	合计	百万人		78.1	61.8	68.3	63.4	62.1		
	女性	百万人		48.4	37.5	39.6	37.8	37.0		
	男性	百万人		29.7	24.3	28.7	25.6	25.1		
未就业、未受教育或培训的青年的占比	合计	%		19.4	18.6	20.7	19.3	19.0		
	女性	%		24.9	23.6	25.2	24.2	23.7		
	男性	%		14.3	14.0	16.6	14.9	14.6		
非正式就业人口	合计	百万人		650.1	611.2	576.8	608.3	610.5		
	女性	百万人		273.8	263.0	243.4	259.8	261.4		
	男性	百万人		376.3	348.2	333.4	348.5	349.2		
非正式率	合计	%		55.4	49.9	49.2	49.8	49.4		
	女性	%		53.7	48.8	47.4	48.4	48.0		
	男性	%		56.7	50.8	50.6	50.9	50.5		
有偿带薪工人	合计	百万人	466.9	611.0	731.6	702.3	733.5			
自营职业者	合计	百万人	604.4	562.5	493.1	470.6	489.1			
有偿带薪工人占比	合计	%	43.6	52.1	59.7	59.9	60.0			
自营职业者占比	合计	%	56.4	47.9	40.3	40.1	40.0			
极端工作贫困（按购买力平价计算，每日不足1.90美元）	合计	百万人	277.2	106.5	10.4	10.6	10.1	10.3		
极端工作贫困占比（按购买力平价计算，每日不足1.90美元）	合计	%	25.9	9.1	0.8	0.9	0.8	0.8		

注："青年"是指15~24岁的人。此处，"女性"和"男性"是指15岁以上的女性和男性。

▶ **表C5　高收入国家（地区）**

指标	组别	单位	2000年	2010年	2019年	2020年	2021年	2022年	2023年	2024年
劳动力	合计	百万人	537.9	587.5	631.8	625.3	629.0	638.7	642.3	642.2
	女性	百万人	231.4	258.0	280.7	278.2	280.7	286.1	287.5	287.3
	男性	百万人	306.5	329.5	351.1	347.1	348.3	352.6	354.8	354.9
	青年	百万人	74.7	68.1	65.5	62.9	63.7	64.8	64.9	64.5
劳动力 参与率	合计	%	60.5	60.2	61.0	60.2	60.4	60.9	60.9	60.7
	女性	%	50.9	52.0	53.7	53.0	53.3	54.0	53.9	53.7
	男性	%	70.5	68.7	68.5	67.5	67.6	68.0	68.0	67.8
	青年	%	48.9	44.5	45.2	43.7	44.5	45.1	45.1	44.9
就业人口	合计	百万人	502.7	539.3	601.7	584.6	593.7	609.9	610.9	610.4
	女性	百万人	214.9	237.2	266.5	259.0	264.3	272.4	272.6	272.2
	男性	百万人	287.9	302.1	335.2	325.6	329.5	337.5	338.3	338.2
	青年	百万人	64.6	56.1	58.4	53.6	55.9	58.1	57.6	57.0
就业人口比率	合计	%	56.5	55.3	58.1	56.3	57.0	58.2	57.9	57.7
	女性	%	47.2	47.8	51.0	49.3	50.2	51.4	51.1	50.9
	男性	%	66.3	63.0	65.4	63.3	63.9	65.1	64.8	64.6
	青年	%	42.4	36.7	40.2	37.2	39.1	40.5	40.0	39.7
失业人口	合计	百万人	35.2	48.2	30.1	40.7	35.2	28.7	31.5	31.8
	女性	百万人	16.6	20.8	14.1	19.2	16.5	13.7	14.9	15.1
	男性	百万人	18.6	27.3	15.9	21.5	18.8	15.1	16.6	16.7
	青年	百万人	10.1	12.0	7.2	9.3	7.8	6.6	7.4	7.5
失业率	合计	%	6.5	8.2	4.8	6.5	5.6	4.5	4.9	5.0
	女性	%	7.2	8.1	5.0	6.9	5.9	4.8	5.2	5.3
	男性	%	6.1	8.3	4.5	6.2	5.4	4.3	4.7	4.7
	青年	%	13.5	17.6	10.9	14.7	12.2	10.3	11.4	11.6
就业缺口	合计	百万人		77.4	56.6	72.1	63.4	55.8		
	女性	百万人		37.5	29.1	36.7	32.0	28.8		
	男性	百万人		40.0	27.6	35.4	31.4	27.0		
就业缺口率	合计	%		12.6	8.6	11.0	9.6	8.4		
	女性	%		13.6	9.8	12.4	10.8	9.6		
	男性	%		11.7	7.6	9.8	8.7	7.4		
每名工人每周 工时	合计	小时		38.1	37.2	35.5	36.4	36.6	36.2	36.3

（续）

指标	组别	单位	2000年	2010年	2019年	2020年	2021年	2022年	2023年	2024年
未就业、未受教育或培训的青年	合计	百万人		20.4	15.2	18.2	16.3	14.9		
	女性	百万人		10.7	7.9	9.1	8.3	7.7		
	男性	百万人		9.7	7.3	9.1	7.9	7.2		
未就业、未受教育或培训的青年的占比	合计	%		13.3	10.5	12.6	11.4	10.4		
	女性	%		14.4	11.3	13.1	12.0	11.0		
	男性	%		12.3	9.7	12.3	10.8	9.7		
非正式就业人口	合计	百万人		89.9	96.6	90.9	94.2	95.7		
	女性	百万人		38.7	41.3	38.9	40.5	41.1		
	男性	百万人		51.2	55.3	52.0	53.7	54.6		
非正式率	合计	%		16.7	16.1	15.5	15.9	15.7		
	女性	%		16.3	15.5	15.0	15.3	15.1		
	男性	%		17.0	16.5	16.0	16.3	16.2		
有偿带薪工人	合计	百万人	423.5	464.3	526.8	511.3	520.5			
自营职业者	合计	百万人	79.3	75.0	74.8	73.3	73.2			
有偿带薪工人占比	合计	%	84.2	86.1	87.6	87.5	87.7			
自营职业者占比合计	合计	%	15.8	13.9	12.4	12.5	12.3			

注："青年"是指15~24岁的人。此处，"女性"和"男性"是指15岁以上的女性和男性。

▶   表C6   非洲

指标	组别	单位	2000年	2010年	2019年	2020年	2021年	2022年	2023年	2024年
劳动力	合计	百万人	301.1	393.1	491.4	497.7	515.3	533.7	550.0	566.3
	女性	百万人	129.5	169.6	211.8	214.0	222.1	230.8	238.3	245.6
	男性	百万人	171.5	223.5	279.6	283.7	293.2	302.9	311.7	320.8
	青年	百万人	78.8	95.2	106.0	107.0	110.6	115.1	118.7	122.3
劳动力参与率	合计	%	64.5	63.8	62.5	61.6	62.1	62.6	62.7	62.8
	女性	%	54.5	54.3	53.3	52.4	52.9	53.5	53.8	53.9
	男性	%	74.8	73.5	71.9	71.0	71.4	71.8	71.8	71.9
	青年	%	47.8	45.5	41.9	41.2	41.4	42.0	42.1	42.1
就业人口	合计	百万人	278.8	367.7	459.4	462.4	478.2	495.8	510.9	526.5
	女性	百万人	120.1	157.1	196.6	197.7	204.7	212.8	219.7	226.5
	男性	百万人	158.7	210.5	262.8	264.6	273.5	282.9	291.2	300.0
	青年	百万人	68.7	84.3	94.8	94.7	98.2	102.2	105.4	108.6
就业人口比率	合计	%	59.7	59.6	58.5	57.2	57.6	58.1	58.3	58.4
	女性	%	50.5	50.3	49.5	48.4	48.8	49.4	49.6	49.7
	男性	%	69.3	69.2	67.6	66.2	66.6	67.0	67.1	67.2
	青年	%	41.6	40.2	37.5	36.4	36.8	37.3	37.4	37.4
失业人口	合计	百万人	22.3	25.5	32.0	35.3	37.0	37.9	39.1	39.8
	女性	百万人	9.5	12.5	15.2	16.3	17.4	18.0	18.6	19.1
	男性	百万人	12.8	13.0	16.8	19.0	19.7	20.0	20.5	20.8
	青年	百万人	10.2	10.9	11.2	12.3	12.4	12.9	13.4	13.7
失业率	合计	%	7.4	6.5	6.5	7.1	7.2	7.1	7.1	7.0
	女性	%	7.3	7.4	7.2	7.6	7.8	7.8	7.8	7.8
	男性	%	7.5	5.8	6.0	6.7	6.7	6.6	6.6	6.5
	青年	%	12.9	11.5	10.6	11.5	11.2	11.2	11.2	11.2
就业缺口	合计	百万人		90.8	118.9	126.2	130.8	134.1		
	女性	百万人		52.1	66.8	70.0	72.8	75.0		
	男性	百万人		38.7	52.1	56.2	58.0	59.1		
就业缺口率	合计	%		19.8	20.6	21.4	21.5	21.3		
	女性	%		24.9	25.4	26.1	26.2	26.1		
	男性	%		15.5	16.5	17.5	17.5	17.3		
每名工人每周工时	合计	小时		38.5	38.0	36.0	36.6	37.4	37.3	37.5

（续）

指标	组别	单位	2000年	2010年	2019年	2020年	2021年	2022年	2023年	2024年
未就业、未受教育或培训的青年	合计	百万人		49.5	65.3	69.6	69.7	71.5		
	女性	百万人		32.0	40.6	42.7	43.2	44.3		
	男性	百万人		17.5	24.7	26.9	26.5	27.2		
未就业、未受教育或培训的青年的占比	合计	%		23.6	25.8	26.8	26.1	26.1		
	女性	%		30.7	32.3	33.1	32.6	32.6		
	男性	%		16.7	19.4	20.6	19.7	19.7		
非正式就业人口	合计	百万人		308.2	387.3	391.7	405.4	421.4		
	女性	百万人		139.5	173.4	172.8	180.7	188.0		
	男性	百万人		168.6	213.9	218.9	224.7	233.4		
非正式率	合计	%		83.8	84.3	84.7	84.8	85.0		
	女性	%		88.8	88.2	87.4	88.2	88.3		
	男性	%		80.1	81.4	82.7	82.2	82.5		
有偿带薪工人	合计	百万人	72.9	104.7	142.0	141.3	147.0			
自营职业者	合计	百万人	205.9	263.0	317.4	321.1	331.3			
有偿带薪工人占比	合计	%	26.2	28.5	30.9	30.6	30.7			
自营职业者占比	合计	%	73.8	71.5	69.1	69.4	69.3			
极端工作贫困（按购买力平价计算，每日不足1.90美元）	合计	百万人	135.4	136.8	141.4	147.7	150.6	154.1		
极端工作贫困占比（按购买力平价计算，每日不足1.90美元）	合计	%	48.6	37.2	30.8	31.9	31.5	31.1		

注："青年"是指15~24岁的人。此处，"女性"和"男性"是指15岁以上的女性和男性。

▶   表C7   北非

指标	组别	单位	2000年	2010年	2019年	2020年	2021年	2022年	2023年	2024年
劳动力	合计	百万人	51.7	66.9	73.1	72.3	74.5	76.7	78.2	79.8
	女性	百万人	11.7	16.1	16.7	16.2	16.5	17.3	17.8	18.2
	男性	百万人	40.0	50.8	56.3	56.2	57.9	59.3	60.4	61.6
	青年	百万人	12.6	13.4	10.2	10.0	10.2	10.5	10.7	11.0
劳动力参与率	合计	%	47.3	47.8	44.0	42.8	43.2	43.7	43.7	43.7
	女性	%	21.4	23.1	20.3	19.2	19.3	19.8	19.9	20.0
	男性	%	73.0	72.3	67.7	66.2	67.1	67.5	67.4	67.4
	青年	%	34.7	32.4	24.7	23.9	24.3	24.6	24.6	24.6
就业人口	合计	百万人	43.9	59.8	65.1	63.7	65.8	68.0	69.4	70.9
	女性	百万人	9.3	12.9	13.3	12.8	13.1	13.8	14.1	14.5
	男性	百万人	34.6	47.0	51.8	50.9	52.7	54.2	55.3	56.4
	青年	百万人	8.8	10.2	7.6	7.3	7.6	7.9	8.0	8.2
就业人口比率	合计	%	40.2	42.8	39.2	37.7	38.2	38.8	38.8	38.8
	女性	%	17.0	18.5	16.0	15.2	15.3	15.7	15.8	15.9
	男性	%	63.2	66.9	62.3	60.0	61.0	61.6	61.7	61.7
	青年	%	24.3	24.6	18.3	17.5	18.0	18.3	18.3	18.4
失业人口	合计	百万人	7.8	7.0	8.0	8.7	8.6	8.7	8.8	8.9
	女性	百万人	2.4	3.2	3.5	3.4	3.4	3.5	3.7	3.7
	男性	百万人	5.4	3.8	4.5	5.3	5.2	5.1	5.2	5.2
	青年	百万人	3.8	3.2	2.6	2.7	2.6	2.7	2.7	2.8
失业率	合计	%	15.0	10.5	10.9	12.0	11.6	11.3	11.3	11.1
	女性	%	20.6	20.1	20.9	21.0	20.5	20.4	20.5	20.5
	男性	%	13.4	7.5	8.0	9.4	9.0	8.6	8.5	8.4
	青年	%	30.0	24.1	25.8	26.9	25.8	25.4	25.5	25.3
就业缺口	合计	百万人		17.1	20.7	22.0	22.0	22.3		
	女性	百万人		8.5	9.8	9.8	9.7	10.1		
	男性	百万人		8.7	10.9	12.3	12.3	12.2		
就业缺口率	合计	%		22.3	24.1	25.7	25.1	24.7		
	女性	%		39.7	42.5	43.3	42.6	42.3		
	男性	%		15.6	17.4	19.4	18.9	18.3		
每名工人每周工时	合计	小时		42.8	42.1	39.3	40.4	41.6	41.5	41.7

（续）

指标	组别	单位	2000年	2010年	2019年	2020年	2021年	2022年	2023年	2024年
未就业、未受教育或培训的青年	合计	百万人		12.5	11.6	12.4	11.8	12.0		
	女性	百万人		9.2	8.0	8.4	8.1	8.2		
	男性	百万人		3.4	3.6	4.0	3.8	3.8		
未就业、未受教育或培训的青年的占比	合计	%		30.3	28.0	29.7	28.1	28.0		
	女性	%		45.3	39.3	41.1	39.0	39.0		
	男性	%		15.9	17.2	18.7	17.5	17.3		
非正式就业人口	合计	百万人		38.5	45.0	44.0	45.6	48.1		
	女性	百万人		8.2	8.2	7.7	8.1	8.5		
	男性	百万人		30.3	36.8	36.3	37.5	39.6		
非正式率	合计	%		64.4	69.2	69.1	69.2	70.7		
	女性	%		63.9	62.1	60.4	61.4	61.4		
	男性	%		64.5	71.0	71.3	71.2	73.1		
有偿带薪工人	合计	百万人	24.0	34.9	41.8	41.3	43.0			
自营职业者	合计	百万人	19.9	24.9	23.3	22.4	22.8			
有偿带薪工人占比	合计	%	54.6	58.3	64.2	64.9	65.4			
自营职业者占比	合计	%	45.4	41.7	35.8	35.1	34.6			
极端工作贫困（按购买力平价计算，每日不足1.90美元）	合计	百万人	2.0	1.6	1.8	2.0	2.1	2.2		
极端工作贫困占比（按购买力平价计算，每日不足1.90美元）	合计	%	4.6	2.6	2.8	3.1	3.2	3.2		

注："青年"是指15~24岁的人。此处，"女性"和"男性"是指15岁以上的女性和男性。

▶ C8　撒哈拉以南非洲

指标	组别	单位	2000年	2010年	2019年	2020年	2021年	2022年	2023年	2024年
劳动力	合计	百万人	249.4	326.3	418.3	425.4	440.8	457.1	471.7	486.5
	女性	百万人	117.9	153.5	195.1	197.9	205.6	213.5	220.5	227.4
	男性	百万人	131.5	172.7	223.3	227.5	235.3	243.6	251.2	259.2
	青年	百万人	66.2	81.8	95.8	97.0	100.3	104.6	108.0	111.3
劳动力参与率	合计	%	69.7	68.5	67.5	66.6	67.0	67.4	67.6	67.6
	女性	%	64.3	63.3	62.0	61.1	61.6	62.2	62.3	62.4
	男性	%	75.4	73.9	73.1	72.2	72.5	72.9	73.0	73.0
	青年	%	51.5	48.7	45.2	44.5	44.7	45.2	45.3	45.3
就业人口	合计	百万人	234.9	307.8	394.3	398.7	412.4	427.8	441.5	455.6
	女性	百万人	110.8	144.3	183.3	185.0	191.6	199.1	205.5	212.1
	男性	百万人	124.1	163.6	211.0	213.7	220.8	228.7	236.0	243.5
	青年	百万人	59.8	74.1	87.2	87.4	90.6	94.4	97.4	100.4
就业人口比率	合计	%	65.7	64.6	63.6	62.4	62.7	63.1	63.2	63.3
	女性	%	60.5	59.5	58.3	57.1	57.4	57.9	58.1	58.2
	男性	%	71.1	70.0	69.1	67.9	68.1	68.4	68.5	68.6
	青年	%	46.6	44.1	41.2	40.1	40.3	40.8	40.8	40.9
失业人口	合计	百万人	14.5	18.4	24.0	26.6	28.4	29.3	30.3	30.9
	女性	百万人	7.1	9.3	11.7	12.9	14.0	14.4	15.0	15.3
	男性	百万人	7.4	9.2	12.3	13.8	14.5	14.8	15.3	15.6
	青年	百万人	6.4	7.7	8.6	9.6	9.7	10.2	10.6	10.9
失业率	合计	%	5.8	5.7	5.7	6.3	6.4	6.4	6.4	6.4
	女性	%	6.0	6.0	6.0	6.5	6.8	6.8	6.8	6.7
	男性	%	5.7	5.3	5.5	6.0	6.1	6.1	6.1	6.0
	青年	%	9.6	9.4	9.0	9.9	9.7	9.8	9.8	9.8
就业缺口	合计	百万人		73.7	98.2	104.2	108.8	111.9		
	女性	百万人		43.6	57.0	60.2	63.1	64.9		
	男性	百万人		30.1	41.2	44.0	45.7	47.0		
就业缺口率	合计	%		19.3	19.9	20.7	20.9	20.7		
	女性	%		23.2	23.7	24.6	24.8	24.6		
	男性	%		15.5	16.3	17.1	17.2	17.0		
每名工人每周工时	合计	小时		37.6	37.3	35.5	36.0	36.7	36.7	36.8

（续）

指标	组别	单位	2000 年	2010 年	2019 年	2020 年	2021 年	2022 年	2023 年	2024 年
未就业、未受教育或培训的青年	合计	百万人		36.9	53.7	57.2	57.9	59.5		
	女性	百万人		22.8	32.6	34.3	35.1	36.1		
	男性	百万人		14.2	21.1	22.9	22.8	23.5		
未就业、未受教育或培训的青年的占比	合计	%		22.0	25.4	26.2	25.8	25.7		
	女性	%		27.1	31.0	31.6	31.4	31.4		
	男性	%		16.8	19.8	20.9	20.1	20.1		
非正式就业人口	合计	百万人		269.6	342.3	347.7	359.8	373.3		
	女性	百万人		131.3	165.2	165.1	172.6	179.5		
	男性	百万人		138.3	177.1	182.6	187.2	193.8		
非正式率	合计	%		87.6	86.8	87.2	87.2	87.3		
	女性	%		91.0	90.1	89.2	90.1	90.2		
	男性	%		84.6	83.9	85.4	84.8	84.7		
有偿带薪工人	合计	百万人	49.0	69.8	100.3	100.0	103.9			
自营职业者	合计	百万人	186.0	238.1	294.1	298.7	308.4			
有偿带薪工人占比	合计	%	20.8	22.7	25.4	25.1	25.2			
自营职业者占比	合计	%	79.2	77.3	74.6	74.9	74.8			
极端工作贫困（按购买力平价计算，每日不足 1.90 美元）	合计	百万人	133.4	135.2	139.5	145.7	148.5	151.9		
极端工作贫困占比（按购买力平价计算，每日不足 1.90 美元）	合计	%	56.8	43.9	35.4	36.6	36.0	35.5		

注："青年"是指 15~24 岁的人。此处，"女性"和"男性"是指 15 岁以上的女性和男性。

▶   表C9   拉丁美洲和加勒比地区

指标	组别	单位	2000年	2010年	2019年	2020年	2021年	2022年	2023年	2024年
劳动力	合计	百万人	221.5	270.7	310.8	292.5	307.8	315.0	317.9	322.5
	女性	百万人	85.1	110.2	129.9	120.1	127.6	132.0	133.4	135.6
	男性	百万人	136.4	160.5	180.9	172.4	180.1	183.0	184.5	187.0
	青年	百万人	54.2	55.3	52.7	47.4	50.3	50.7	50.1	49.9
劳动力参与率	合计	%	62.7	63.6	63.6	59.1	61.6	62.4	62.2	62.4
	女性	%	47.2	50.6	51.9	47.4	49.8	51.0	50.9	51.1
	男性	%	79.0	77.2	75.9	71.5	73.9	74.3	74.1	74.2
	青年	%	53.9	51.4	49.0	44.2	47.1	47.6	47.2	47.3
就业人口	合计	百万人	200.9	251.6	286.0	262.6	279.4	292.9	295.8	300.1
	女性	百万人	75.1	100.5	117.4	105.6	113.1	120.6	122.0	124.0
	男性	百万人	125.7	151.1	168.7	157.0	166.3	172.3	173.8	176.2
	青年	百万人	44.8	47.2	43.2	37.4	40.6	42.9	42.2	42.2
就业人口比率	合计	%	56.9	59.1	58.5	53.1	55.9	58.0	57.9	58.0
	女性	%	41.6	46.1	46.9	41.7	44.1	46.5	46.5	46.7
	男性	%	72.8	72.7	70.7	65.1	68.2	70.0	69.8	69.9
	青年	%	44.7	43.9	40.2	34.9	38.0	40.3	39.9	39.9
失业人口	合计	百万人	20.7	19.1	24.8	29.8	28.4	22.1	22.1	22.4
	女性	百万人	10.0	9.7	12.6	14.5	14.6	11.4	11.4	11.6
	男性	百万人	10.7	9.4	12.2	15.4	13.8	10.7	10.7	10.8
	青年	百万人	9.3	8.1	9.5	10.1	9.7	7.8	7.8	7.8
失业率	合计	%	9.3	7.1	8.0	10.2	9.2	7.0	7.0	6.9
	女性	%	11.7	8.8	9.7	12.0	11.4	8.6	8.6	8.6
	男性	%	7.8	5.9	6.8	8.9	7.7	5.9	5.8	5.8
	青年	%	17.2	14.6	17.9	21.2	19.2	15.4	15.6	15.6
就业缺口	合计	百万人		49.2	58.0	70.0	64.6	57.1		
	女性	百万人		30.7	34.7	40.1	38.7	34.4		
	男性	百万人		18.4	23.4	29.8	25.9	22.6		
就业缺口率	合计	%		16.3	16.9	21.0	18.8	16.3		
	女性	%		23.4	22.8	27.5	25.5	22.2		
	男性	%		10.9	12.2	16.0	13.5	11.6		
每名工人每周工时	合计	小时		40.2	38.7	35.8	38.8	39.6	39.1	39.0

（续）

指标	组别	单位	2000年	2010年	2019年	2020年	2021年	2022年	2023年	2024年
未就业、未受教育或培训的青年	合计	百万人		21.8	23.1	26.0	23.3	21.6		
	女性	百万人		15.0	15.3	16.3	15.1	14.1		
	男性	百万人		6.7	7.9	9.7	8.3	7.5		
未就业、未受教育或培训的青年的占比	合计	%		20.2	21.5	24.3	21.8	20.3		
	女性	%		28.2	28.7	30.9	28.6	26.9		
	男性	%		12.4	14.4	17.8	15.3	13.9		
非正式就业人口	合计	百万人		142.9	153.2	137.7	149.4	157.4		
	女性	百万人		57.2	61.8	53.6	58.8	63.2		
	男性	百万人		85.7	91.5	84.2	90.6	94.3		
非正式率	合计	%		56.8	53.6	52.4	53.5	53.7		
	女性	%		56.9	52.6	50.7	52.0	52.4		
	男性	%		56.7	54.2	53.6	54.5	54.7		
有偿带薪工人	合计	百万人	121.1	158.2	180.7	164.7	174.3			
自营职业者	合计	百万人	79.8	93.3	105.3	98.0	105.1			
有偿带薪工人占比	合计	%	60.3	62.9	63.2	62.7	62.4			
自营职业者占比	合计	%	39.7	37.1	36.8	37.3	37.6			
极端工作贫困（按购买力平价计算，每日不足1.90美元）	合计	百万人	17.6	8.7	9.3	9.6	9.1	9.4		
极端工作贫困占比（按购买力平价计算，每日不足1.90美元）	合计	%	8.7	3.4	3.2	3.6	3.3	3.2		

注："青年"是指15~24岁的人。此处，"女性"和"男性"是指15岁以上的女性和男性。

▶   表C10   北美洲

指标	组别	单位	2000年	2010年	2019年	2020年	2021年	2022年	2023年	2024年
劳动力	合计	百万人	162.6	177.3	190.9	188.3	189.6	192.9	194.5	195.2
	女性	百万人	74.5	82.5	88.3	87.1	87.7	89.7	90.5	90.7
	男性	百万人	88.1	94.7	102.5	101.2	101.9	103.2	104.1	104.5
	青年	百万人	26.4	25.0	25.2	24.3	25.1	25.3	25.5	25.5
劳动力参与率	合计	%	65.9	63.8	62.9	61.6	61.6	62.2	62.2	61.9
	女性	%	58.9	58.1	57.4	56.1	56.1	56.9	56.9	56.6
	男性	%	73.3	69.8	68.7	67.3	67.3	67.7	67.7	67.4
	青年	%	60.3	51.5	52.1	50.2	51.7	51.8	51.9	51.6
就业人口	合计	百万人	155.6	160.5	183.4	172.8	179.0	185.6	185.4	185.5
	女性	百万人	71.3	75.5	85.0	79.7	82.9	86.3	86.3	86.4
	男性	百万人	84.4	84.9	98.5	93.1	96.1	99.2	99.0	99.2
	青年	百万人	23.8	20.5	23.0	20.6	22.6	23.3	23.0	22.7
就业人口比率	合计	%	63.1	57.8	60.5	56.5	58.2	59.9	59.3	58.8
	女性	%	56.3	53.2	55.2	51.3	53.1	54.8	54.3	53.9
	男性	%	70.2	62.6	66.0	61.9	63.5	65.1	64.4	63.9
	青年	%	54.5	42.3	47.6	42.4	46.5	47.6	46.6	46.1
失业人口	合计	百万人	7.0	16.8	7.4	15.4	10.6	7.3	9.2	9.7
	女性	百万人	3.2	7.0	3.3	7.4	4.8	3.3	4.1	4.4
	男性	百万人	3.7	9.8	4.1	8.1	5.8	4.0	5.0	5.3
	青年	百万人	2.5	4.5	2.2	3.8	2.5	2.1	2.6	2.7
失业率	合计	%	4.3	9.5	3.9	8.2	5.6	3.8	4.7	5.0
	女性	%	4.4	8.5	3.8	8.5	5.4	3.7	4.6	4.8
	男性	%	4.2	10.3	4.0	8.0	5.7	3.9	4.8	5.1
	青年	%	9.6	17.9	8.7	15.5	10.1	8.1	10.1	10.7
就业缺口	合计	百万人		20.2	9.9	18.8	13.6	10.2		
	女性	百万人		8.6	4.6	9.0	6.3	4.8		
	男性	百万人		11.5	5.3	9.8	7.3	5.4		
就业缺口率	合计	%		11.2	5.1	9.8	7.1	5.2		
	女性	%		10.3	5.1	10.1	7.0	5.3		
	男性	%		11.9	5.1	9.5	7.1	5.1		
每名工人每周工时	合计	小时		35.5	35.8	34.7	35.3	35.3	34.8	35.0

（续）

指标	组别	单位	2000年	2010年	2019年	2020年	2021年	2022年	2023年	2024年
未就业、未受教育或培训的青年	合计	百万人		7.3	5.1	6.9	6.0	5.5		
	女性	百万人		3.6	2.6	3.4	3.0	2.8		
	男性	百万人		3.7	2.5	3.5	3.0	2.7		
未就业、未受教育或培训的青年的占比	合计	%		15.1	10.6	14.3	12.3	11.3		
	女性	%		15.4	11.0	14.4	12.5	11.6		
	男性	%		14.9	10.2	14.1	12.0	11.0		
非正式就业人口	合计	百万人		18.3	18.0	16.5	17.4	17.8		
	女性	百万人		8.3	8.0	7.3	7.7	8.0		
	男性	百万人		10.1	10.0	9.2	9.7	9.8		
非正式率	合计	%		11.4	9.8	9.6	9.7	9.6		
	女性	%		10.9	9.4	9.2	9.3	9.2		
	男性	%		11.9	10.2	9.8	10.1	9.9		
有偿带薪工人	合计	百万人	142.6	147.7	170.3	160.2	165.8			
自营职业者	合计	百万人	13.0	12.8	13.1	12.7	13.2			
有偿带薪工人占比	合计	%	91.6	92.0	92.9	92.7	92.6			
自营职业者占比合计	合计	%	8.4	8.0	7.1	7.3	7.4			

注："青年"是指15~24岁的人。此处，"女性"和"男性"是指15岁以上的女性和男性。

▶ **表C11   阿拉伯国家（非海湾合作委员会国家）**

指标	组别	单位	2000年	2010年	2019年	2020年	2021年	2022年	2023年	2024年
劳动力	合计	百万人	18.2	23.5	29.7	29.9	30.7	32.1	33.5	34.9
	女性	百万人	3.2	3.7	4.5	4.5	4.6	5.0	5.3	5.5
	男性	百万人	14.9	19.8	25.2	25.4	26.0	27.1	28.2	29.4
	青年	百万人	5.3	5.9	6.3	6.2	6.5	6.8	7.1	7.3
劳动力参与率	合计	%	44.8	41.2	41.6	40.6	40.5	41.0	41.5	41.8
	女性	%	15.8	12.7	12.5	12.1	12.2	12.7	13.0	13.2
	男性	%	74.2	70.0	71.1	69.3	69.0	69.7	70.2	70.6
	青年	%	35.6	29.9	27.6	26.2	26.9	27.3	27.6	27.8
就业人口	合计	百万人	16.4	21.1	25.6	25.4	26.1	27.5	28.7	30.0
	女性	百万人	2.8	3.0	3.4	3.4	3.5	3.7	3.9	4.1
	男性	百万人	13.5	18.0	22.2	22.1	22.7	23.8	24.8	25.9
	青年	百万人	4.3	4.7	4.5	4.3	4.5	4.8	5.0	5.1
就业人口比率	合计	%	40.3	37.0	35.9	34.6	34.5	35.2	35.6	35.9
	女性	%	13.8	10.6	9.6	9.1	9.1	9.5	9.7	9.8
	男性	%	67.2	63.7	62.6	60.3	60.1	61.1	61.7	62.2
	青年	%	29.0	23.7	19.6	18.0	18.7	19.2	19.4	19.6
失业人口	合计	百万人	1.8	2.4	4.1	4.4	4.5	4.6	4.8	4.9
	女性	百万人	0.4	0.6	1.1	1.1	1.2	1.3	1.3	1.4
	男性	百万人	1.4	1.8	3.0	3.3	3.4	3.3	3.4	3.5
	青年	百万人	1.0	1.2	1.8	1.9	2.0	2.0	2.1	2.2
失业率	合计	%	10.0	10.1	13.7	14.8	14.8	14.3	14.2	14.2
	女性	%	13.0	16.7	23.7	24.9	25.3	25.3	25.6	25.8
	男性	%	9.3	8.9	12.0	13.1	12.9	12.3	12.1	12.0
	青年	%	18.5	20.6	28.9	31.3	30.4	29.8	29.6	29.7
就业缺口	合计	百万人		5.7	8.8	9.3	9.7	9.9		
	女性	百万人		2.1	3.3	3.4	3.5	3.8		
	男性	百万人		3.6	5.5	5.9	6.2	6.2		
就业缺口率	合计	%		21.3	25.7	26.8	27.1	26.6		
	女性	%		40.9	49.0	49.9	50.5	50.3		
	男性	%		16.7	20.0	21.2	21.4	20.6		
每名工人每周工时	合计	小时		42.0	41.1	38.9	40.2	41.0	40.9	41.1

（续）

指标	组别	单位	2000年	2010年	2019年	2020年	2021年	2022年	2023年	2024年
未就业、未受教育或培训的青年	合计	百万人		7.4	8.7	9.1	9.1	9.3		
	女性	百万人		5.5	6.0	6.2	6.3	6.5		
	男性	百万人		1.9	2.7	2.9	2.8	2.8		
未就业、未受教育或培训的青年的占比	合计	%		37.6	37.7	38.6	37.5	37.4		
	女性	%		57.0	53.5	53.5	53.0	53.0		
	男性	%		18.8	22.6	24.4	22.7	22.4		
非正式就业人口	合计	百万人		13.6	17.6	17.5	18.0	19.1		
	女性	百万人		1.7	1.8	1.7	1.8	2.0		
	男性	百万人		11.9	15.7	15.7	16.2	17.2		
非正式率	合计	%		64.4	68.6	68.8	68.8	69.6		
	女性	%		55.1	52.9	51.5	52.4	52.6		
	男性	%		66.0	71.0	71.4	71.3	72.2		
有偿带薪工人	合计	百万人	9.5	13.1	15.7	15.6	16.1			
自营职业者	合计	百万人	6.8	7.9	9.9	9.8	10.1			
有偿带薪工人占比	合计	%	58.4	62.4	61.2	61.3	61.5			
自营职业者占比	合计	%	41.6	37.6	38.8	38.7	38.5			
极端工作贫困（按购买力平价计算，每日不足1.90美元）	合计	百万人	0.2	0.3	5.8	5.0	5.5	5.9		
极端工作贫困占比（按购买力平价计算，每日不足1.90美元）	合计	%	1.4	1.4	22.7	19.6	20.9	21.4		

注："青年"是指15~24岁的人。此处，"女性"和"男性"是指15岁以上的女性和男性。

▶ **表C12   阿拉伯国家（海湾合作委员会国家）**

指标	组别	单位	2000年	2010年	2019年	2020年	2021年	2022年	2023年	2024年
劳动力	合计	百万人	11.4	21.5	29.9	30.0	29.5	30.0	30.6	31.2
	女性	百万人	1.6	3.3	5.2	5.8	5.5	5.7	5.9	6.1
	男性	百万人	9.8	18.2	24.7	24.1	24.0	24.3	24.7	25.1
	青年	百万人	1.7	2.8	2.4	2.3	2.0	2.0	2.1	2.2
劳动力参与率	合计	%	56.5	61.7	66.6	66.8	66.1	66.5	66.7	67.0
	女性	%	21.3	26.5	32.9	36.4	34.2	34.7	35.3	35.8
	男性	%	77.4	81.3	85.0	83.8	84.2	84.6	84.9	85.2
	青年	%	27.8	30.3	28.7	28.5	27.1	27.0	27.3	27.8
就业人口	合计	百万人	11.0	20.7	28.8	28.3	28.1	28.8	29.4	29.9
	女性	百万人	1.5	2.9	4.6	5.0	4.7	5.0	5.1	5.3
	男性	百万人	9.5	17.7	24.2	23.3	23.4	23.8	24.2	24.6
	青年	百万人	1.5	2.4	2.0	1.8	1.6	1.7	1.7	1.8
就业人口比率	合计	%	54.5	59.3	64.0	63.2	63.0	63.8	64.0	64.1
	女性	%	19.8	23.6	28.6	31.3	29.3	30.2	30.6	30.8
	男性	%	75.0	79.2	83.5	81.0	82.2	83.0	83.4	83.6
	青年	%	23.7	26.1	24.4	22.7	22.1	22.5	22.8	22.9
失业人口	合计	百万人	0.4	0.8	1.1	1.6	1.4	1.2	1.2	1.3
	女性	百万人	0.1	0.4	0.7	0.8	0.8	0.7	0.8	0.9
	男性	百万人	0.3	0.5	0.4	0.8	0.6	0.5	0.4	0.5
	青年	百万人	0.3	0.4	0.4	0.5	0.4	0.3	0.3	0.4
失业率	合计	%	3.6	3.9	3.8	5.4	4.7	4.0	4.0	4.3
	女性	%	6.8	11.1	13.2	14.1	14.4	13.0	13.2	14.0
	男性	%	3.1	2.6	1.8	3.4	2.5	1.9	1.8	1.9
	青年	%	14.7	13.8	14.9	20.6	18.5	16.6	16.7	17.6
就业缺口	合计	百万人		1.9	2.7	3.6	2.9	2.7		
	女性	百万人		0.8	1.4	1.8	1.4	1.4		
	男性	百万人		1.0	1.3	1.7	1.5	1.2		
就业缺口率	合计	%		8.3	8.6	11.2	9.4	8.5		
	女性	%		22.2	23.8	26.9	23.4	22.5		
	男性	%		5.6	5.0	6.9	6.0	5.0		
每名工人每周工时	合计	小时		49.2	47.9	43.2	44.7	46.0	46.0	46.3

（续）

指标	组别	单位	2000 年	2010 年	2019 年	2020 年	2021 年	2022 年	2023 年	2024 年
未就业、未受教育或培训的青年	合计	百万人		2.0	1.5	1.8	1.4	1.3		
	女性	百万人		1.2	1.0	1.1	0.9	0.9		
	男性	百万人		0.8	0.5	0.7	0.4	0.4		
未就业、未受教育或培训的青年的占比	合计	%		22.0	17.7	22.4	18.4	18.0		
	女性	%		32.6	27.5	29.9	27.2	26.7		
	男性	%		14.5	10.2	16.3	10.9	10.2		
非正式就业人口	合计	百万人		8.3	11.8	11.3	11.4	11.9		
	女性	百万人		1.1	1.6	1.7	1.6	1.7		
	男性	百万人		7.3	10.2	9.6	9.8	10.2		
非正式率	合计	%		40.3	41.0	39.9	40.6	41.5		
	女性	%		35.8	35.6	33.7	34.3	34.8		
	男性	%		41.1	42.1	41.2	41.8	42.9		
有偿带薪工人	合计	百万人	10.4	20.0	27.5	27.0	26.8			
自营职业者	合计	百万人	0.6	0.7	1.3	1.3	1.3			
有偿带薪工人占比	合计	%	94.7	96.6	95.4	95.3	95.3			
自营职业者占比合计	合计	%	5.3	3.4	4.6	4.7	4.7			

注："青年"是指15~24岁的人。此处，"女性"和"男性"是指15岁以上的女性和男性。

▶   **表C13　东亚**

指标	组别	单位	2000年	2010年	2019年	2020年	2021年	2022年	2023年	2024年
劳动力	合计	百万人	851.0	902.3	914.1	889.2	918.6	920.9	917.5	916.5
	女性	百万人	381.7	398.2	411.5	399.5	414.5	415.5	413.6	412.9
	男性	百万人	469.3	504.1	502.6	489.7	504.1	505.4	503.8	503.6
	青年	百万人	152.3	139.5	93.2	86.7	88.6	88.5	87.7	87.6
劳动力参与率	合计	%	74.5	69.5	66.8	64.7	66.5	66.4	65.9	65.5
	女性	%	67.2	61.7	60.4	58.4	60.3	60.2	59.7	59.3
	男性	%	81.7	77.2	73.0	70.9	72.7	72.5	72.0	71.6
	青年	%	64.6	55.4	49.2	46.4	47.8	47.9	47.4	47.1
就业人口	合计	百万人	822.1	861.5	874.6	846.9	878.5	878.4	877.0	876.7
	女性	百万人	370.3	382.6	396.0	382.8	398.6	398.7	397.7	397.3
	男性	百万人	451.7	479.0	478.7	464.1	479.9	479.7	479.4	479.5
	青年	百万人	141.6	125.8	83.7	76.4	78.2	77.6	77.3	77.4
就业人口比率	合计	%	72.0	66.3	63.9	61.6	63.6	63.3	63.0	62.6
	女性	%	65.2	59.2	58.1	56.0	58.0	57.8	57.4	57.0
	男性	%	78.7	73.3	69.6	67.2	69.2	68.9	68.5	68.2
	青年	%	60.1	50.0	44.2	40.8	42.2	42.0	41.8	41.6
失业人口	合计	百万人	29.0	40.8	39.5	42.3	40.1	42.5	40.4	39.7
	女性	百万人	11.4	15.7	15.6	16.6	15.9	16.8	16.0	15.7
	男性	百万人	17.6	25.1	23.9	25.6	24.2	25.7	24.5	24.1
	青年	百万人	10.7	13.6	9.5	10.4	10.4	10.9	10.4	10.2
失业率	合计	%	3.4	4.5	4.3	4.8	4.4	4.6	4.4	4.3
	女性	%	3.0	3.9	3.8	4.2	3.8	4.0	3.9	3.8
	男性	%	3.8	5.0	4.8	5.2	4.8	5.1	4.9	4.8
	青年	%	7.0	9.8	10.2	12.0	11.7	12.3	11.8	11.7
就业缺口	合计	百万人		84.4	75.3	82.0	77.9	80.4		
	女性	百万人		40.1	35.9	39.5	37.1	38.1		
	男性	百万人		44.3	39.4	42.4	40.8	42.3		
就业缺口率	合计	%		8.9	7.9	8.8	8.1	8.4		
	女性	%		9.5	8.3	9.4	8.5	8.7		
	男性	%		8.5	7.6	8.4	7.8	8.1		
每名工人每周工时	合计	小时		46.8	45.8	45.3	45.7	45.1	45.0	45.0

（续）

指标	组别	单位	2000年	2010年	2019年	2020年	2021年	2022年	2023年	2024年
未就业、未受教育或培训的青年	合计	百万人		41.9	27.3	30.6	28.7	28.8		
	女性	百万人		24.2	15.4	16.5	16.0	15.9		
	男性	百万人		17.7	11.9	14.2	12.8	12.9		
未就业、未受教育或培训的青年的占比	合计	%		16.6	14.4	16.4	15.5	15.6		
	女性	%		20.2	17.4	18.9	18.5	18.5		
	男性	%		13.4	11.7	14.2	12.9	13.1		
非正式就业人口	合计	百万人		477.6	429.7	411.3	430.4	424.3		
	女性	百万人		205.7	191.8	180.6	191.5	188.9		
	男性	百万人		271.8	237.9	230.7	238.9	235.4		
非正式率	合计	%		55.4	49.1	48.6	49.0	48.3		
	女性	%		53.8	48.4	47.2	48.0	47.4		
	男性	%		56.8	49.7	49.7	49.8	49.1		
有偿带薪工人	合计	百万人	309.2	407.0	501.1	488.8	508.9			
自营职业者	合计	百万人	512.9	454.6	373.5	358.1	369.6			
有偿带薪工人占比	合计	%	37.6	47.2	57.3	57.7	57.9			
自营职业者占比	合计	%	62.4	52.8	42.7	42.3	42.1			
极端工作贫困（按购买力平价计算，每日不足1.90美元）	合计	百万人	258.4	99.7	2.7	2.5	2.6	2.6		
极端工作贫困占比（按购买力平价计算，每日不足1.90美元）	合计	%	31.4	11.6	0.3	0.3	0.3	0.3		

注："青年"是指15~24岁的人。此处，"女性"和"男性"是指15岁以上的女性和男性。

▶ 表C14　东南亚

指标	组别	单位	2000年	2010年	2019年	2020年	2021年	2022年	2023年	2024年
劳动力	合计	百万人	246.5	294.0	333.5	330.2	332.0	338.6	343.3	348.1
	女性	百万人	103.2	121.8	139.3	137.5	138.8	141.9	143.9	145.9
	男性	百万人	143.4	172.2	194.1	192.8	193.2	196.7	199.5	202.2
	青年	百万人	54.9	53.1	49.6	47.2	45.6	46.0	46.4	46.9
劳动力参与率	合计	%	68.5	67.7	67.2	65.7	65.3	65.9	66.0	66.1
	女性	%	56.6	55.6	55.7	54.3	54.2	54.8	54.9	54.9
	男性	%	80.7	79.9	78.9	77.3	76.6	77.2	77.3	77.4
	青年	%	53.9	49.4	46.0	43.8	42.3	42.6	42.9	43.2
就业人口	合计	百万人	237.0	284.5	325.4	320.4	322.5	329.9	334.9	339.2
	女性	百万人	99.1	117.7	136.1	133.5	135.2	138.5	140.6	142.4
	男性	百万人	137.9	166.8	189.3	186.8	187.4	191.4	194.4	196.8
	青年	百万人	48.9	47.9	45.2	42.4	41.1	41.7	42.3	42.5
就业人口比率	合计	%	65.9	65.5	65.6	63.8	63.4	64.2	64.4	64.4
	女性	%	54.4	53.7	54.4	52.7	52.8	53.5	53.6	53.6
	男性	%	77.6	77.4	76.9	75.0	74.3	75.1	75.3	75.3
	青年	%	47.9	44.5	42.0	39.4	38.2	38.7	39.1	39.2
失业人口	合计	百万人	9.5	9.6	8.0	9.9	9.5	8.7	8.4	8.9
	女性	百万人	4.1	4.1	3.2	3.9	3.7	3.4	3.3	3.5
	男性	百万人	5.5	5.4	4.8	5.9	5.8	5.4	5.1	5.4
	青年	百万人	6.1	5.2	4.4	4.8	4.4	4.3	4.1	4.4
失业率	合计	%	3.9	3.3	2.4	3.0	2.9	2.6	2.4	2.6
	女性	%	4.0	3.4	2.3	2.9	2.6	2.4	2.3	2.4
	男性	%	3.8	3.2	2.5	3.1	3.0	2.7	2.6	2.7
	青年	%	11.1	9.8	8.8	10.1	9.8	9.3	8.9	9.4
就业缺口	合计	百万人		26.2	22.2	26.3	27.8	27.0		
	女性	百万人		15.2	12.1	13.1	14.5	14.3		
	男性	百万人		11.0	10.1	13.2	13.3	12.7		
就业缺口率	合计	%		8.4	6.4	7.6	7.9	7.6		
	女性	%		11.4	8.2	8.9	9.7	9.4		
	男性	%		6.2	5.1	6.6	6.6	6.2		
每名工人每周工时	合计	小时		42.6	40.4	38.3	38.6	39.9	39.5	39.6

（续）

指标	组别	单位	2000年	2010年	2019年	2020年	2021年	2022年	2023年	2024年
未就业、未受教育或培训的青年	合计	百万人		21.9	18.8	20.9	20.0	19.7		
	女性	百万人		14.0	11.6	12.3	11.5	11.4		
	男性	百万人		7.9	7.2	8.6	8.5	8.2		
未就业、未受教育或培训的青年的占比	合计	%		20.4	17.5	19.4	18.6	18.3		
	女性	%		26.5	22.1	23.4	22.0	21.8		
	男性	%		14.5	13.0	15.6	15.4	14.9		
非正式就业人口	合计	百万人		224.9	229.8	226.5	227.9	229.7		
	女性	百万人		92.9	96.1	93.2	95.1	96.1		
	男性	百万人		132.0	133.7	133.3	132.8	133.6		
非正式率	合计	%		79.1	70.6	70.7	70.7	69.6		
	女性	%		79.0	70.6	69.8	70.4	69.4		
	男性	%		79.1	70.6	71.3	70.9	69.8		
有偿带薪工人	合计	百万人	80.6	118.8	165.6	161.3	163.9			
自营职业者	合计	百万人	156.4	165.6	159.8	159.0	158.6			
有偿带薪工人占比	合计	%	34.0	41.8	50.9	50.4	50.8			
自营职业者占比	合计	%	66.0	58.2	49.1	49.6	49.2			
极端工作贫困（按购买力平价计算，每日不足1.90美元）	合计	百万人	69.6	25.2	8.0	9.0	8.0	6.7		
极端工作贫困占比（按购买力平价计算，每日不足1.90美元）	合计	%	29.4	8.9	2.5	2.8	2.5	2.0		

注："青年"是指15~24岁的人。此处，"女性"和"男性"是指15岁以上的女性和男性。

▶ 表C15 南亚

指标	组别	单位	2000年	2010年	2019年	2020年	2021年	2022年	2023年	2024年
劳动力	合计	百万人	523.3	632.3	699.2	694.3	712.3	733.6	746.5	758.4
	女性	百万人	127.9	158.3	169.8	165.5	171.4	178.5	182.2	184.9
	男性	百万人	395.3	474.0	529.3	528.8	540.9	555.1	564.3	573.5
	青年	百万人	125.3	126.6	111.8	107.6	111.7	114.3	114.7	114.6
劳动力参与率	合计	%	55.7	53.6	50.0	48.8	49.3	50.1	50.2	50.2
	女性	%	28.0	27.4	24.7	23.7	24.1	24.8	24.9	24.9
	男性	%	81.9	78.6	74.3	73.0	73.6	74.5	74.6	74.6
	青年	%	43.4	37.4	31.0	29.7	30.7	31.3	31.3	31.2
就业人口	合计	百万人	487.0	586.0	654.5	629.9	658.9	680.8	692.5	703.2
	女性	百万人	118.3	145.9	158.3	150.7	158.0	165.0	168.3	170.7
	男性	百万人	368.7	440.1	496.2	479.2	500.8	515.8	524.2	532.6
	青年	百万人	109.7	106.9	90.2	80.8	89.2	91.8	91.7	91.4
就业人口比率	合计	%	51.8	49.7	46.8	44.3	45.6	46.5	46.5	46.5
	女性	%	25.9	25.3	23.1	21.6	22.3	22.9	23.0	23.0
	男性	%	76.4	73.0	69.7	66.2	68.1	69.2	69.3	69.3
	青年	%	38.0	31.6	25.0	22.3	24.5	25.1	25.0	24.9
失业人口	合计	百万人	36.3	46.3	44.6	64.4	53.4	52.8	54.1	55.1
	女性	百万人	9.6	12.5	11.5	14.8	13.3	13.5	13.9	14.2
	男性	百万人	26.7	33.9	33.1	49.6	40.1	39.3	40.1	40.9
	青年	百万人	15.6	19.7	21.6	26.8	22.5	22.6	23.0	23.2
失业率	合计	%	6.9	7.3	6.4	9.3	7.5	7.2	7.2	7.3
	女性	%	7.5	7.9	6.8	8.9	7.8	7.5	7.6	7.7
	男性	%	6.7	7.1	6.3	9.4	7.4	7.1	7.1	7.1
	青年	%	12.5	15.6	19.3	24.9	20.2	19.7	20.0	20.3
就业缺口	合计	百万人		90.0	83.1	116.5	93.0	92.3		
	女性	百万人		32.6	29.4	37.7	31.0	31.5		
	男性	百万人		57.4	53.8	78.9	62.1	60.9		
就业缺口率	合计	%		13.3	11.3	15.6	12.4	11.9		
	女性	%		18.3	15.7	20.0	16.4	16.0		
	男性	%		11.5	9.8	14.1	11.0	10.6		
每名工人每周工时	合计	小时		47.6	46.8	42.7	44.8	45.9	45.7	45.9

（续）

指标	组别	单位	2000年	2010年	2019年	2020年	2021年	2022年	2023年	2024年
未就业、未受教育或培训的青年	合计	百万人		100.5	110.9	120.6	115.9	115.9		
	女性	百万人		81.5	83.5	85.3	86.0	86.8		
	男性	百万人		19.0	27.3	35.3	29.9	29.1		
未就业、未受教育或培训的青年的占比	合计	%		29.7	30.7	33.3	31.8	31.7		
	女性	%		49.9	48.2	49.0	49.1	49.5		
	男性	%		10.8	14.6	18.8	15.8	15.3		
非正式就业人口	合计	百万人		505.6	568.7	547.2	573.9	590.6		
	女性	百万人		130.9	140.1	131.0	139.2	145.1		
	男性	百万人		374.8	428.6	416.1	434.7	445.6		
非正式率	合计	%		86.3	86.9	86.9	87.1	86.8		
	女性	%		89.7	88.5	86.9	88.1	87.9		
	男性	%		85.2	86.4	86.8	86.8	86.4		
有偿带薪工人	合计	百万人	100.9	132.2	192.1	183.1	193.9			
自营职业者	合计	百万人	386.1	453.8	462.4	446.8	464.9			
有偿带薪工人占比	合计	%	20.7	22.6	29.4	29.1	29.4			
自营职业者占比	合计	%	79.3	77.4	70.6	70.9	70.6			
极端工作贫困（按购买力平价计算，每日不足1.90美元）	合计	百万人	175.9	131.0	49.5	52.3	42.8	33.6		
极端工作贫困占比（按购买力平价计算，每日不足1.90美元）	合计	%	36.1	22.4	7.6	8.3	6.5	4.9		

注："青年"是指15~24岁的人。此处，"女性"和"男性"是指15岁以上的女性和男性。

▶　表C16　太平洋地区

指标	组别	单位	2000年	2010年	2019年	2020年	2021年	2022年	2023年	2024年
劳动力	合计	百万人	14.8	17.4	20.6	20.7	21.3	21.7	21.8	22.0
	女性	百万人	6.6	7.9	9.7	9.7	10.0	10.2	10.3	10.4
	男性	百万人	8.3	9.5	11.0	11.0	11.3	11.5	11.5	11.6
	青年	百万人	3.0	3.3	3.5	3.4	3.5	3.6	3.6	3.6
劳动力参与率	合计	%	64.9	62.8	62.9	62.1	62.7	63.0	62.4	62.1
	女性	%	57.0	57.0	58.5	57.8	58.6	59.2	58.5	58.2
	男性	%	72.8	68.6	67.3	66.5	66.8	66.9	66.4	66.1
	青年	%	64.7	57.2	56.1	54.8	56.0	57.2	56.3	55.8
就业人口	合计	百万人	14.0	16.6	19.7	19.6	20.3	20.9	21.0	21.3
	女性	百万人	6.2	7.5	9.2	9.2	9.5	9.9	9.9	10.0
	男性	百万人	7.8	9.0	10.5	10.4	10.7	11.0	11.1	11.2
	青年	百万人	2.7	2.9	3.2	3.0	3.2	3.3	3.3	3.3
就业人口比率	合计	%	61.1	59.6	60.0	58.6	59.8	60.8	60.3	60.0
	女性	%	53.9	54.1	55.9	54.7	56.0	57.2	56.6	56.3
	男性	%	68.4	65.3	64.1	62.7	63.6	64.4	64.0	63.8
	青年	%	57.7	51.0	50.3	48.1	50.4	52.6	51.8	51.5
失业人口	合计	百万人	0.9	0.9	1.0	1.2	1.0	0.8	0.8	0.7
	女性	百万人	0.4	0.4	0.4	0.5	0.4	0.3	0.3	0.3
	男性	百万人	0.5	0.5	0.5	0.6	0.5	0.4	0.4	0.4
	青年	百万人	0.3	0.4	0.4	0.4	0.4	0.3	0.3	0.3
失业率	合计	%	5.8	5.0	4.6	5.6	4.6	3.6	3.4	3.4
	女性	%	5.5	5.1	4.5	5.5	4.4	3.4	3.3	3.3
	男性	%	6.0	4.9	4.7	5.7	4.8	3.7	3.6	3.5
	青年	%	10.9	10.9	10.4	12.2	10.1	8.1	7.9	7.8
就业缺口	合计	百万人		2.5	2.7	3.0	2.8	2.6		
	女性	百万人		1.3	1.5	1.6	1.5	1.4		
	男性	百万人		1.2	1.3	1.4	1.3	1.2		
就业缺口率	合计	%		13.1	12.2	13.4	12.3	11.0		
	女性	%		14.8	13.8	15.1	13.8	12.4		
	男性	%		11.6	10.8	11.8	10.9	9.8		
每名工人每周工时	合计	小时		35.9	34.7	34.1	33.7	33.9	33.6	33.7

（续）

指标	组别	单位	2000 年	2010 年	2019 年	2020 年	2021 年	2022 年	2023 年	2024 年
未就业、未受教育或培训的青年	合计	百万人		1.1	1.1	1.2	1.1	1.1		
	女性	百万人		0.6	0.6	0.6	0.6	0.6		
	男性	百万人		0.5	0.5	0.6	0.5	0.5		
未就业、未受教育或培训的青年的占比	合计	%		18.8	17.8	19.2	18.0	17.4		
	女性	%		20.7	19.2	20.4	19.5	19.0		
	男性	%		17.1	16.4	18.1	16.7	16.0		
非正式就业人口	合计	百万人		6.1	7.1	7.0	7.3	7.4		
	女性	百万人		2.9	3.4	3.4	3.5	3.6		
	男性	百万人		3.2	3.7	3.6	3.8	3.8		
非正式率	合计	%		36.9	36.3	35.8	36.2	35.4		
	女性	%		38.3	37.3	36.8	37.1	36.0		
	男性	%		35.8	35.5	35.0	35.3	34.9		
有偿带薪工人	合计	百万人	9.8	12.4	15.0	14.9	15.0			
自营职业者	合计	百万人	4.2	4.1	4.7	4.7	5.3			
有偿带薪工人占比	合计	%	70.3	75.1	76.2	76.0	74.1			
自营职业者占比	合计	%	29.7	24.9	23.8	24.0	25.9			
极端工作贫困（按购买力平价计算，每日不足1.90美元）	合计	百万人	1.3	0.8	0.8	0.8	0.8	0.8		
极端工作贫困占比（按购买力平价计算，每日不足1.90美元）	合计	%	9.3	5.1	3.8	4.3	4.1	4.0		

注：“青年”是指15~24岁的人。此处，“女性”和“男性”是指15岁以上的女性和男性。

▶ **表C17　北欧、南欧和西欧**

指标	组别	单位	2000年	2010年	2019年	2020年	2021年	2022年	2023年	2024年
劳动力	合计	百万人	197.7	214.4	223.5	220.8	222.6	225.5	225.6	225.3
	女性	百万人	86.0	97.5	103.9	102.8	104.1	105.6	105.5	105.3
	男性	百万人	111.7	116.9	119.6	118.0	118.5	120.0	120.1	120.0
	青年	百万人	25.3	23.7	21.7	20.9	21.3	21.8	21.6	21.4
劳动力 参与率	合计	%	56.5	57.8	58.5	57.6	57.9	58.6	58.5	58.3
	女性	%	47.4	50.9	52.9	52.2	52.7	53.4	53.2	53.0
	男性	%	66.2	65.1	64.3	63.3	63.4	64.0	64.0	63.7
	青年	%	47.5	45.6	43.9	42.4	43.1	44.2	43.9	43.7
就业人口	合计	百万人	180.3	193.3	208.0	204.6	206.4	211.4	210.7	210.5
	女性	百万人	77.2	87.9	96.5	95.1	96.2	98.6	98.2	98.1
	男性	百万人	103.1	105.4	111.6	109.6	110.2	112.7	112.5	112.5
	青年	百万人	21.0	18.7	18.5	17.4	17.8	18.8	18.4	18.3
就业人口比率	合计	%	51.5	52.1	54.4	53.4	53.7	54.9	54.6	54.4
	女性	%	42.5	45.9	49.1	48.2	48.7	49.9	49.6	49.4
	男性	%	61.1	58.7	60.0	58.8	59.0	60.2	59.9	59.7
	青年	%	39.5	36.1	37.4	35.3	36.1	38.1	37.5	37.3
失业人口	合计	百万人	17.4	21.1	15.5	16.2	16.3	14.2	14.9	14.8
	女性	百万人	8.8	9.6	7.5	7.7	7.9	7.0	7.3	7.2
	男性	百万人	8.6	11.5	8.0	8.5	8.4	7.2	7.6	7.5
	青年	百万人	4.3	5.0	3.2	3.5	3.5	3.0	3.2	3.1
失业率	合计	%	8.8	9.8	6.9	7.3	7.3	6.3	6.6	6.6
	女性	%	10.2	9.8	7.2	7.5	7.6	6.6	6.9	6.9
	男性	%	7.7	9.9	6.7	7.2	7.1	6.0	6.3	6.3
	青年	%	16.9	20.9	14.8	16.6	16.3	13.8	14.6	14.6
就业缺口	合计	百万人		36.8	30.8	34.8	32.1	29.2		
	女性	百万人		19.0	16.4	18.4	17.0	15.6		
	男性	百万人		17.8	14.4	16.4	15.1	13.6		
就业缺口率	合计	%		16.0	12.9	14.5	13.4	12.1		
	女性	%		17.8	14.5	16.2	15.0	13.7		
	男性	%		14.4	11.4	13.0	12.0	10.7		
每名工人每周 工时	合计	小时		36.9	36.4	33.9	35.6	35.8	35.6	35.6

（续）

指标	组别	单位	2000年	2010年	2019年	2020年	2021年	2022年	2023年	2024年
未就业、未受教育或培训的青年	合计	百万人		6.9	5.3	5.8	5.5	4.8		
	女性	百万人		3.4	2.5	2.7	2.6	2.3		
	男性	百万人		3.4	2.8	3.1	2.9	2.5		
未就业、未受教育或培训的青年的占比	合计	%		13.2	10.8	11.8	11.1	9.8		
	女性	%		13.5	10.6	11.3	10.8	9.7		
	男性	%		12.9	10.9	12.3	11.3	9.9		
非正式就业人口	合计	百万人		24.2	27.7	25.9	27.1	27.5		
	女性	百万人		12.1	13.7	12.9	13.6	13.7		
	男性	百万人		12.1	14.0	13.0	13.5	13.7		
非正式率	合计	%		12.5	13.3	12.7	13.1	13.0		
	女性	%		13.8	14.2	13.6	14.1	13.9		
	男性	%		11.5	12.5	11.9	12.2	12.2		
有偿带薪工人	合计	百万人	150.0	162.4	177.0	174.3	176.1			
自营职业者	合计	百万人	30.3	30.9	31.1	30.3	30.2			
有偿带薪工人占比	合计	%	83.2	84.0	85.1	85.2	85.4			
自营职业者占比	合计	%	16.8	16.0	16.9	14.8	14.6			

注："青年"是指15~24岁的人。此处，"女性"和"男性"是指15岁以上的女性和男性。

▶   表C18   东欧

指标	组别	单位	2000 年	2010 年	2019 年	2020 年	2021 年	2022 年	2023 年	2024 年
劳动力	合计	百万人	147.7	148.0	145.4	143.9	143.8	142.5	141.5	140.3
	女性	百万人	71.1	70.9	68.7	68.0	68.1	67.6	67.0	66.4
	男性	百万人	76.7	77.1	76.7	75.9	75.6	74.9	74.4	73.9
	青年	百万人	19.6	15.6	9.6	9.0	8.8	8.8	9.0	9.2
劳动力参与率	合计	%	59.3	59.1	59.4	59.0	59.2	59.0	58.8	58.3
	女性	%	53.2	52.6	52.2	51.8	52.1	52.0	51.7	51.3
	男性	%	66.5	66.7	67.8	67.3	67.4	67.1	67.0	66.5
	青年	%	40.7	37.5	33.4	31.6	30.7	30.4	30.9	30.8
就业人口	合计	百万人	131.1	136.1	138.5	135.9	136.2	135.3	134.3	133.1
	女性	百万人	63.1	65.6	65.5	64.3	64.5	64.2	63.6	62.9
	男性	百万人	67.9	70.5	73.0	71.7	71.7	71.2	70.7	70.2
	青年	百万人	15.1	12.7	8.3	7.6	7.4	7.5	7.7	7.8
就业人口比率	合计	%	52.6	54.4	56.6	55.7	56.1	56.0	55.8	55.3
	女性	%	47.2	48.7	49.8	48.9	49.3	49.3	49.1	48.6
	男性	%	58.9	61.0	64.5	63.5	63.9	63.8	63.7	63.2
	青年	%	31.5	30.5	28.8	26.6	25.9	26.1	26.4	26.1
失业人口	合计	百万人	16.7	11.8	6.9	8.0	7.5	7.1	7.1	7.2
	女性	百万人	8.0	5.3	3.2	3.7	3.6	3.4	3.4	3.4
	男性	百万人	8.7	6.6	3.7	4.3	3.9	3.7	3.7	3.7
	青年	百万人	4.4	2.9	1.3	1.4	1.4	1.2	1.3	1.4
失业率	合计	%	11.3	8.0	4.7	5.6	5.2	5.0	5.1	5.1
	女性	%	11.2	7.4	4.6	5.5	5.3	5.1	5.1	5.2
	男性	%	11.4	8.5	4.8	5.6	5.2	4.9	5.0	5.1
	青年	%	22.7	18.6	13.8	15.8	15.7	14.2	14.6	15.1
就业缺口	合计	百万人		22.0	14.3	15.8	14.7	14.3		
	女性	百万人		11.1	7.4	8.2	7.8	7.6		
	男性	百万人		10.9	6.9	7.6	6.9	6.7		
就业缺口率	合计	%		13.9	9.4	10.4	9.7	9.5		
	女性	%		14.4	10.2	11.3	10.7	10.6		
	男性	%		13.4	8.6	9.6	8.8	8.6		
每名工人每周工时	合计	小时		38.6	38.2	36.5	37.3	35.5	36.1	36.3

（续）

指标	组别	单位	2000年	2010年	2019年	2020年	2021年	2022年	2023年	2024年
未就业、未受教育或培训的青年	合计	百万人		6.0	3.4	3.6	3.7	3.6		
	女性	百万人		3.5	2.0	2.0	2.1	2.0		
	男性	百万人		2.5	1.4	1.6	1.6	1.5		
未就业、未受教育或培训的青年的占比	合计	%		14.5	11.7	12.6	12.8	12.4		
	女性	%		17.3	13.9	14.5	15.0	14.3		
	男性	%		11.8	9.6	10.8	10.7	10.5		
非正式就业人口	合计	百万人		26.9	27.5	26.4	26.8	26.3		
	女性	百万人		12.2	12.2	11.7	11.9	11.8		
	男性	百万人		14.7	15.2	14.7	14.9	14.6		
非正式率	合计	%		19.8	19.8	19.4	19.7	19.5		
	女性	%		18.5	18.7	18.2	18.5	18.4		
	男性	%		20.9	20.9	20.6	20.8	20.5		
有偿带薪工人	合计	百万人	113.8	118.0	122.4	119.9	121.3			
自营职业者	合计	百万人	17.3	18.1	16.1	16.0	14.9			
有偿带薪工人占比	合计	%	86.8	86.7	88.4	88.3	89.0			
自营职业者占比	合计	%	13.2	13.3	11.6	11.7	11.0			

注：“青年”是指15~24岁的人。此处，“女性”和“男性”是指15岁以上的女性和男性。

▶ 表C19　中亚和西亚

指标	组别	单位	2000年	2010年	2019年	2020年	2021年	2022年	2023年	2024年
劳动力	合计	百万人	55.8	64.5	76.0	74.1	76.5	78.2	78.9	79.7
	女性	百万人	23.1	27.4	33.3	32.2	33.5	34.4	34.8	35.1
	男性	百万人	32.7	37.1	42.7	41.8	43.0	43.8	44.2	44.6
	青年	百万人	12.1	11.9	11.5	10.6	10.9	11.0	11.0	11.1
劳动力参与率	合计	%	57.6	54.9	56.4	54.4	55.6	56.2	56.1	56.0
	女性	%	46.6	45.7	48.5	46.5	47.7	48.5	48.5	48.4
	男性	%	69.1	64.5	64.7	62.8	63.8	64.3	64.1	63.9
	青年	%	44.3	38.6	40.2	37.4	38.7	39.3	39.2	39.0
就业人口	合计	百万人	50.5	59.1	69.0	67.4	69.8	72.2	72.8	73.5
	女性	百万人	20.6	25.2	30.2	29.4	30.5	31.6	31.9	32.2
	男性	百万人	30.0	33.9	38.7	38.0	39.4	40.6	41.0	41.3
	青年	百万人	9.9	10.1	9.4	8.7	9.0	9.3	9.3	9.4
就业人口比率	合计	%	52.1	50.3	51.2	49.5	50.8	51.9	51.8	51.6
	女性	%	41.4	42.0	44.0	42.3	43.4	44.5	44.4	44.3
	男性	%	63.4	59.0	58.7	57.0	58.4	59.6	59.4	59.2
	青年	%	36.4	32.7	32.9	30.6	32.1	33.3	33.2	33.0
失业人口	合计	百万人	5.3	5.4	7.0	6.7	6.6	6.0	6.1	6.2
	女性	百万人	2.6	2.2	3.1	2.9	3.0	2.9	2.9	2.9
	男性	百万人	2.7	3.2	4.0	3.8	3.6	3.2	3.2	3.3
	青年	百万人	2.2	1.8	2.1	1.9	1.9	1.7	1.7	1.7
失业率	合计	%	9.5	8.4	9.2	9.0	8.7	7.7	7.8	7.8
	女性	%	11.2	8.1	9.2	8.9	9.0	8.3	8.3	8.4
	男性	%	8.3	8.6	9.3	9.1	8.4	7.3	7.3	7.3
	青年	%	17.9	15.3	18.3	18.2	17.2	15.3	15.3	15.4
就业缺口	合计	百万人		12.9	12.5	14.9	13.8	13.0		
	女性	百万人		6.3	6.1	7.4	7.0	6.8		
	男性	百万人		6.6	6.4	7.6	6.8	6.2		
就业缺口率	合计	%		17.9	15.4	18.2	16.5	15.2		
	女性	%		20.0	16.9	20.1	18.7	17.7		
	男性	%		16.3	14.2	16.6	14.7	13.2		
每名工人每周工时	合计	小时		42.2	41.4	37.8	40.0	41.5	41.2	41.4

（续）

指标	组别	单位	2000年	2010年	2019年	2020年	2021年	2022年	2023年	2024年
未就业、未受教育或培训的青年	合计	百万人		8.1	6.5	6.9	6.3	6.2		
	女性	百万人		5.1	3.9	4.1	3.8	3.8		
	男性	百万人		3.0	2.6	2.8	2.5	2.4		
未就业、未受教育或培训的青年的占比	合计	%		26.4	22.9	24.3	22.4	22.0		
	女性	%		33.4	28.3	29.5	27.7	27.5		
	男性	%		19.5	17.8	19.4	17.4	16.8		
非正式就业人口	合计	百万人		26.4	26.6	25.0	26.5	27.4		
	女性	百万人		12.2	12.5	11.6	12.4	12.7		
	男性	百万人		14.2	14.1	13.4	14.1	14.7		
非正式率	合计	%		44.6	38.6	37.0	38.0	37.9		
	女性	%		48.4	41.4	39.3	40.7	40.1		
	男性	%		41.8	36.4	35.2	35.9	36.2		
有偿带薪工人	合计	百万人	25.4	34.8	44.8	44.2	46.1			
自营职业者	合计	百万人	25.1	24.3	24.1	23.2	23.7			
有偿带薪工人占比	合计	%	50.3	58.9	65.0	65.6	66.1			
自营职业者占比	合计	%	49.7	41.1	35.0	34.4	33.9			
极端工作贫困（按购买力平价计算，每日不足1.90美元）	合计	百万人	7.3	3.2	1.2	1.2	1.0	1.0		
极端工作贫困占比（按购买力平价计算，每日不足1.90美元）	合计	%	14.5	5.4	1.7	1.7	1.4	1.4		

注："青年"是指15~24岁的人。此处，"女性"和"男性"是指15岁以上的女性和男性。

▶ 附录D   全球供应链中的工作岗位估算

本附录描述了用于估算与高收入国家（地区）相关的全球供应链（GSC）工作岗位数量的数据和方法，以及这些工作岗位在性别、年龄、身份、形式、技能水平和薪酬方面的构成。

数据

估算全球供应链中的工作岗位数量基于两个数据源。第一个数据源由国际投入产出表组成，来自亚洲开发银行（ADB）的MRIO数据库，包含了2000年和2007~2021年全球62个国家（地区）的国际投入产出表。这些表格涵盖了35项经济活动（以下称为"部门"，如表D1所示），并提供了有关国家（地区）与部门层面生产链的信息。另一个数据源是国际劳工组织新开发的一个平衡面板数据库，该数据库专门为此项目开发，包含了国际劳工组织1991~2021年按细分部门估算的就业人口。

除了提供一个部门的总就业人口估算值外，国际劳工组织的数据库还提供了每个部门按性别（男性和女性）、按年龄组（青年和成人）、按就业身份（雇员和自营职业者）、按非正式性、按职业技能水平（高技能和低/中技能）和按雇员时薪（当收入低于时薪中位数的三分之二时为低工资）划分的估算值。国际劳工组织统一微观数据库是世界上最大的国家劳动力调查数据集库，是上述劳动力市场指标的主要来源。一些补充数据取自其他国家数据源。对这些数据进行清理，并根据数据系列的中断情况，以及劳动力调查中少于30个观察值的数据点可靠性不足的情况，加以调整。估算缺失的数据点时，使用了GDP、部门增加值以及联合国工业发展组织（UNIDO）或经合组织等其他来源提供的就业数据信息。估算方法遵循国际劳工组织估算劳动力市场数据的标准方法（见附录B）。

方法

用于估算全球供应链工作岗位数量的方法包括三个主要步骤。

第一步，计算每个国家和部门生产该国家和部门需要的一单位最终商品所需的总产出。通过列昂惕夫（Leontief）逆矩阵确定相关技术系数，根据亚洲开发银行MRIO数据库中的国际投入产出表，按照标准的投入产出建模程序进行计算。

第二步，需要确定一个需求向量，以获取全球供应链的产出。估算方法将全球供应链定义为包括所有类型在内的跨境供应关系，因此包括了在其他国家生产的最终商品或服务的中间产品的出口，以及最终商品或服务的出口。因此，确定全球供应链工作岗位数量的每个国家的需求向量只能根据国家来决定。例如，对于泰国制造业的全球供应链工作岗位，估算方法将考虑与泰国制造业产品生产相关的工作岗位，这些产品要么直接被消费，要么进一步加工，由泰国以外的消费者消费。为了量化"再进口"，即为了满足国内需求而进行的中间产品出口，国内需求被指定为需求向量，但只考虑在外国使用的中间产品的生产相关工作岗位。

第三步，一个国家中每个部门满足全球供应链需求所需的总产出被转化为相应数量的工作。根据部门的总产出来确定部门的就业人数，可以计算出单位总产出的就业投入。根据其他国际组织使用的估算方法，可以得出结论，即一个部门内与全球供应链相关的经济活动和与全球供应链不相关的经济活动之间的劳动生产率没有差异。低收入和中等收入国家（地区）的农业通常占比较大，其特点是劳动生产率水平相对较低，主要服务于当地市场，也服务于一个规模小但生产率高的融入全球供应链的细分市场，从而服务于国际市场。由于本报告侧重于工业和市场服务领域的全球供应链工作岗位，因此农业生产率差异不会影响本报告所提供的结果。

全球供应链部门中就业特征（身份、形式、技能、薪酬、性别、年龄）的发生率的估算值为此类就业发生率的加权平均值。每个部门的发生率根据该部门在全球供应链总就业中的占比进行加权。在第1章中，将这一数字与整个经济体的就业特征发生率进行了比较，其中权重仅是该部门在所考察的所有部门中的就业占比。

如果以这种方式组合上述数据源，该方法将得出2000年和2007~2021年62个国家（地区）35个部门的全球供应链工作岗位估算值，部门和国家（地区）列表分别见表D1和表D2。

▶ **表D1　估算所涵盖的部门**

部门/部门代码	行业名称	部门/部门代码	行业名称
A–B	农业、狩猎、林业和渔业	51	批发贸易和经纪贸易，汽车和摩托车除外
C	采矿和采石	52	零售贸易，汽车辆和摩托车除外；家庭用品修理
15–16	食品、饮料和烟草	H	旅馆和餐饮
17–18	纺织和纺织品	60	内陆运输
19	皮革、毛皮和鞋类	61	水上运输
20	木材及木材制品和软木制品	62	航空运输
21–22	纸浆、纸、印刷和出版	63	其他辅助性和附属性运输活动；旅行社活动
23	焦炭、精炼石油和核燃料	64	邮政和电信
24	化学品和化学制品	J	金融媒介
25	橡胶和塑料制品	70	房地产活动
26	其他非金属矿物	71–74	租赁机械和设备，以及其他商业活动
27–28	基本金属和人造金属	L	公共管理与国防；强制性社会保障
29	未分类的机械和设备	M	教育
30–33	电气和光学设备	N	卫生与社会工作
34–35	运输设备	O	其他社区、社会和个人服务活动
36–37	未分类的制造业；回收利用	P	家政服务业
E	电力、煤气和水的供应		
F	建筑业		
50	汽车和摩托车的销售、维护和修理；燃料零售		

注：基于联合国《所有经济活动的国际标准行业分类》（ISIC）第3.1版。

资料来源：亚洲开发银行MRIO数据库（ADB MRIO）。

▶ 表D2　估算所涵盖的国家（地区）

ISO国家（地区）代码	国家（地区）名称	ISO国家（地区）代码	国家（地区）名称
AUS	澳大利亚	LAO	老挝人民民主共和国
AUT	奥地利	LVA	拉脱维亚
BGD	孟加拉国	LTU	立陶宛
BEL	比利时	LUX	卢森堡
BTN	不丹	MYS	马来西亚
BRA	巴西	MDV	马尔代夫
BRN	文莱	MLT	马耳他
BGR	保加利亚	MEX	墨西哥
KHM	柬埔寨	MNG	蒙古
CAN	加拿大	NPL	尼泊尔
CHN	中国	NLD	荷兰
HRV	克罗地亚	NOR	挪威
CYP	塞浦路斯	PAK	巴基斯坦
CZE	捷克	PHL	菲律宾
DNK	丹麦	POL	波兰
EST	爱沙尼亚	PRT	葡萄牙
FJI	斐济	ROU	罗马尼亚
FIN	芬兰	RUS	俄罗斯联邦
FRA	法国	SGP	新加坡
DEU	德国	SVK	斯洛伐克
GRC	希腊	SVN	斯洛文尼亚
HKG	中国香港	ESP	西班牙
HUN	匈牙利	LKA	斯里兰卡
IND	印度	SWE	瑞典
IDN	印度尼西亚	CHE	瑞士
IRL	爱尔兰	TWN	中国台湾
ITA	意大利	THA	泰国
JPN	日本	TUR	土耳其
KAZ	哈萨克斯坦	GBR	英国
KOR	韩国	USA	美国
KGZ	吉尔吉斯斯坦	VNM	越南

资料来源：亚洲开发银行MRIO数据库（ADB MRIO）。

附录E　生产力测算与数据

生产力测算

生产力测算，包括测算所使用的精确指标，是与第3章最相关的问题。大多数生产过程涉及多项产出，几乎所有生产过程都涉及多项投入，因此在第3章中，生产力测算标准的选择很重要（Diewert and Nakamura，2005）。

文献中提出的一些测算指标包括：

▶ 单要素生产率（SFP），指产出量与某要素投入量的比率；

▶ 劳动生产率（LP），指产出量与所使用的度量劳动力数量的指标的比率，例如总工人数或总工时；

▶ 多要素生产率（MFP），指产出量与几种要素的投入量的比率，通常这几种要素的投入量接近总投入量；

▶ 全要素生产率（TFP），指总产出量与总投入量的比率。

劳动生产率是应用最广泛的指标之一，其水平和发展变化取决于是否有其他投入（例如不同形式的资本），以及是否有将劳动力和资本结合以获得产出的技术。劳动生产率可以通过广泛可用的国民账户和劳动力市场变量直接测算。相比之下，全要素生产率是一种理论结构，假定其可以反映效率收益，由此得出所有生产要素所产生的收入收益。全要素生产率的重要性在于它是一种最常用的指标，可以衡量技术进步的程度，也可以衡量其他重要生产力驱动力（例如制度质量）的情况。因此，一般认为全要素生产率与资本深化共同构成劳动生产率增长的关键动力。然而，全要素生产率的一个主要缺点是，它所反映的几个因素彼此间无法区分。此外，准确测算全要素生产率是一项艰巨的任务，因为它通常是用标准生产函数计算劳动力和资本对产出的贡献后得出的残差。这反过来意味着全要素生产率可能反映了纯生产

率增长以外的其他因素。这些因素主要包括各种市场失灵，例如不完全竞争、与市场力量相关的寻租行为，以及未纳入标准生产功能的无形和（或）自然资本等其他投入的作用。在估算全要素生产率的标准方法中，全要素生产率还可以反映资本和劳动力等投入的利用强度；例如，人们可能会错误地将一个经济体中已经到位的资本存量的增加归因于效率的提高。此外，全球层面严重缺乏全面的全要素生产率面板数据。

劳动生产率并不能完全避免其自身的计量问题。这些问题涉及产出和劳动力投入的计量，争议较大的是产出的正确定价和劳动力投入的统一程度。尽管如此，劳动生产率仍被认为是生活水平、收入和物质福祉的主要决定因素。此外，经验证据表明，对企业来说，劳动生产率是最重要的经济因素，可以帮助企业将工资设定在能留住工人的程度，同时还能创造支付体面工资的就业机会（ILO，2020）。从技术角度来看，劳动生产率不依赖于对控制产出如何产生的特定生产函数的强假设，例如估算全要素生产率时所需要的假设。

在有关生产力的研究中，实际工作的总时数可以最恰当地反映劳动力的投入，即有效用于生产的总时长，无论是否有报酬。[①]尽管可以获得工时的数据，但这些数据的时间跨度相对较短，不适合说明生产力增长的长期停滞。图E1显示了将每名工人的GDP增长分解为每小时GDP和每名工人工时数的增加。前者反映了生产力的增长，可归因于每工时生产效率的提高，而后者反映的增长则可归因于每名工人工时数的增加。

图E1显示，就整个世界而言，在相对较短的2005~2012年和2012~2019年观察到的每名工人的工时数和每小时GDP的增速都有所放缓。但是，每小时GDP在中等偏上收入国家（地区）

① 详细讨论请参见https://www.oecd-ilibrary.org/sites/pdtvy-2017-5-en/index.html?itemId=/content/component/pdtvy-2017-5-en。

▶ 图E1 将每名工人的GDP增长分解为每小时GDP
和每名工人工时数的增加

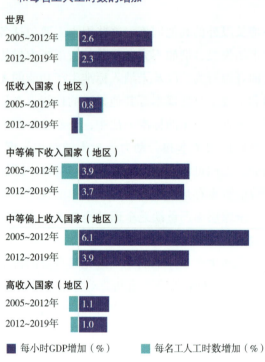

■ 每小时GDP增加（%）　■ 每名工人工时数增加（%）

所起的作用要大得多，而在高收入国家（地区），以每名工人工时数衡量的工作强度在两个七年期内保持不变。

由于分析主要采用长期视角，需要尽可能长的时间序列，第3章使用了每名工人的生产力数据，而不是每工时的生产力，这相当于承认了与这一选择有关的注意事项和局限性。[1]

使用的数据源

第3章综合采用了不同来源的数据。用于国家和区域层面分析的数据来自国际劳工组织劳工统计数据库（ILOSTAT）、世界大型企业联合会（Conference Board）或佩恩世界表10.0（Penn World Table 10.0）；用于行业部门层面

分析的数据来自格灵根大学的经济转型数据库（Economic Transformation Database，ETD）以及经合组织的结构分析（Structural Analysis，STAN）数据库。[2]这三个数据源为第3章中使用的变量提供了大致相同的汇总值，证实了分析水平的一致性。[3]

国际劳工组织劳工统计数据库的优势在于覆盖了更多的国家和地区（189个），从而纳入了更广泛的区域和不同收入组别的国家和地区。美国世界大型企业联合会的数据涵盖了全球133个国家和地区，如果要说明自20世纪50年代以来影响了世界经济的生产力增长放缓情况，这些数据是首选。该数据库还包括截至2022年的（估算）数据。与其他数据集一样，各国（地区）的生产力数据具有可比性。宾夕法尼亚大学佩恩世界表10.0的主要优势在于提供了分析实物资本投资所需的国民账户数据，覆盖范围为183个国家和地区。

对于附录F中包含的一位数行业层面的更细致的考察，使用了经济转型数据库的数据集，因为该数据库的构建确保了不同时间段和不同国家（地区）之间的可比性。经济转型数据库包含了非洲、亚洲和拉丁美洲51个国家（地区）的名义和实际增加值，以及相应的行业就业数据。该数据集包括12个行业和1990~2018年的年度数据。为了获得更广泛的国家（地区）覆盖范围，这些数据与结构分析数据库结合使用，结构分析数据库包含38个国家（地区）的相同变量，其中大多数是高收入经济体。[4]

选择这些数据库是因为，在获取一位数行业层面的增加值和就业数据方面，这些数据库十分全面；此外，它们在国际可比性方面具有众所周知的优势。[5]尽管经济转型数据库涵盖了

---

[1] 其中相关程度最高的是，使用就业水平衡量的劳动生产率的变化可能反映了就业强度的变化，而不是每小时生产的增加值的变化。

[2] https://ilostat.ilo.org/；www.conference-board.org/data；lang = en；https://www.rug.nl/ggdc/structuralchange/etd/?lang = en；https://www.oecd.org/sti/ind/stanstructuralanalysisdatabase.htm。详细信息请参见 https://www.rug.nl/ggdc/structuralchange/etd/? lang = en。

[3] 我们使用的主要变量是按不变本国货币和国际美元计算的GDP、按不变本国货币计算的增加值，以及以千人计的就业。

[4] 有关此数据集的详细信息，请参见https://www.oecd.org/sti/ind/stanstructuralanalysisdatabase.htm。

[5] 参见Herrendorf，Rogerson and Valentinyi（2022）和De Vries et al.（2021）。他们讨论了经济转型数据库在生产率问题上具有国际比较分析的优点。

大部分中等偏下收入经济体，但结构分析数据库提供了代表中等偏上收入和高收入经济体的所有经合组织成员国的信息。[①]这两种数据来源都被广泛用于劳动力生产率表现的跨国分析，包括增长率和水平。[②]

欧盟KLEMS数据集是对高收入国家（地区）生产力表现进行比较研究的著名资源。[③]由于本报告的分析仅使用了一位数行业层面的增加值和就业数据，欧盟KLEMS数据与经合组织的结构分析数据库相比并没有更多优势，因为这两种情况下的指标都来自同一个统一的国民账户体系。[④]因此，当涉及这些基本的行业一级指标时，经合组织和维护KLEMS数据库的研究小组都没有做进一步的数据处理。[⑤]使用经济转

型数据库和结构分析数据库，可确保使用以本国货币不变单位定义的增加值数据进行计算时，行业一级的增长率具有可比性。为了开展附录F中的总生产力增长分解分析，我们使用行业层面的就业占比作为权重。

最后，值得注意的是，由于我们的主要关注点是比较不同国家（地区）一段时间内的劳动生产率增长率，因此我们需要用实际数据来计算实际的劳动生产率增长率。在行业层面，我们只利用实际增加值和就业数据进行增长比较，前者以不变的国家货币表示。在整个经济层面，我们还对劳动生产率水平进行了比较，为此，我们采用了根据不同国家（地区）购买力平价差异调整的实际增加值数据。[⑥]

① 尽管我们的最终样本中只有12%的观察结果属于低收入国家（地区），但据我们所知，经济转型数据库仍然是涉及这些经济体的跨国劳动生产率比较的唯一可靠数据库。有关讨论，请参见Herrendorf，Rogerson and Valentinyi（2022）。
② 最近利用经济转型数据库进行实证研究的例子包括Herrendorf，Rogerson and Valentinyi（2022）以及Xinshen，McMillan and Rodrik（2019）。有关基于结构分析数据库的最新分析示例，请参见欧洲委员会（European Commission，2020）。
③ 有关此数据库的详细信息，请参见 https：// euklems–intanprod–llee.luiss.it/。
④ 原始的国民账户数据由每个国家各自的国家统计局发布。
⑤ 欧盟KLEMS数据的主要优势在于其对行业一级生产力增长来源的建模。采用增长核算方法，该数据库估算了生产力增长的各种驱动因素（例如有形资本、技能和无形资本）在提供劳动力和全要素生产率增长方面的贡献。有关此数据库的最新信息，请参见 https：// euklems–intanprod–llee.luiss.it/。
⑥ 在比较各国行业层面的劳动生产率时，建议不要使用购买力平价。例如，参见经合组织（OECD，2021）。

参考文献

▶ De Vries, K., A. Erumban, and B. Van Ark. 2021. "Productivity and the Pandemic: Short-Term Disruptions and Long-Term Implications. The Impact of the COVID-19 Pandemic on Productivity Dynamics by Industry". *International Economics and Economic Policy* 18: 541–570.

▶ Diewert, W.E., and A.O. Nakamura. 2005. "Concepts and Measures of Productivity: An Introduction". In *Services Industries and the Knowledge Based Economy*, edited by Richard Lipsey and Alice Nakamura, 19–37. Calgary: University of Calgary Press.

▶ European Commission. 2020. "Productivity in Europe: Trends and Drivers in a Service-Based Economy", JRC Technical Report, JRC119785.

▶ Herrendorf, Berthold, Richard Rogersonand Ákos Valentinyi. 2022. "New Evidence on Sectoral Labor Productivity: Implications for Industrialization and Development", National Bureau of Economic Research Working Paper. https://doi.org/10.3386/w29834.

▶ ILO. 2020. "Driving up Productivity: A Guide for Employer and Business Membership Organizations". https://www.ilo.org/actemp/publications/WCMS_758749/lang--en/index.htm.

▶ OECD (Organisation for Economic Co-operation and Development). 2021. "OECD Productivity Statistics Database. Methodological Notes". https://www.oecd.org/sdd/ productivity-stats/OECD-Productivity-Statistics-Methodological-note.pdf.

▶ Xinshen, Dao, Margaret McMillan and Dani Rodrik. 2019. "The Recent Growth Boom in Developing Economies: A Structural-Change Perspective". In *The Palgrave Handbook of Development Economics*, edited by Machiko Nissanke and José Antonio Ocampo, 281–334. Cham: Palgrave Macmillan.

▶ 附录F　生产力增长与结构变化

　　本附录简要分析了主要经济指标中的劳动生产率增长，以及经济部门构成变化（结构变化）对长期总体劳动生产率增长的影响。

　　在1992~2018年观察到的三个主要经济部门的劳动生产率增长模式，在四个不同的国家（地区）收入组中非常相似（见图F1）。众所周知，无论一国（地区）的收入水平如何，服务行业的生产力增长总体上比第一、第二产业更慢。然而，值得注意的是，服务业似乎表现出更快的生产力增长；此外，在农业和制造业方面，中等偏上收入国家（地区）的生产力增速更高。需要指出的是，从发展角度来看，最低收入组的初级产业生产力增速与最高收入组相当接近，这意味着该产业的发展趋同远未实现。[①]

▶ **图F1　1992~2018年主要经济部门平均劳动生产率增长**

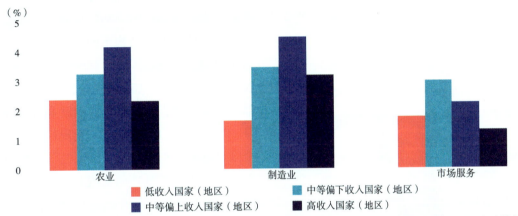

注：计算每组国家（地区）的加权平均劳动生产率增长率，以获得该组的增长率，权重由每个国家（地区）在该收入组实际GDP总额中的占比给出（以2017年不变国际美元计算的购买力平价）。部门层面的劳动生产率根据2015年不变价格下的总增加值（以百万当地货币计）和就业总人数构建。市场服务包括贸易和运输、信息和通信、专业、科学和技术活动以及行政和配套服务活动。

资料来源：作者根据结构分析数据库、经济转型数据库和国际劳工组织劳工统计数据库的数据计算所得。

　　接下来，我们转向考察劳动生产率增长不同驱动因素所发挥的作用。该分析基于福斯特、霍尔蒂万格和克里赞（Foster, Haltiwanger and Krizan, 2001）开发的方法。这些研究者使用企业层面的数据集，提出了针对劳动生产率增长的全产业分解分析。我们将此方法应用于产业层面的数据，以获得适用于总劳动生产率表现的类似结果。

　　使用这种方法，将整个经济范围的劳动生产率增长分解为三个要素：部门内部、部门之间以及动态或跨期效应。第一个要素反映了不同部门内部生产力增长的影响，同时保持部门就业占比不变。该要素通常用于获取每个部门对整体生产力增长的内在贡献，可以包括技术进步和部门层面其他类型的效率提高因素。第二个要素衡量了总劳动生产率增长，这种增长是由于劳动力向劳动生产率水平较低或较高的部门转移［此处，"之间"（between）指的是发生在部门之间的劳动力流动］。最后，动态效应衡量了部门的横向劳动生产率和跨部门就业变化与时间的相互作用。因此，动态效应衡量了正（负）效率收益与不同部门的扩张（收缩）相互影响的程度。[②] 图F2显示了将部分国家（地

---

　　① 有关农业在各经济体趋同中所起作用的深入研究，请参见Dieppe and Matsuoka（2021）。
　　② 关于该方法的详细解释，包括其背后的数学计算细节，请参见https：//www.oecd-ilibrary.org/sites/pdtvy-2018-4-en/index.html?itemId=/content/component/pdtvy-2018-4-en#：~：text=The%20shift%2Dshare%20analysis%20is，by%20resource%20reallocation%20among%20sectors.

区）的劳动生产率增长分为这三个要素后的各种细分情况。

　　图F2显示，"部门内部"要素，即部门层面内在劳动生产率增长导致的劳动生产率增长部分，是所示国家（地区）平均劳动生产率增长的最大贡献者。[①]例外情况包括巴西、墨西哥和尼日利亚，这些国家劳动生产率增长的主要驱动力是"部门之间"要素，这反映了各部门劳动力的转移。关于这三个国家的分解分析表明，部门之间劳动力转移有利于人均生产力水平更高的部门的发展。在"动态效应"要素方面，值得注意的是，在尼日利亚、墨西哥和南非等几个国家，动态效应的贡献是负面的，这意味着就业没有流向平均劳动生产率增长率最高的部门。

　　值得强调的是，在工人人均收入分配垫底的国家（地区），跨行业的动态劳动力再分配不利于整体劳动生产率的增长，相比之下，"行业内部"要素和"行业之间"要素做出了最多的积极贡献。所有撒哈拉以南非洲的经济体都体现了这一点。此外，在样本中最不发达国家（地区）之一的埃塞俄比亚，劳动力资源流向生产力水平较高的行业是劳动生产率增长的一个显著特征。这同样适用于中国香港，以及诸如墨西哥等中等偏上收入经济体。

　　图F3显示了农业、制造业和市场服务业三个主要部门的实际增加值和就业占比的演变。该图再现了这一众所周知的事实：不同发展水平的经济体的部门结构不同。莱索托是整个数据集中的最不发达国家，其经济结构以强大的农业部门为特点，特别是在就业方面。美国的部门构成变化很小，制造业的就业占比逐步下降，这是该部门劳动生产率表现相对强劲的一个隐含迹象。与此同时，中国经济转型的特点是扩大以出口为基础的制造业，同时，其第一产业的就业受到了影响。

　　在过去二十年中，莱索托三个部门的实际就业行业变化相对较小。这在一定程度上说明该国缺乏快速的结构转型，这既是整体经济增长不足的原因，也是其结果。相比之下，农业部门的增加值占比大幅下降，而市场服务部门增加值则在上升。这一观察结果表明，鲍莫尔成本病可能正在这个国家发生（Baumol，1967）。此外，制造业就业增长陷入停滞，该部门的就业占比本来就相对较低，这与研究结果一致，即中等偏下收入国家（地区）最近的结构转型趋势与以往不同，并未像今天大多数高收入国家（地区）那样，发展到高收入水平时才走向工业化道路（Nayyar，Hallward–Driemeier and Davies，2021）。

▶ **图F2　部分经济体劳动生产率增长分解情况**

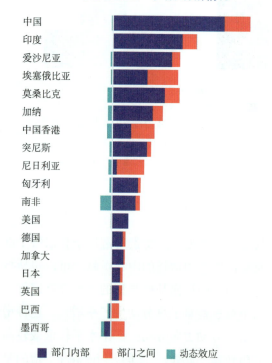

注：各要素对劳动生产率增长的贡献以实际年均劳动生产率增长率的百分比表示。有关此分解方法的更多详细信息，请参见Foster，Haltiwanger and Krizan（2001）。部门层面的劳动生产率根据2015年不变价格下的总增加值（以百万当地货币计）和就业总人数构建。

资料来源：结构分析数据库和经济转型数据库。

---

　　① 这与最近的情况一致，即1995~2018年，部门内部劳动生产率的提高可以解释世界所有地区至少三分之二的平均经济劳动生产率增长（Nayyar，Hallward–Driemeier and Davies，2021）。

▶ **图F3 各部门实际增加值和就业占比**

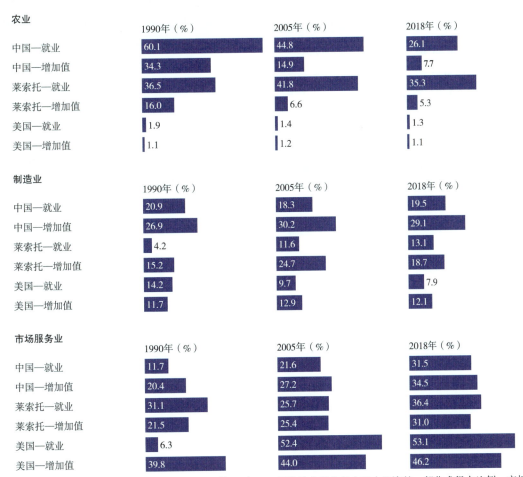

农业

	1990年（%）	2005年（%）	2018年（%）
中国—就业	60.1	44.8	26.1
中国—增加值	34.3	14.9	7.7
莱索托—就业	36.5	41.8	35.3
莱索托—增加值	16.0	6.6	5.3
美国—就业	1.9	1.4	1.3
美国—增加值	1.1	1.2	1.1

制造业

	1990年（%）	2005年（%）	2018年（%）
中国—就业	20.9	18.3	19.5
中国—增加值	26.9	30.2	29.1
莱索托—就业	4.2	11.6	13.1
莱索托—增加值	15.2	24.7	18.7
美国—就业	14.2	9.7	7.9
美国—增加值	11.7	12.9	12.1

市场服务业

	1990年（%）	2005年（%）	2018年（%）
中国—就业	11.7	21.6	31.5
中国—增加值	20.4	27.2	34.5
莱索托—就业	31.1	25.7	36.4
莱索托—增加值	21.5	25.4	31.0
美国—就业	6.3	52.4	53.1
美国—增加值	39.8	44.0	46.2

注： 增加值占比以实值表示。占比加起来可能不到100，因为这些行业只占整个经济的一部分或很大比例。市场服务业构成的定义见https://ilostat.ilo.org/resources/concepts-and-definitions/description-labour-force-statistics/。

资料来源： 经济转型数据库和结构分析数据库。

参考文献

▶ Baumol, William J. 1967. "Macroeconomics of Unbalanced Growth: The Anatomy of Urban Crisis". *American Economic Review* 57 (3): 415–426.

▶ Dieppe, Alistair, and Hideaki Matsuoka. 2021. "Sectoral Decomposition of Convergence in Labor Productivity: A Re-examination from a New Dataset", World Bank Policy Research Working Paper No. 9767. https://openknowledge. worldbank.org/handle/10986/36232.

▶ Foster, L., J. Haltiwanger and C.J. Krizan. 2001. "Aggregate Productivity Growth. Lessons from Microeconomic Evidence". In *New Developments in Productivity Analysis*, edited by Charles R. Hulten, Edwin R. Dean and Michael J. Harper, 303–372. Chicago, IL: University of Chicago Press.

▶ Nayyar, Gaurav, Mary Hallward-Driemeier, and Elwyn Davies. 2021. *At Your Service? The Promise of Services-Led Development*. World Bank.